Ofer Grosbard
Israel auf der Couch

Inhalt

In Gedenken an meinen Vater
David Grosbard,
Mitglied des Etzel-Hauptkommandos,
Distriktkommandeur von Tel Aviv,
der mir beigebracht hat,
das Leben unseres Volkes so zu empfinden
als sei es mein eigenes.

Das Geleitwort von Yoram Kaniuk wurde von Maike Strobel
aus dem Iwrith übersetzt.

Die Deutsche Bibliothek - CIP-Einheitsaufnahme
Grosbard, Ofer:
Israel auf der Couch : zur Psychologie des Nahostkonfliktes / Ofer Grosbard.
Aus dem Engl. von Axel Monte. Mit einem Geleitwort von Yoram Kaniuk. -
Düsseldorf : Patmos, 2001
ISBN 3-491-72453-8

Satz: Urte Mücke, Bremen
Druck und Bindung: Freiburger Graphische Betriebe, Freiburg
ISBN 3-491-72453-8
www.patmos.de

Ofer Grosbard

Israel auf der Couch

Zur Psychologie des Nahostkonfliktes

Aus dem Englischen von Axel Monte

Mit einem Geleitwort von Yoram Kaniuk

PATMOS

Geleitwort

Die psychiatrische Couch, auf die Ofer Grosbard das Land Israel legt, muß so groß sein wie der Staat und seine Bürger. An keinem anderen Ort der Welt gibt es so viele unlösbare existentielle Probleme auf so kleinem Gebiet. Das Besondere an diesem Buch ist, daß es die Mehrzahl der Konflikte und die israelische Problematik auf das Prokustesbett der Seelenforschung legt. Frieden und Krieg, Feindschaft und Haß sind nichts als Nebenprodukte einer komplizierten Realität. Die Fakten liest man in den Zeitungen. Diese Komplexität erfordert ein neues und originelles Licht. Dies leistet Grosbard mit seinem Versuch, ein Volk darzustellen, das sich seit hundert Jahren im Krieg befindet, ein Volk, das mit seinen Nachbarn und mit sich selbst sowie seiner eigenartigen Geschichte im Konflikt steht; ein uneiniges Volk, das, wenn es der Gefahr ausgesetzt ist, zusammenhält. All dies ist eingewoben in eine psychologische, zuweilen tiefschürfende Studie, mit deren Hilfe es möglich wird, einen Teil dessen zu verstehen, was die Öffentlichkeit in der Presse liest und im Fernsehen sieht. Was heute in Israel geäußert wird, ist nur von kurzer Dauer. Alles unterliegt ständiger Veränderung. Der Friedensprozeß, über den der Autor spricht, ist beinahe tot. Möglicherweise wird es nötig sein, wieder ganz von vorne anzufangen. Es gibt Konflikte, die in hundert Jahren nicht gelöst wurden, und die weiterer hundert Jahre zur Klärung bedürfen. Doch im Wesentlichen bleiben die Probleme, die Grosbard gekonnt schildert, dieselben, auch wenn sein vorsichtiger Optimismus dieses Jahr einen herben Schlag erlitten hat. Der Verfasser spricht Probleme an, die mit Hilfe einer Psychiatercouch ergründet auf einmal klarer erscheinen; aufgedröselt und neu zusammengefügt wird der seelische, nicht nur persönliche, sondern nationale Prozeß in seiner Komplexität deutlich und durch die Laterna magica des Autors erhellt. Er bezeichnet sein Buch mit dem Untertitel: Zur Psychologie des Nahostkonfliktes. Vielleicht wäre die heute treffendere Bezeichnung die Psychologie derjenigen, die sich im Prozeß so nah gekommen waren, doch aus Gründen, wie sie vielfach im Buch angeführt werden, wird keine Couch ihre Probleme lösen.

Yoram Kaniuk

Vorwort

Um den Weg verständlich zu machen, den ich hinter mich gebracht habe, bevor ich dieses Buch schrieb, muß ich den Leser mit einigen wichtigen Wegstrecken vertraut machen, die mein privates Leben mit dem meines Volkes verbanden. Ich wurde 1954 als jüngstes von drei Kindern in Tel Aviv geboren. Mein Vater war 1932 im Alter von 16 Jahren mit seiner Familie von Litauen nach Israel ausgewandert. Meine Mutter war 11 Jahre alt, als sie 1935 mit ihrer Famile aus Berlin nach Israel kam. Mein Vater schloß sich der antibritischen Untergrundorganisation Etzel an und wurde schließlich Mitglied des Hauptkommandos und Kommandeur im Distrikt von Tel Aviv. Sein Gefühlsleben war bis zu seinem Tode untrennbar mit der Herut-Bewegung[1] verbunden.

Meine Mutter war eine Kinderärztin, und auch sie hatte rechte politische Ansichten. Beide kamen ursprünglich aus religiösen Familien. Ich wurde auf die staatliche religiöse Bilu-Schule geschickt, obwohl wir zu Hause keinen religiösen Lebenswandel pflegten. Wir reisten am Sabbat, und eine Kippah setzte ich nur in der Schule auf. Meine Eltern waren der Meinung, daß eine religiöse Erziehung eine gute Erziehung ist, und daß es für mich wichtig sei, die Verbindung zur Tradition und Religion zu halten. Als ich zur Oberschule kam, ging ich auf eine säkulare Schule. Zu Hause hörten wir viele Geschichten meines Vaters aus seiner Zeit im Untergrund und wir wuchsen in einer rechten politischen Atmosphäre auf.

In diesen frühen Jugendjahren fühlte ich mich aus ganzem Herzen als Rechter. Doch wenn ich heute zurückblicke, dann erkenne ich, daß es schon immer Risse in meiner rechten Weltanschauung gegeben hat. Sie drückten sich durch Rebellion gegen Autoritätspersonen wie Eltern und Lehrer aus, und

1 Rechte Vorläuferbewegung der Likud-Partei, „Herut" bedeutet „Freiheit".

durch die Schwierigkeiten, mich mit dem zu identifizieren, was diese Weltanschauung mir bot. Da ich der Jüngste war, wurde von mir allerdings auch nicht mit der gleichen Strenge wie von den älteren Geschwistern erwartet, daß ich mich meinen Eltern anpaßte. Das gewährte mir größere Freiheit. Ich ging voller Überzeugung als Freiwilliger in die Armee zu den Nachal-Fallschirmjägern, mit dem Wunsch, in einer Kampfeinheit zu dienen.

In den Tagen nach dem Jom-Kippur-Krieg – ich war in Ägypten stationiert – wurde in Gesprächen mit meinen Kameraden mein Glauben an die Rechten erschüttert. In den folgenden Jahren wählte ich immer weiter links (ich stimmte für Mosche Dajans Telem), bis ich schließlich keine Hemmungen mehr hatte, die Arbeitspartei zu wählen. Meine Eltern und Geschwister stimmten alle für die Rechten, ich war der einzige, der sich der Linken zuwandte. Die Familie behandelte mich mit Nachsicht, wie ein rebellisches Kind, und hoffte, ich würde schon wieder vernünftig werden.

Meine Eltern hatten mich von klein auf dazu angehalten, mich mit Naturwissenschaften zu beschäftigen, sie achteten sie höher als die Geisteswissenschaften, und so wußte ich seit meiner Kinderzeit, daß ich Ingenieur werden wollte. Nach Beendigung meines Militärdienstes schrieb ich mich an der Technischen Universität in Haifa ein und machte einen Abschluß als Ingenieur für Computertechnik. Während des Studiums erwachte mein Interesse an der Psychologie. Ich wurde mir verstärkt über mich selbst und meine Gefühle klar, das ging soweit, daß ich mich sogar zu einer Therapie wagte. Jahre später erinnerte mich ein Freund daran, daß ich früher einmal gesagt hatte: „Ich soll zu einer Therapie? Bin ich denn etwa verrückt?" Ich gab den Ingenieurberuf auf und begann Psychologie zu studieren. Während der nächsten Jahre absolvierte ich alle Kurse der klinischen Psychologie, machte meinen Abschluß und absolvierte die Zeit als Assistenzarzt. Ich verspürte ein großes Bedürfnis, mich selbst kennenzulernen und von innen heraus zu verstehen, ein Bedürfnis, das ich nicht unterdrücken konnte. Ich war auf der Suche nach Gefühlen, nach Kontakt mit Menschen, und nicht mit Maschinen, den mir meine Ingenieurausbildung bot. So war meine persönliche Entwicklung, die mit dem Wandel meiner politischen Ansichten begann, von einem beruflichen Wandel begleitet, von den Naturwissenschaften zu den Sozial- und Geisteswissenschaften.

Ich war im Vergleich zu meinen Geschwistern tatsächlich weniger mit der Tradition, der Vergangenheit und vor allem mit meinen Eltern verbunden. Ich rebellierte und suchte meinen eigenen Weg. Einmal drückte meine Rebellion sich darin aus, daß ich mein Studium unterbrach und mit dem Rucksack eine Reise um die Welt machte. Ich habe bei Patienten immer wieder bemerkt, daß sie sich im Verlaufe einer Psychotherapie mehr und mehr in Richtung zur politischen Linken bewegen, und das war auch bei mir der Fall gewesen.

Und dann, Wunder über Wunder, gerade als ich dachte, ich hätte meine endgültige politische Einstellung gefunden, merkte ich, wie ich bis zu einem gewissen Grade wieder nach rechts schwenkte. Ich spürte, daß ich die Rechte verstehen und mich mit ihr identifizieren konnte. Heute kann ich die Extreme ausgewogener betrachten, zwischen denen ich gependelt bin. Ich erkenne den Wert unserer religiösen und nationalen Vergangenheit. So wie ein Kind, daß voller Zorn gegen seine Eltern rebelliert, und dann, nachdem es seine eigene, neue und unabhängige Identität aufgebaut hat, reif genug geworden ist, versöhnt zu ihnen zurückzukehren, ja, sogar mit Liebe und Wertschätzung für die Dinge, die es von ihnen empfangen hat. Das ist uns ebenfalls aus der therapeutischen Praxis vertraut. Ein rebellischer Jugendlicher, der sich selbst behauptet und seine eigene Identität findet, kann eines Tages wieder zu seinen Eltern zurückkehren und sich mit ihnen aussöhnen. Heute hege ich eine größere Wertschätzung gegenüber der Tradition, der Vergangenheit und den Wurzeln des Judentums, weil sie unsere historische Kontinuität bewahren. Wenn die Vergangenheit eines Volkes ausgelöscht wird, dann führt das zu emotionalen Problemen, genauso wie beim Auslöschen der persönlichen Vergangenheit. Diese Probleme gleichen denen, die uns aus der therapeutischen Praxis vertraut sind, darauf werde ich in diesem Buch eingehen.

Plötzlich verstand ich zum ersten Male den historischen Prozeß, in dem meine Eltern gegen ihre Eltern rebellierten, der Religion entsagten und nicht länger Juden in der Diaspora sein wollten, und ich verstand, was das bedeutete (Gefühle der Schwachheit, geringe Selbstachtung und vieles mehr). Ihre Rebellion machte die Entwicklung von einer Religion zu einem Staat möglich, und unsere Generation führt diese Rebellion fort, in ihrer Suche nach der Art von Staat, die wir haben wollen. Wie viele Heranwachsende sind wir noch immer verwirrt und mühen uns darum, herauszufinden, wer wir sind.

Die Zeiten des Wahlkampfes sind schreckliche Zeiten für mich, denn dann muß ich mich entscheiden, mit wem ich mich mehr identifiziere, mit den Rechten oder den Linken. Es ist fast so, als wählte man zwischen Mutter und Vater. Bei den Wahlen muß ich darauf in schwarzweiß antworten, aber heute bin ich mir über das komplexe Kontinuum von links bis rechts im klaren. Der Rechten fällt es schwer, sich von der Vergangenheit und der Tradition zu lösen und nach vorne zu sehen, während die Linke sich oft von den Quellen ihrer Vergangenheit abschneidet und andere Probleme hat, zum Beispiel Schuldgefühle und unterdrückte Aggressionen in einem Ausmaß, das sie selbst nicht erkennen können.

Wenn ich mich selbst prüfe, wozu wir Therapeuten während unserer Arbeit angehalten sind, um uns über uns selbst und die Beziehung zu unserem Klienten klar zu werden, dann wird mir bewußt, daß ich mehr der Linken zuneige, aber nicht mehr so stark wie einst. Mir wird auch klar, daß es im emotionalen Wachstumsprozeß kein richtig oder falsch gibt. Links und rechts sind verschiedene Aspekte eines Entwicklungs- und Wachstumsprozesses, die einander ergänzen. Wir müssen als Nation versuchen, ein Gleichgewicht zwischen ihnen herzustellen. Wenn ich also in diesem Buch zu sehr als Linker erscheine, dann kann das bedeuten, daß ich in den tiefen Graben gefallen bin, der unsere Nation durchzieht, und daß ich zurückgehen und mich erneut prüfen muß, um näher an die erwünschte Integration heranzukommen, zu der ich in diesem Buch ermutigen möchte. Hier fallen das persönliche und das nationale Erleben zusammen, und von manchen kann erwartet werden, daß sie sich wieder den Werten der Vergangenheit und der Tradition zuwenden, aber dieses Mal in einer ausgewogenen und integrativen Art und Weise, während andere sich der säkularen, westlichen Kultur zuwenden und sich mit ihr identifizieren müssen. Der tiefe Graben in der israelischen Gesellschaft ist typisch für die Art von Gräben, die sich unter Heranwachsenden auftun, wenn die Gefühle hitzig und stürmisch sind. Einige von uns rebellieren, einige trauen sich nicht zu rebellieren, und andere sind des Rebellierens müde und möchten nach Hause, um sich mit den Eltern auszusöhnen.

Vor „Israel auf der Couch" habe ich das Buch „Der Araber in uns" veröffentlicht, an dem ich fünf Jahre lang geschrieben habe. Dieser Roman ermöglichte es mir, die Erfahrungen unseres Volkes so tief zu ergründen, wie es nur literarisch möglich ist: ohne Beschränkungen und ohne Hindernisse, alles ist erlaubt. Genauso ermuntern wir die Klienten in der Therapie alles zu sagen, was ihnen in den Kopf kommt. Erst nach der tiefen Auflösung, die ich durch das literarische Schreiben erfuhr, konnte ich zurückgehen, die einzelnen Teile wieder zusammenfügen und die Werkzeuge des Therapeuten dazu benutzen, den ganzheitlichen Ansatz in diesem Buch zu verwirklichen, der tatsächlich schon seit Jahren in meinem Bewußtsein gärte. Es wäre sogar keine Übertreibung zu sagen: mein ganzes Leben über.

Weitere Hilfe erfuhr ich durch die enge Beziehung zu meinen Töchtern. Der Leser wird in diesem Buch viele Beispiele aus der Eltern-Kind-Beziehung finden. Letztlich sind sich Kindheit und Politik sehr ähnlich. Beide sind so ursprünglich und libidinös, so zerrissen und so in Selbstgerechtigkeit verschanzt. Es schein manchmal, als ob die Politik das einzige Spiel sei, daß sich die Erwachsenen aus der Kindheit bewahrt haben.

Eine andere Integration, die ich auf dem Weg zu diesem Buch bewältigte, ist die Integration der Welt meiner psychologischen Praxis, die ich in all den Jahren meines Studiums und meiner Arbeit als Therapeut verinnerlicht habe, mit meiner lebenslangen Verbundenheit zur Politik. Mein Vater lehrte mich, das Leben unseres Volkes so zu erfahren und mitzuerleben, als sei es mein eigenes. Die Verbindung zwischen Politik und Psychologie lag nicht von Anfang an nah. Dazu mußte ich die Werkzeuge der therapeutischen Praxis nehmen und sie auf einem Gebiet anwenden, das weit entfernt oder gar gegensätzlich scheint – die Welt der Politik. Es ist ein Gebiet, auf dem sich jede Seite sicher ist, daß allein sie im Recht ist, und auf dem man keinerlei Schwäche und Milde zeigen darf. Ich bin von dem Nutzen der Anwendung therapeutischer Methoden auf die Politik fest überzeugt und hoffe inständig, daß wir dadurch als Volk unseren Zielen näher kommen können. An einem bestimmten Punkt spürte ich, daß „der Groschen gefallen war", und zwei meiner tiefen Bindungen, die praktische Psychologie und die Politik, verdichteten sich zu einer. Mein Leben war stets von Politik erfüllt, und natürlich auch von Psychologie, warum sollte ich also nicht beide verbinden? Das habe ich dann getan.

Als Therapeut fühle ich mich der intersubjektiven Schule zugehörig, die in der klinischen Psychologie und Psychoanalyse noch relativ jung ist. Dieser Ansatz betrachtet Therapeuten und Klienten als Partner in einem emotionalen Prozeß, der sich während der Therapie entwickelt. Die Therapie kann keinen Erfolg haben, solange der Therapeut kein wirklicher und gleichwertiger Partner ist. Ich halte diesen Ansatz zur Analyse von Konflikten zwischen Gruppen und Nationen für sehr geeignet. Wenn man einer bestimmten Gruppe angehört, dann muß man sich seiner selbst und seiner Gefühle bewußt sein und zu verstehen versuchen, wie diese sich auf die andere Gruppe auswirken. Ohne zu prüfen, was wir wirklich der anderen Gruppe gegenüber empfinden, können wir nicht unsere Beziehungen zu ihr überprüfen, denn wir sind gleichwertige Partner in einem Prozeß. Das ist auch der Grund, warum ich diese Einleitung verfaßt und etwas über mich selbst erzählt habe. Ich muß mir während des ganzen Prozesses meiner selbst und meiner Gefühle bewußt sein. Ich bin kein neutraler Beobachter.

Ofer Grosbard

Einführung

Das Ziel dieses Buches besteht darin, den Leser davon zu überzeugen, daß der Friedensprozeß im Nahen Osten in erster Linie ein emotionaler Prozeß ist. Genau wie in der Frühzeit der Psychologie die Menschen davon überzeugt werden mußten, daß Therapien helfen, so muß man ihnen heutzutage klar machen, daß Konflikte zwischen Nationen gelöst werden können, wenn man die zugrundeliegenden emotionalen Prozesse versteht. Dieses Buch enthält eine Reihe von praktischen Anwendungen und klare Empfehlungen, die von dieser Voraussetzung ausgehen.

Die Tatsache, daß der israelisch-arabische Konflikt psychologische Aspekte hat, ist offensichtlich. Jeder Konflikt zwischen zwei Parteien – einem Paar, Eltern und Kindern, Freunden, Geschäftspartnern – besitzt emotionale Aspekte. Auf jeder Seite gibt es Ängste, Ambitionen und Abwehrmechanismen. Diese Erkenntnis wurde schon zu verschiedenen Zeiten von vielen Staatslenkern gewonnen. Vertrauensbildende Maßnahmen, Beleidigungen und verletzte Gefühle auf nationaler Ebene, der Wunsch, Verletzungen zu heilen, und der Wunsch, zu triumphieren, haben nicht nur existentielle, sondern auch narzißtische Bedeutung. Wenn wir über Beziehungen zwischen Nationen reden, dann reden wir nicht über Emotionen und Ideen, die erst speziell für internationale Konflikte erfunden wurden, sondern über alltägliche, typisch menschliche Gefühle, die in jedem einen psychischen Prozeß auslösen. Daher kann man diesen psychischen Prozeß mit den Werkzeugen der Psychologie begreifen. Wir wissen eine Menge über Abwehrmechanismen, Ängste, Begierden und so weiter. Wir müssen keine neue Psychologie für diese psychischen Prozesse erfinden, die schon seit Freud grundlegend erforscht werden. Um den Friedensprozeß zu analysieren und zu verstehen, werde ich im Buch immer wieder Methoden verwenden, die aus der psychologischen Praxis bekannt sind, und Beispiele aus der Psychologie bringen, von interpersonellen Konflikten und von pathologischen und normalen Wachstums- und Entwicklungsprozessen,.

Die erste Gruppe, in die wir hineingeboren werden, ist die Familie. Dort entsteht unsere Gefühlswelt und dort wird sie geformt. Dort lernen wir das Zusammenleben, im Guten wie im Schlechten. Die Familie ist unser erstes Modell gemeinschaftlichen Zusammenlebens. Die Gemeinschaft der Nationen ist eine Ausweitung unserer familiären Situation. Es gibt keinen Zweifel, daß wir, ob bewußt oder unbewußt, das, was wir in unserer Familie in der Kindheit gelernt haben, während unseres ganzen Lebens anwenden, um Probleme zu lösen. Wir nähern uns dem Konflikt zwischen den Arabern und uns vom selben Standpunkt und mit demselben Wissen, mit dem wir Probleme und Konflikte in unseren Familien angehen. Genau wie Konflikte innerhalb von Familien in einer psychotherapeutischen Sitzung analysiert werden können und den Familienmitgliedern geholfen werden kann, sie zu lösen, können emotionale Probleme zwischen Nationen analysiert werden, um die besten Lösungen zu finden.

Genauso können Probleme zwischen den verschiedenen Gruppen in der israelischen Öffentlichkeit, religiösen und säkularen Juden, Linken und Rechten, Arabern und Juden und anderen als emotionale Prozesse innerhalb der israelischen Familie betrachtet werden.

Der gleichförmige Charakter von Gefühlen, der immer weitere Kreise zieht, von der eigenen Familie zur Familie Israels zur Familie der Nationen, kann erfaßt werden durch das Verständnis der primären Bindung zwischen Eltern und Kind. Diese Bindung ist tief und emotional, denn das gemeinsame Schicksal bestimmt Eltern und Kind dazu, weit und intensiv in die intime Welt des jeweils anderen einzudringen. Winnicott sagt: „Ein Kind gibt es nicht ... ohne die Fürsorge der Mutter." In anderen Worten, man kann die Entwicklung eines Kindes und was mit ihm geschieht nicht verstehen, wenn man die Rolle der Mutter nicht mit einbezieht. Die Mutter-Kind-Beziehung kann als Modell dafür dienen, die bilateralen

Beziehungen zwischen den Gruppen und Völkern zu verstehen, deren gemeinsames Schicksal sie dazu bestimmt, in diesem Land zusammenzuleben. In diesem Land gibt es keinen Araber ohne einen Juden und umgekehrt. Es gibt keine Linke ohne die Rechte und umgekehrt. Es gib keine religiöse Gruppe ohne ihr säkulares Gegenstück und umgekehrt. Das sind untrennbare Paare, die sich ständig ineinander reflektieren. Dieses Ineinander-verwoben-sein schafft ein aufgeladenes emotionales Geflecht. Es ist nicht möglich, eine Seite zu verstehen, wenn man nicht ebenfalls die Gefühle der anderen Seite in Betracht zieht. Daher werde ich Beispiele aus der Eltern-Kind-Beziehung benutzen, die jedem vertraut sind, um unser Verständnis der komplexen und belasteten Beziehungen zwischen Gruppierungen und Nationen zu fördern.

Als Volk hatten wir eine traumatische Kindheit, voller Katastrophen und Desaster. Diese schwierige Vergangenheit aufzuarbeiten und zu verstehen sollte uns Grund genug für eine Therapie sein, damit wir nicht unsere Ängste, Abwehrhaltungen und Ambitionen, die manchmal unrealistisch sind, mit in die Gegenwart hineintragen. Und wenn unsere Vergangenheit nicht Grund genug ist, dann schreit die Gegenwart, in der wir leben, nach einer gründlichen, aufrichtigen und umfassenden Analyse. Wir haben heute nicht nur Schwierigkeiten mit der Außenwelt, sondern, und das vielleicht sogar viel mehr, auch mit der Welt in unserem Inneren. Das erwachsen gewordene Kind erkennt schrittweise, daß Krieg nicht nur zwischen ihm und der Welt stattfindet, sondern daß es auch innere Konflikte in sich trägt, und schwierige emotionale Dilemmas, die der Lösung bedürfen. So entdecken wir in einem fortschreitenden Prozeß, wie zerstritten wir untereinander sind. Es steht längst nicht fest, was für uns belastender und gefährlicher ist – die Schwierigkeiten im Inneren oder nach außen.

Das ist ein Zustand, in dem ein Mensch eine Therapie aufsucht. Er ist dann bereit, als letzte Zuflucht, zuzugeben, daß er ein Problem hat, das er nicht selbst zu lösen vermag. Er hat ein Problem mit der Vergangenheit, er hat ein Problem mit der Gegenwart, er hat Probleme im Inneren, er hat Probleme nach

Außen, er hat Probleme überall und mit jedem. Der Wachstumsprozeß, der durch das Aufarbeiten der Gefühle gekennzeichnet ist, ist die Voraussetzung für die Beendigung unserer Leiden, damit wir in diesem Land ein normales Leben führen können, so wie andere Völker auch.

Der emotionale Aspekt des Friedensprozesses offenbart sich in voller Stärke in den einfachen Leuten und Kindern, die nicht die Fähigkeit besitzen, ihre Gefühle zu unterdrücken und sie mit intellektuellem Denken zu überdecken. Man kann sie im politischen Kontext sagen hören: „Wenn dich jemand schlägt, was machst du dann, schlägst du zurück oder nicht?" Der Vergleich zwischen politischen und persönlichen Beziehungen drängt sich sofort auf, und die Macht der Instinkte, die die politischen Standpunkte formen, wird sichtbar.

Ein Soldat im Krieg benötigt keinen Psychologen. Er muß seine Gefühle und Ängste nicht offenlegen. Im Gegenteil, er braucht ein starkes und solides Schutzschild. Er muß angreifen können, und nicht zuviel Gefühle zeigen. In der Vergangenheit war es klar, daß wir um unser Überleben kämpften. Es war klar, daß der Feind uns tatsächlich vernichten wollte. Daher hielten wir zusammen und ließen unsere inneren Konflikte nicht aufbrechen. Wir hatten auch keine moralischen Bedenken, da wir um unser Leben kämpften. Erst als der Schlachtenlärm sich verzogen hatte und der Friedensprozeß begann, waren wir in der Lage, uns zu fragen, was wir fühlten und wie das unsere Handlungen beeinflußt. Emotionales Bewußtsein und Psychotherapie sind Privilegien wohlhabender, demokratischer Gesellschaften, die nicht direkt von existentiellen ökonomischen, militärischen oder politischen Gefahren bedroht sind. Um uns unserer Gefühle bewußt zu werden, müssen wir in der Lage sein, einen Schritt von ihnen zurückzutreten. Wir dürfen nicht von ihnen getrieben werden. Wir brauchen eine entspannte Atmosphäre, die unter existentieller Bedrohung nicht entstehen kann.

Beziehungen zwischen Nationen oder großen Gruppierungen von Leuten reflektieren zumeist die regressivsten und instinkbetontesten Seiten von interpersonellen Beziehungen. Ist es vorstellbar, daß einer der Partner einer Beziehung sich sicher wäre, daß er, und nur er, immer recht hat? Was würden wir von einem solchen Partner halten? Aber genau das ist die gängige Vorstellung in der Politik – jede Seite wähnt sich im Recht. Wir erwarten von Partnern, daß sie sich nicht zu sehr in der Frage verbeißen, wer von ihnen im Recht sei. Wir hoffen, daß beide für den anderen und für seine Gefühle Verständnis und Einfühlungsvermögen zeigen. Als Therapeuten sind wir sehr darauf bedacht, nicht in die Falle der „Wer hat recht?"-Diskussion zu tappen. Wir wissen, daß das Leben keine Gerichtsverhandlung ist. Die Frage „Warum leiden sie ?" ist geeigneter, Menschen weiterzuhelfen. Aber solch ein Dialog kann nicht als selbstverständlich vorausgesetzt werden. Das gleiche gilt für uns und unsere Nachbarn. Einfühlsames Zuhören ist absolut unverzichtbar und erfordert Erfahrung. Es gibt keinen anderen Weg als einander zuzuhören.

Begriffe wie Unabhängigkeit, klare Grenzen setzen, Aggressionen, Verantwortung übernehmen, den anderen anerkennen, Vertrauen, Sicherheit und viele mehr sind Teil sowohl eines politischen als auch eines emotionalen Jargons, in Verbindung mit Wachstumsprozessen und Entwicklungen, die wir während einer Therapie fördern möchten. Die Palästinenser wollen die Unabhängigkeit, während wir zögern, sie ihnen zu geben. Wir sagen ihnen: Erfüllt erst eure Verpflichtungen, dämmt erst eure Aggressionen ein, dann können wir darüber reden. Benehmen wir uns ihnen gegenüber nicht wie Autoritätspersonen, die ihr Leben in vielen Bereichen bestimmen? Und möchten sie in vielen Dingen nicht wie wir werden, wenn sie erwachsen sind? Benehmen wir uns nicht wie Eltern, die vergessen haben, wie sie als Jugendliche waren, und die daher Schwierigkeiten haben, die Heranwachsenden zu verstehen, die ihre Unabhängigkeit fordern? Diese emotionalen Prozesse sind nichts Neues, sie sind uns vertraut. Warum sollten wir nicht das große Wissen nutzen, das wir über die Entwicklung von Eltern und Kindern haben? Schließlich dauert die Elternschaft das ganze Leben an, und auch wir werden uns nicht von den Palästinensern lösen können. Das Kind wird sich sein ganzes Leben daran erinnern, wie seine Eltern es in der Kindheit behandelt haben, ob sie ihm geholfen oder Hindernisse in den Weg gelegt haben. All diese Fragen sind in ihrem Wesen therapeutisch: Wie setzt man einem Kind Grenzen, die weder zu eng noch zu weit sind, Grenzen, die sowohl dem Kind als auch den Eltern Sicherheit geben, Grenzen, die beim erwachsen werden helfen.

An dieser Stelle muß ich etwas Wichtiges anmerken, um dem Leser zu helfen, die Analogie zu verstehen, die uns hier mit Eltern und die Palästinenser mit Kindern vergleicht. Diese Analogie wirkt auf dem ersten Blick herablassend. Was ich aber beabsichtige, ist, eine vertraute menschliche Beziehung zu nehmen, bei der eine Seite stark und die andere schwach ist, eine Seite groß und die andere klein: Eltern und Kind, Lehrer und Schüler, Chef und Angestellter oder andere mehr, und durch das Verständnis ihrer emotionalen Dynamik einen bestimmten Aspekt in unserem Verhältnis zu den Palästinensern zu erhellen: den Aspekt, daß unsere Nation stärker und entwickelter ist als ihre. In einem anderen Kontext sind die Palästinenser tatsächlich der ältere Bruder, der alles verloren hat, als sein jüngerer Bruder geboren wurde. Und in wieder anderer Hinsicht können wir über unsere Beziehung zu Palästinensern viel von der emotionalen Dynamik einer Paarbeziehung lernen. Zum Beispiel nicht zu fragen, wer recht hat, sondern versuchen zu verstehen.

Ich möchte von Anfang an betonen, daß dieses Buch vom professionellen Standpunkt eines Psychologen aus geschrieben wurde. Es nimmt nicht Partei für die Rechten oder die Linken, für Araber oder Juden, für die säkularen oder die religiösen Parteien. Mehr noch, ich hoffe daß dieses Buch deutlich machen kann, wie diese Oppositionspaare sich ergänzen und bedingen, so stark, daß ein erfülltes emotionales Leben nicht möglich ist, wenn man sich nur mit einem der Pole identifiziert. Jede Seite unterdrückt und verleugnet nämlich bei sich die Aspekte, die ihr Gegenüber repräsentiert. Links und rechts sind zum Beispiel, wie ich noch zeigen werde, zwei Seiten des Gefühlslebens, und die Fähigkeit, sie zu integrieren, ist die Grundlage eines gesunden Wachstums- und Friedensprozesses.

Manch einer wird sich selbst nach dem Lesen dieser Einleitung noch fragen, ob ich ein Linker oder ein Rechter, ein religiöser oder säkularer denkender Mensch sei. Der Riß durch die israelische Gesellschaft ist tief, und er erinnert an einen Menschen mit einer bestimmten Persönlichkeitsstörung, der jeden stets fragt: „Bist du für oder gegen mich?", und der sich nicht vorstellen kann, daß man sowohl ihn als auch seinen Gegner versteht. Eine solche Person verlangt, daß man sich mit einer Seite identifiziert. Als guter Therapeut muß man aufpassen, daß man sich nicht auf die absolute Trennung zwischen den Guten und den Bösen einläßt. In den frühen Tagen der Psychologie haben die Therapeuten versucht, eine neutrale Stellung zu den Problemen einzunehmen, die ihre Klienten aufwerfen. Es hat einige Zeit gebraucht, bis man verstanden hat, daß der Therapeut seine eigenen emotionalen Standpunkte und Neigungen hat, und noch wichtiger, bewußte und unbewußte Seiten in seiner Persönlichkeit, und daß es keinen Menschen gibt, der neutral ist. Dann hat man verstanden, daß der Therapeut sich so gut wie möglich seiner Gefühle bewußt sein sollte, damit er von ihnen nicht in eine Richtung getrieben wird, ohne daß er es merkt. Der Therapeut kann zum Beispiel andere moralische Maßstäbe haben als der Patient, existentielle Ängste, die ihn antreiben, oder den Wunsch nach Omnipotenz, daß die Therapie erfolgreich verläuft, und so weiter. Dasselbe gilt bei unserem Thema. Ich habe politische Vorlieben, die von meinen emotionalen Neigungen bestimmt werden. Wenn ich mir diese Neigungen bewußt mache, dann kann ich mich vorsehen und mache weniger Fehler. Weil ich mich selbst kenne, weiß ich zum Beispiel, daß ich vorsichtig sein muß, wenn es um das Thema Kompromisse für Sicherheit geht. Ich muß mir Linien ziehen, die ich nicht überschreiten darf, um meiner Neigung entgegenzuwirken, mich von romantischen Phantasien und dem Wunsch nach brüderlicher Nähe mit den Arabern forttragen zu lassen. Der Leser möge an Hand des Buches urteilen, ob ich die Sache erfolgreich gemeistert habe. Gleichermaßen erwarte ich von den Rechten, denen es schwer fällt, an die Möglichkeit einer Veränderung zu glauben und optimistisch zu sein, sich dieser Gefühle bewußt zu werden und zu versuchen, ehrlich mit sich selbst zu sein und keine Tatsachen aus ihrem Bewußtsein zu verdrängen und zu unterdrücken, die ihren Überzeugungen widersprechen und belegen, daß sich tatsächlich grundlegende Veränderungen ereignen. Der Prozeß der Selbstprüfung muß voller Aufrichtigkeit erfolgen. Es ist ein sehr schwieriger Prozeß, der viel Mut erfordert. Wie viele von uns haben einmal innegehalten und gesagt: „Diese Informationen stimmen nicht mit meinen Überzeugungen überein"? Das wäre sehr wichtig, und doch geschieht es so selten! Daher gibt es keine Dinge wie Neutralität und Objektivität. Jeder hat persönliche Neigungen, aber Selbsterkenntnis hilft uns dabei, uns diesen wichtigen Haltungen zu nähern, und noch wichtiger, sie hilft uns, gesunde Beziehungen zu anderen Menschen aufzubauen.

Neben Selbsterkenntnis müssen wir uns noch ein weiteres wichtiges Werkzeug von Eltern und Therapeuten aneignen – die Fähigkeit, mit Einfühlungsvermögen zuzuhören. Den Gegner zu kennen, seine Gefühle und Motive zu verstehen, ist schließlich eine der Grundregeln des Krieges. Wir haben auf diesem Gebiet eine schlechte Bilanz und wurden immer wieder überrascht (der Jom-Kippur-Krieg von 1973, die Intifada in den späten 80er Jahren, der Glaube, wir könnten den Terrorismus besiegen und anderes). Wir müssen dem Gegner zuhören, wie ein aufmerksames kleines Kind, und seine Gefühle und Existenz nicht verleugnen, nur weil wir uns davon bedroht fühlen. Es existiert ein großer Unterschied, wie wir die Äußerungen unserer eigenen politischen Führer und die der gegnerischen Politiker aufnehmen. Jeder, der nur ein bißchen Selbstwahrnehmung hat, wird sofort bemerken, daß wir die Äußerungen unserer Politiker als Wahrheit betrachten. Wenn ein gegnerischer Politiker eine Äußerung macht, sehen wir sie oft als Manipulation oder Lippenbekenntnis an, die nicht ernstgenommen werden kann. Nur selten betrachten wir sie als eine schmerzhafte Wahrheit, von der dieser Politiker nicht abweichen kann. Der Verlust unserer Fähigkeit des Zuhörens stellt die größte Gefährdung unserer Existenz dar. Einfühlsames Zuhören, das sich in der Fähigkeit zeigt, sich mit dem Feind zu identifizieren und ihn von innen heraus zu verstehen, hat seinen Wert nicht nur bei der Vorhersage von Kriegen, sondern vor allem bei der Förderung des Friedens. Es gibt keine Alternative zum einfühlsamen Zuhören, und seine Bedeutung für den Frieden kann nicht überschätzt werden. Dadurch, daß diese Art des Zuhörens den Schmerz der anderen Partei lokalisiert, ist man in der Lage, sich mit dem anderen zu identifizieren und ihn zu verstehen. Wir können ihn dann mit allem beurteilen, was wir über emotionale Entwicklungs- und Wachstumsprozesse wissen. Können die Palästinenser möglicherweise eines Tages ihren Wunsch nach Unabhängigkeit aufgeben? Ist es möglich, daß sie Jerusalem aufgeben werden, das Herz ihrer Religion, die Stadt ihrer Sehnsucht? Wenn wir den Wachstumsprozeß verstehen, dann können wir mit Sicherheit vohersagen, daß das nicht eintreten wird. Ein Heranwachsender wird weder seine Unabhängigkeit noch seinen Glauben aufgeben. Wir wissen auch, daß er letztendlich sein Ziel erreichen wird. Daher kann der Konflikt zwischen den Arabern und uns nicht in einem würdigen Abkommen enden, wenn nicht beide Seiten ihre Gefühle darin geachtet sehen. Ein Abkommen, das von einer Seite unter Zwang oder auf Grund einer zeitweisen Schwäche unterzeichnet wird, kann nicht zum Frieden führen. Ein Abkommen erfordert beiderseits die Bewahrung der Ehre und der Unabhängigkeit und die Hoffnung auf weiteres Wachstum. So wie die Palästinenser sagen: „Nur gerechte Grenzen sind sichere Grenzen." Mit anderen Worten, ungerechte Grenzen werden uns frustrieren und verbittern, und das wird keine Sicherheit bieten. Natürlich müssen wir nicht allem zustimmen, was sie verlangen, aber wir müssen zumindest verstehen, wie sie fühlen und worüber sie sprechen. Dann werden selbst unser „nein" und unsere Forderungen an sie anders aufgenommen werden. Der Akt des aufrichtigen Zuhörens an sich schafft einen Dialog von einer anderen Qualität als den, der vor dem Zuhören existiert hat. Aber das ist nur der Anfang. Im Buch werden wir immer wieder sehen, daß wir durch einfühlsames Zuhören uns selbst und ihnen auf eine Art und Weise helfen können, die uns vorher nicht möglich war. Selbsterkenntnis und Einfühlungsvermögen – das sind die beiden Werkzeuge, die uns auf der Reise durch das Buch begleiten sollen.

Ein Politiker, der denkt, daß er stets recht hat, beraubt sich selbst der Möglichkeit, diese beiden Werkzeuge zu nutzen. Er verliert die Fähigkeit, sowohl sich als auch anderen zuzuhören. In einer Therapie wird oft ein Durchbruch erzielt, wenn der Therapeut sich geirrt hat und das auch zugeben kann. Dasselbe trifft auf die Erziehung zu. Ich kenne verschiedene Kinder (einige sind heute erwachsen), deren Eltern niemals zugegeben hatten, daß sie mal im Unrecht waren. Ich kenne auch Kinder, die das in ihrem Leben nur einmal erlebt haben, und sie werden dieses eine Mal niemals vergessen. Wir sind wie Kinder, die sich nach aufrichtigen Eltern sehnen, die Fehler machen und das auch zugeben können, wodurch auch uns zugestanden wird, Fehler zu machen. Unsere Politiker sind genau das Gegenteil. Welch eine Schande! Es gibt keinen Zweifel, daß der größte und gefährlichste Mangel der israelischen Politik der starre, selbstgerechte Standpunkt ist, der freies Denken verhindert. Die Auswirkungen auf die Öffentlichkeit und den Friedensprozeß sind verheerend, so wie beim Wachstumsprozeß eines Kindes, dessen Vater niemals zugibt, daß er Fehler macht. Ohne die Freiheit, nachzudenken, etwas nicht zu wissen, Fehler zu machen und sie zu bereuen, seine Gefühle und Grenzen zu erkennen, ist emotionales Wachstum nicht möglich. In emotionalen Prozessen, und der Friedensprozeß ist ein solcher, ist die Situation der Menschen wesentlich besser, wenn sie analysieren können, was ihr Problem ist und wo sie falsch liegen. Nennen wir es Bescheidenheit. Wenn jemand denkt, er wüßte alles, dann haben wir wirklich allen Grund, uns Sorgen zu machen. Das ist eine Haltung der Omnipotenz, die mit der israelischen Arroganz einhergeht. Wir wissen auch, daß sie dazu dient, tiefe Ängste und Unsicherheiten zuzudecken.

Wenn man die emotionale Seite des Friedensprozesses betont, verlangt das nach einer aktiveren Rolle der Frauen. Auf die Gefahr hin, einen Allgemeinplatz zu wiederholen, möchte ich behaupten, daß in unserer Gesellschaft die Frauen ein besseres Verständnis von Gefühlen und emotionalen Prozessen besitzen. Die Politik wird hauptsächlich von Männern betrieben, und in unserem Land spielt dabei auch der militärische Aspekt eine Rolle. Es ist von großer Wichtigkeit, weibliche Sichtweisen in die Politik einzubringen, denn wir reden über Wachstums- und Entwicklungsprozesse, und Frauen sind diesen Prozessen gegenüber offener als Männer. Die Welt der Politik, in der es oft an Verständnis für emotionale Prozesse mangelt, die Mütter so gut kennen und mit denen Therapeuten sich befassen, ähnelt einer Familie, in der es nur einen Vater gibt und keine Mutter. Es fällt nicht schwer, sich vorzustellen, wie es in so einer Familie zugehen wird, schließlich leben wir in einer solchen. Wenn wir die Völkerfamilie als Verbindungen patriarchaler Familien betrachten, dann verstehen wir, in was für einer regressiven Welt wir leben. Einer der tieferen Gründe für die Regressivität vieler orientalischen Gesellschaften im Vergleich zum Westen ist die fehlende Gleichstellung der Frauen. In dieser Richtung muß sich in Zukunft vieles zum Besseren ändern. Ich hoffe, daß die Organisation „Vier Mütter", die sich für den Rückzug der israelischen Armee aus dem Libanon eingesetzt hatte, eine Vorbotin der wachsenden Beteiligung der Frauen am Entwicklungs- und Wachstumsprozeß Richtung Frieden ist. Die Organisation, die sich einen solch passenden Namen ausgesucht hat, die sie in Verbindung mit den vier Matriarchinnen[2] setzt, die unser Volk hervorgebracht hat, scheut sich nicht davor, in die militärisch geprägte männliche Welt einzudringen und dort ein neues Denken einzuführen. Ein Denken, das nicht in erster Linie von Ängsten bestimmt wird, und das näher an der emotionalen Aufrichtigkeit einer Mutter ist, deren Kind Luftschlösser baut.

Es ist wichtig für dieses Buch, einen Prozeß der Selbstprüfung vorzunehmen, weil das der wichtigste Prozeß ist. Dieses Buch bietet ein weites emotionales Modell für die Entwicklung des Friedensprozesses und beleuchtet den emotionalen Aspekt dieses Prozesses in unserem Leben. Wir müssen dazu fähig sein, uns selbst zu prüfen und uns zu fragen, wo

2 Sara, Rebekka, Lea und Rahel. Siehe das 1. Buch Mose.

wir falsch gelegen haben, um Schritt für Schritt voranzukommen. Auf diese Art wächst ein Kind heran, und so werden auch wir als Nation wachsen. Ich bin mir sicher, daß sich meine Wahrnehmung des Buches nach der Veröffentlichung verändern wird. Es stellt keinen Schlußpunkt dar, es ist lediglich ein Kapitel in einer langen Geschichte, ein erstes Kapitel in einem lebenslangen Wachstumsprozeß. Ich bezweifle nicht, daß mir völlig zu Recht vorgeworfen werden kann, daß ich einige Aspekte vergessen und andere falsch verstanden habe. Aber ich biete keine endgültige Antwort, nur einen Denkansatz, eine Art zu leben, bei der wir versuchen, uns selbst zu verstehen, unsere Ängste, unsere Fehler und das, was wir wirklich fühlen.

TEIL I
Das jüdische Volk

1. *Das jüdische Volk*

Ein Patient namens Israel betritt den Raum, bricht sogleich in einen Schwall von Argumenten aus und führt seine Belege dafür an, daß er tatsächlich besser als jeder andere sonst sei. „Sieh her", sagt er zum Therapeuten, „Freud, Einstein, Marx, Jesus und viele andere mehr, alle waren Juden. Es steht außer Frage, daß unser Volk, trotz seiner geringen Zahl, der Menschheit mehr als ein paar Genies geschenkt hat, gar nicht zu reden vom Buch der Bücher, der Bibel. Und auch unseren Gott, den alle anderen nur kopiert haben. Kein Wunder, daß alle neidisch auf mich sind und mich schlecht behandeln." Und er fügt hinzu: „Es ist die pure Eifersucht, denn ich habe ihnen nichts getan."

Einen Moment lang klingt das alles absolut überzeugend und nach soliden Fakten. Der Therapeut fühlt sich angesichts der zwingenden Argumente fast ein wenig hilflos. Dann fängt er sich jedoch wieder und stellt fest, daß es nicht die Erfolge oder die Größe seiner Nase oder andere unveränderliche Kennzeichen sind, die der Patient ändern muß, um mit seiner Umgebung zurechtzukommen. Der Therapeut sagt dem Patienten, daß er dessen besondere Talente, die unbestreitbar sind, schätzt und respektiert, aber daß das nicht das Problem sei. Das Problem befindet sich auf einer anderen Ebene, auf der emotionalen Ebene.

Der Krieg zwischen Patient und Therapeut hat begonnen. Selbst ein erfahrener Therapeut findet sich manchmal darin wieder und fragt sich, wie es dazu gekommen ist. Der Patient fährt damit fort, dem Therapeuten zu beweisen, daß dieser sich irrt. Er, der Patient, habe keine Probleme, und alle anderen hassen ihn einfach. Der Therapeut versucht ihm zu zeigen, daß er ein Problem hat, und daß er, der Therapeut, im Recht ist. Die Arroganz und die herablassende Art des Patienten gegenüber dem Therapeuten und allen anderen rufen in dem

Therapeuten Gefühle des Neids, des Zorns und den Wunsch hervor, dem Patienten zu beweisen, daß er weder der Beste noch der Größte auf der Welt ist, und daß auch er, der Therapeut, etwas zu sagen hat. Manchmal empfindet der Therapeut Angst und Unbehagen in der Nähe dieses Patienten Israel.

„Was glauben Sie, was gerade zwischen uns passiert?" wird der Therapeut den Patienten unvermittelt fragen. Der Patient wird mit seinen Rechtfertigungen innehalten, sich zurücklehnen und abwarten, worauf der Therapeut hinaus will. „Sehen Sie", wird der Therapeut sagen, „zwischen uns passiert genau das, was Ihnen mit der ganzen Welt passiert. Sie haben sich Ihr Verhalten sicher nicht extra für mich ausgedacht. Sie versuchen, mich zu überzeugen, daß Sie recht haben, und ich versuche Sie zu überzeugen, daß ich recht habe. So sind wir in einen Krieg hineingerutscht. Wenn wir verstehen können, was mit Ihnen hier in diesem Raum mit mir passiert ist, dann können wir diesen Knoten lösen, und es kann Ihnen bei Ihrem Leben draußen in der Welt helfen."

An diesem Punkt ist der Patient bereit zuzugestehen, daß sich in diesem Raum ein Krieg abspielt, genau wie überall, wo er in seinem Leben hingeht, aber er versteht noch immer nicht, warum es ihm wieder und wieder passiert. Der Patient beginnt zu spüren, daß es Dinge gibt, die er nur ungern wahrhaben möchte.

Der Therapeut gibt dem Patienten ein Beispiel, das er aus der Schulzeit kennt. Jeder kennt den Typ des Klassenprimus, der immer alle Fragen des Lehrers beantworten kann, der aber nicht aufspringen und vor allen anderen die Antwort geben muß. Er muß sich nicht stets vor den anderen beweisen. Er sitzt ruhig da, sich seines Könnens sicher, und er weiß, wenn niemand sonst die Antwort geben kann, dann wird der Lehrer am Ende ohnehin auf ihn zurückkommen. Eine andere Art von Klassenprimus wird stets als erster aufspringen und beweisen wollen, daß er der Beste ist.

Unser Patient Israel versteht den Vergleich noch nicht wirklich. Aber der Therapeut versteht nun aus den Vorgängen in der Therapie, warum der Patient mit allen im Streit liegt. Der Patient fühlt sich allen überlegen und lädt damit jeden ein, ihm das Gegenteil zu beweisen, daß er nämlich nichts wert sei.

Die Therapie wird lang und hart werden. „Mit einer Nadel in Fels zu ritzen“, so hat einmal jemand den Prozeß der Therapie eines paranoiden Patienten beschrieben, der davon überzeugt ist, daß alle gegen ihn sind. Der Patient wird weiterhin wie ein Besessener kämpfen, um zu beweisen, daß er der Beste ist. Er wird nicht einfach seinen Glauben an seine Großartigkeit aufgeben. Der erfahrene Therapeut wird nicht nur den Zorn verstehen, den der Patient bei anderen auslöst, sondern vor allem auch, wie sehr der Patient Bewunderung braucht, denn ohne sie fühlt er sich schlecht. Wie jede paranoide Persönlichkeit möchte er, daß wir ihm gegenüber einfühlsam und aufmerksam sind, denn das hat ihm in der Kindheit gefehlt. Er braucht jemand, der ihn wirklich versteht. Nur wenn er diese Erfahrung macht, die ihm in der Vergangenheit nicht zuteil geworden ist, wird er in der Lage sein, sich zu beruhigen.

Durch die Beziehung, die er zum Patienten entwickelt, wird der Therapeut auch verstehen, wie dessen Beziehung zu seinen Eltern gewesen war, und daß der Patient in der Therapie seine vergangenen Beziehungen wieder aufleben läßt. „Gewiß“, wird der Therapeut sagen, „in deiner Kindheit hast du dich wirklich verfolgt gefühlt, und das waren echte Gefühle als Kind, das bedrohlichen Eltern gegenübersteht. Aber jetzt bist du erwachsen und fährst damit fort, deine Kindheitserlebnisse wieder aufleben zu lassen, selbst unter gänzlich anderen Umständen und wenn dich niemand verfolgt.“ Langsam, je länger die Phase des Einfühlens in der Therapie anhält, und je mehr der Patient den Eindruck hat, daß der Therapeut ihn versteht, wird er anfangen, ruhiger zu werden. Diese Erfahrung wird als Korrektiv wirken: Zum ersten Mal im Leben hat er eine andere Art von Beziehung, eine, die nicht bedrohlich ist.

Dann wird der Patient auch zum ersten Mal seine Ängste und Träume mit uns teilen. Er hat oft das Gefühl, daß er nicht der Beste ist, manchmal fürchtet er gar, der Schlechteste zu sein. Aber er versucht, dieses Gefühl vor sich und anderen zu verbergen. Und er versteht wirklich nicht, warum er immer

Streit und Unruhe stiftet, doch er weiß eigentlich auch, daß mit ihm etwas nicht stimmt, aber er kann nicht sagen, was es ist. Langsam wird er damit herausrücken, wie schwer es ihm fällt, anderen Raum zu lassen, und daß er immer nur mit sich selbst beschäftigt ist, wegen der Verletzungen in der Vergangenheit. Und der Therapeut wird zusammen mit dem Patienten entdecken, wie schwer es ist, den anderen anzuerkennen und ihm Raum zu geben, wenn einem selbst in der Vergangenheit nicht der Raum gegeben wurde, den man gebraucht hätte, und wenn man unter ständiger Bedrohung gelebt und um sein Leben gekämpft hat.

Jetzt sind der Therapeut und sein Patient auf dem richtigen Weg. Es liegt immer noch viel Arbeit vor ihnen, aber der Patient denkt nicht länger in Kategorien von gut und böse, daß er selbst gut sei, und alle anderen böse, daß er recht hat, und alle anderen unrecht. Das konnte durch die korrektive Erfahrung der Beziehung zu dem Therapeuten geschehen, der ihn akzeptiert und Einfühlungsvermögen gezeigt hat.

Hier wollen wir die Analogie beenden und uns wieder dem jüdischen Volk zuwenden, aber nicht notwendigerweise in chronologischer Abfolge. Auch in der Therapie enthüllt der Patient seine Vergangenheit in einer assoziativen Folge. Manchmal erzählt er, was er heute erlebt hat und erinnert sich davon ausgehend an Geschehnisse der Vergangenheit.

Wir schauen als Volk oft auf die Araber aus einer Position der Überlegenheit herab, und sind dann über ihre Reaktionen erstaunt. Ein Beispiel ist unser Versuch, die arabischen Länder durch Wirtschaftskonferenzen zu entwickeln. Das basiert auf der richtigen Annahme, daß wir die Möglichkeiten besitzen, ihnen zu helfen. Aber auch hier ist die emotionale Botschaft, die dieses Angebot beinhaltet, die Wurzel des Problems. Die arabischen Länder gehen sofort in die Defensive und lehnen unsere Hilfe ab. Sie befürchten, daß wir sie mittels unserer „Hilfe" beherrschen wollen. Wäre es nicht besser, wenn wir warteten, daß sie uns um Hilfe bitten? So werden wir von den USA behandelt. Sie warten, bis wir um Hilfe fragen. Sie helfen, ohne viel Aufhebens darum zu machen, und daher empfinden wir ihre Hilfe nicht als demütigend.

Wer erinnert sich nicht an die Jahre, in denen wir die Araber verachteten, an die Euphorie nach dem Sechstagekrieg im Jahre 1967, und an den Preis, den wir dann 1973 im Jom-Kippur-Krieg dafür bezahlt haben? Wer erinnert sich nicht daran, wie wir die Palästinenser mißachtet und abgewiesen haben, bis 1987 unerwartet die Intifada ausbrach, und an unseren Glauben, daß wir den Terror mit Gewalt besiegen könnten, und an den Preis, den wir dafür im Libanon gezahlt haben, und an vieles andere mehr? Als Volk mit einer Persönlichkeitsstörung erhält unser Patient einen Schlag nach dem anderen, und er weiß nicht warum. Er weiß es nicht, weil es ihm schwerfällt, die andere Seite zu sehen, zu verstehen, was sie durchmacht, und daher fällt es ihm auch schwer, deren zukünftige Handlungen vorherzusehen.

Das jüdische Volk hat sich über Jahre hinweg durch seine Unterschiedlichkeit und Eigenheiten selbst von den Nachbarländern abgesondert. Diese Isolation birgt in sich selbst gleichzeitig Gefühle des Verfolgtseins und der Überlegenheit. Da ich so großartig und wichtig bin, haben die anderen einen Grund, mich zu beneiden, zu verfolgen und zu hassen. Aus der Psychopathologie wissen wir, daß Paranoia sich häufig mit Größenwahn verbindet. Aus der therapeutischen Praxis wissen wir außerdem, daß das Gefühl „Ich bin der Beste" normalerweise mit seinem Gegenteil verbunden ist, dem Gefühl „Vielleicht bin ich nicht so großartig, wie ich denke", und das soll verdeckt werden. Und es gibt auch das Gefühl eines inneren Erlebens, das sagt „Ich bin nichts wert". So etabliert sich in einem Individuum oder in einem Volk eine Persönlichkeitsstruktur, die zwischen den Gefühlen der Minderwertigkeit und des Größenwahns hin und her schwankt. Das eine existiert nicht ohne das andere, und es macht keinen Sinn danach zu fragen, was zuerst da war, die Henne oder das Ei, denn beides hat sich gleichzeitig in einem Wachstumsprozeß geformt.

Das jüdische Volk hat durch die Zeiten hindurch seine Einzigartigkeit bewahrt, durch einen Akt miteinander verzahnter emotionaler Mechanismen. In ihrem Dialog mit den Christen fühlten sich die Juden überlegen und zeigten das auch, während die Christen sie an das erinnerten, was sie vergessen wollten, nämlich daß sie sich auch minderwertig fühlten, nicht einmal eine eigene Heimat hatten und in Gefahr waren, ausgelöscht zu werden. Hier ist ein Mechanismus am Werk, der sich immer wieder selbst Nahrung gibt. Es gibt keinen Zweifel daran, daß große Persönlichkeiten wegen ihrer Arroganz Neid und Haß anziehen. Und genau dadurch schaffen sich diese Persönlichkeiten ihr eigenes Gefühl der Verfolgung und lassen ihre emotionalen Phantasien zu einer realen Erfahrung werden. Uns Juden fällt es sehr schwer, darüber nachzudenken und zu verstehen, welche Rolle wir bei dem alten Haß auf uns gespielt haben, und welche Gefühle wir bei anderen auslösen. Dieses Verständnis will der Therapeut während der Therapie fördern, so daß der Patient sich darüber bewußt werden kann, was er ausstrahlt und bei anderen hervorruft, und sich auch dafür verantwortlich fühlt. Im Holocaust wurden die Juden mit Auslöschung und größter Erniedrigung konfrontiert, so daß dem arroganten Gefühl „Ich bin der Beste" die gegensätzliche innere Erfahrung „Ich bin nichts wert, seht, was sie mit uns gemacht haben" folgte.

Aus dieser schwierigen Lage heraus entschied sich ein relativ kleiner Teil des jüdischen Volkes, in das Land seiner Vorväter zurückzukehren und einen eigenen Staat zu gründen. Diese Juden versuchten, in ihr altes Land zurückzukehren, das sie vor 2000 Jahren verlassen hatten, als ob es seitdem verwaist gewesen wäre und brach gelegen hätte. Wie wir wissen, gab es hier eine weitere Überraschung für dieses Volk, da es auf Grund seiner alten Pathologie Schwierigkeiten hatte, den anderen wahrzunehmen und anzuerkennen. Die Araber haben natürlich revoltiert und sich geweigert, sie zu akzeptieren, und so hat der jüdische Staat sich in seiner Andersartigkeit im Nahen Osten selbst isoliert. „Wenn ihr wirklich wollt, wird es kein Traum bleiben", so lautet das Motto unserer Staatsgründung, und das ist in gewisser Hinsicht eine wahre Aussage. Man muß an seine Kraft glauben, um Neues schaffen zu können. Aber es ist in emotionaler Hinsicht auch eine problematische Feststellung. Sie verrät die omnipotente Haltung (und ist oft von Heranwachsenden zu vernehmen, aber nicht nur von ihnen) einer Person, die nur ihren eigenen Willen sieht und glaubt, mit ihm könne sie die Welt erobern. Und hier beginnt wieder der alte Teufelskreis, und ich bemühe mich sehr, mich nicht in eine Diskussion über die Frage: „Wer ist hier im Recht?" ziehen zu lassen. Jeder Therapeut weiß, daß diese Diskussion die Therapie einer paranoiden Persönlichkeit blockieren kann. Die Frage lautet nicht, „Wer hat recht?", so wird der Therapeut dem Patienten sagen, sondern warum er soviel leidet und wie das Leid verhindert werden kann, denn das Leben ist keine Gerichtsverhandlung. Wie kann man diesem Patienten helfen, der glaubt, daß alle gegen ihn sind – und diesmal ist es nicht nur Einbildung –, wie kann man diesen Teufelskreis stoppen, der jeden dazu einlädt, gegen ihn zu sein? Wie kann man im Zustand der Bedrohung und der Verfolgung das Gleichgewicht halten, das es einem ermöglicht, die Existenz und die Ehre zu bewahren, zusammen mit dem Verständnis, daß einem nicht alles gehört und anderen auch ihr Teil zusteht? Das ist das Dilemma der paranoiden Persönlichkeit, die zu begreifen anfängt, daß mit ihr etwas nicht stimmt und aus der Zwickmühle hinauswill.

In den Vereinten Nationen, die eine Art Therapiegruppe sind, sind wir das Mitglied mit der Persönlichkeitsstörung. Das ist der, auf dem immer alle herumhacken und an dem sich immer alle stoßen, nur er hat stets recht und ist unschuldig. Das ist natürlich eine nazißtische Störung, bei der ein Mensch in sich selbst und seine Großartigkeit versunken ist, weil er in der Vergangenheit nicht genug Mitgefühl erfahren hat. Wir wissen, daß ein Kind erst empfangen muß, erst dann kann es auch geben. Was der Patient wirklich braucht, ist Einfühlungsvermögen von seiten der anderen Nationen der Welt. Er muß mit Verständnis behandelt, seine Ängste müssen ernst genommen werden, denn sie bestehen zu recht, weil andere ihn in der Vergangenheit vernichten wollten und es auch heute noch vorhaben. Deshalb wird er manchmal so aggressiv, daß er andere verletzt und Gebiete erobert.

Hier macht sich der unterschiedliche Therapiestil der europäischen Länder und der USA bemerkbar. Die Vereinigten Staaten drängen sich nicht auf, sie bieten uns Sicherheit und ein Verteidigungsbündnis an. Sie verstehen, daß der Friedensprozeß ein Wachstumsprozeß ist, der in unserem eigenen Tempo voranschreiten und von innen kommen muß. Solch ein Prozeß kann niemanden aufgedrängt werden. Direkte Verhandlungen zwischen den Konfliktparteien sind von immenser Bedeutung, denn dieses Kind muß erwachsen werden und lernen, seine Probleme selbst zu lösen. Jedes Kind braucht solche Eltern – die als Vermittler helfen, sich aber nicht aufdrängen –, um in der Welt zurechtzukommen. Die Eltern dürfen nicht Dinge an seiner Stelle tun, sondern müssen bereit sein, zu helfen, wenn das Kind darum bittet. Ein Mensch mit Persönlichkeitsstörung braucht auch jemanden, der versteht, daß er auf eigenen Beinen stehen muß, damit er sich nicht bedroht fühlt und in der Lage ist, vertrauensvolle Beziehungen mit der Welt aufzunehmen. Der ehemalige US-Außenminister Warren Christopher machte eine therapeutische Feststellung, als er einmal sagte: „Nur ein starkes Israel kann Frieden machen!" Alle Eltern wissen, daß nur ein Kind, das sich sicher fühlt, im Wachstumsprozeß Fortschritte erzielen und auf die Bedürfnisse der anderen Rücksicht nehmen kann.

Die europäischen Länder sind als Therapeuten weniger einfühlsam in Bezug auf unsere Bedürfnisse. Sie neigen eher dazu, uns ihre Meinung aufzudrängen. Daher ist ihre Hilfe in diesem therapeutischen Friedensprozeß weniger effektiv, und sie können auch den Arabern nicht viel helfen. Sie verhalten sich bei dieser Paartherapie wie ein Therapeut, der versucht, seine eigene Meinung durchzusetzen, oder sie zumindest offen äußert. Er vergißt, daß seine Meinung nicht so wichtig und nicht sehr hilfreich ist. Im Gegenteil, sie behindert die eminent wichtige Fähigkeit der Partner, einander zuzuhören. In dieser Hinsicht ist der Rechten zuzustimmen, wenn sie seit Jahren verlangt, daß der Frieden durch direkte Verhandlungen zwischen den Konfliktparteien zustandekommen muß. Durch Verhandlungen zwischen Gleichen, und nicht durch die Vermittlung von Dritten. Während der Regierungen von Rabin und Peres (1992–1996) verspürte dieses persönlichkeitsgestörte Wesen namens Israel wahrscheinlich das erste Mal in seinem Leben, daß die Welt ihm Liebe entgegenbrachte. Ein

Gefühl, daß während der Regierungszeit von Benjamin Netanjahu (1996–1999) wieder zerstört wurde.

Das Ziel des Wachstums im Leben von Menschen und Nationen ist letztlich die Fähigkeit, unterschiedliche Teile der Persönlichkeit zu integrieren. Es geht nicht nur darum, ob ich der Beste oder der Schlechteste bin, und nicht nur darum, ob ich recht habe oder aggressiv bin, sondern um die Fähigkeit, während des Wachstumsprozesses komplexe Vorgänge wahrnehmen zu können. In dieser Hinsicht stellen die Linke und die Rechte unterschiedliche emotionale Haltungen einer Persönlichkeit dar, die sich verändern können und in der Seele einer einzigen Nation wirken. Man kann sagen, daß die emotionale Struktur der Rechten eher die Vergangenheit des jüdischen Volkes repräsentiert, während die Linke ein relativ junger Sproß ist. Die Aufgabe des Therapeuten bei der Behandlung dieser Persönlichkeitsstörung besteht darin, den Riß zu heilen und die Zerrissenheit zu mildern. Das ist auch der Sinn des Wachstumsprozesses eines Kindes, das in einer einer Welt voll Monster und Feen, voll Guter und Böser lebt, und das ist letztlich auch der Sinn des Friedensprozesses.

Wie fing nun alles an? Das jüdische Volk wurde geboren, als Gott Abraham erschien und zu ihm sagte: „Geh aus deinem Vaterland und von deiner Verwandtschaft und aus deines Vaters Hause in ein Land, das ich dir zeigen will.“[3] Gott erwählte Abraham und, davon sind wir fest überzeugt, er erwählte uns, damit wir seine geliebten Kinder in diesem Land seien. Und so machte sich das jüdische Volk auf die Reise. Ein Volk, das seinen Weg ganz anders als andere Völker begann, weil es vom allmächtigen Gott erwählt wurde. Abraham hatte zweifelsohne gute emotionale Gründe dafür gehabt, sich selbst einen gebieterischen, allmächtigen Vater zu schaffen, der ihn allein liebte. In jenen Tagen bedurfte es sicher der aktiven Imagination, um solch ein neuartiges Konzept zu schaffen. Abraham hat es schöpferisch angewandt, um damit Konflikte zu lösen, die er mit seinem Vater Tarah gehabt haben muß. Und so ist dieses Volk, das ein starkes Gefühl der Einzig-

3 1. Mose 12,1

artigkeit besaß, einschließlich dem Gefühl der Arroganz und der Angst vor seiner Umgebung, immer weiter gewachsen.

Wir wollen einen Moment diese einzigartige Tat der emotionalen menschlichen Erfahrung – die Erfindung Gottes – näher betrachten, und versuchen, sie zu verstehen. Ja, der Mensch hat Gott wegen seiner eigenen Bedürfnisse erschaffen, und nicht Gott den Menschen. Der Zweck dieser menschlichen Erfindung war die Kompensation einer tief gefühlten Unsicherheit. Das heißt, wenn es einen Gott gibt, dann gibt es auch eine Ordnung und Gerechtigkeit. Dann kann man die Zukunft berechnen, und alle Ereignisse bekommen einen Sinn, der über das grausame Schicksal hinausgeht. Die Gefühle des Menschen von seiner Endlichkeit und Kleinheit ließen Gott als großen, allmächtigen Vater entstehen, der über uns wacht, dem wir gehorchen und den wir versöhnlich stimmen müssen.

Aber die Juden schufen eine neue Art von Gott, nämlich einen abstrakten. Keine Statue, keine Maske, sondern einen Gott, den man nicht sehen kann, obwohl er als verinnerlichtes Bild in unserem Bewußtsein und in unserem Herzen existiert. Das war eine Neuerung in der Umgebung des jüdischen Volkes, denn bis zu dieser Erfindung waren die Nachbarvölker der Juden Götzenanbeter. (Es gibt allerdings Zeugnisse, daß die Juden nicht unbedingt das erste Volk waren, die einen abstrakten Gott schufen.) Das ist ein wichtiger Sprung in der Kraft der Abstraktion. Wir wissen, daß für ein sehr junges Kind (bis zum Alter von acht Monaten) etwas, was es nicht sieht, auch nicht vorhanden ist. Wenn man ein Spielzeug vor ihm versteckt, bevor es die Fähigkeit zur Abstraktion erworben hat, dann wird es nicht danach suchen, weil es es nicht mehr sieht. Ein Säugling muß einen Gegenstand sehen, um von seiner Existenz überzeugt zu sein. Im Alter von drei Jahren wird ein weiterer Abstraktionsgrad erreicht, dieses Mal in emotionaler Hinsicht. Das Bild der Eltern wird vom Kind verinnerlicht. Das Kind kann zum Beispiel beruhigt in den Kindergarten gehen und die Eltern immer noch bei sich wissen. Diese emotionale Abstraktionsfähigkeit ist ein wesentlicher Schritt in der Entwicklung des

Kindes. Vor dieser Entwicklungsstufe muß das Kind die Eltern oft sehen, um ihre Existenz in seinem Bewußtsein zu verankern, aber danach ist das nicht mehr erforderlich. Hat das Kind einmal das Bild der Eltern verinnerlicht, kann es sich von ihnen trennen. Das ist ein Beispiel, an dem man sehen kann, wie machtvoll verinnerlichte Bilder sind, und welch komplexe Beziehungen wir zu diesen Wesen entwickeln können, die nur in unserer Vorstellung existieren. Tatsächlich bewies das jüdische Volk eine große Abstraktionsfähigkeit und entwickelte einen unsichtbaren Gott, den man nicht berühren kann, der ein verinnerlichtes Bild ist.

Das Konzept eines einzigen Gottes ist eine weitere wichtige Entwicklungsstufe in Richtung Abstraktion und Integration. Aus dem Entwicklungsprozeß eines Kindes wissen wir, wie schwer es ihm fällt und wie lange es dazu braucht, zu verstehen, daß ein und dieselben Eltern sowohl gut als auch böse sein können. Die emotionale Integration eines einzelnen Elternbildes, das ein menschliches Wesen mit unterschiedlichen Persönlichkeitsmerkmalen zeigt, ist ein fortgeschrittenes Entwicklungsstadium. Wir kennen die Zweiteilung zwischen gut und böse aus den Märchen mit ihren Feen und Hexen. Wir wissen auch aus der therapeutischen Arbeit mit Patienten mit einer Persönlichkeitsstörung, wie sie die Welt in gut und böse aufteilen, und wie schwer es ihnen fällt, zu verstehen, daß ein und dieselbe Person sowohl gut als auch böse sein kann. Die Juden schufen einen Gott, der seinem Wesen nach gut ist, der aber auch zornig, grausam und rachsüchtig sein kann, wenn man ihm nicht gehorcht. Eine einzige Gottheit verlangt nach einer Integration unterschiedlicher Gefühle in einem einzigen Wesen, ohne die Möglichkeit, diese aufzusplitten.

Es ist tatsächlich nicht leicht für die Juden gewesen, ihren Gott über all die Jahre abstrakt und einzigartig zu halten, und ihn nicht in eine Statue zu verwandeln oder ihm Kinder zur Seite zu stellen, so wie Jesus zum Beispiel, oder ihn in eine Vielzahl von Gottheiten mit unterschiedlichen Merkmalen aufzuteilen, so wie die Griechen sie geschaffen haben. Das konkrete Bedürfnis, ein Objekt zu berühren und aufzuteilen und sich nicht mit einem Abstraktum zu begnügen, ist ein sehr starkes regressives Bedürfnis. Das jüdische Volk hat der Menschheit den abstrakten und monotheistischen Gott gebracht, und andere Völker haben das Modell später übernommen.

Betrachten wir nun die Beziehung zwischen den Juden und dem Gott, den sie geschaffen haben. Wir dürfen dabei nicht vergessen, daß die ganze schöne Vorstellung nur in den Köpfen des jüdischen Volkes existiert. Seit diesem Moment im Leben des Patriarchen Abraham, leben sie eine Geschichte, die sie selbst erzählt haben.

Gott hat das jüdische Volk erwählt, und er belohnt und bestraft es immer wieder. Gott hat immer recht, und ihm muß stets gehorcht und gefolgt werden. Diese autoritäre Vaterfigur ist allmächtig, hat stets recht und straft hart und grausam, besonders wenn man sich von ihr abwendet und nicht an sie glaubt. In den Zehn Geboten[4] heißt es: „Ich bin der HERR, dein Gott, der ich dich aus Ägyptenland, aus der Knechtschaft, geführt habe." Das zweite lautet: „Du sollst keine anderen Götter haben neben mir." Und im vierten liest man: „Du sollst den Namen des HERRN, deines Gottes, nicht mißbrauchen." Die Juden haben ein unendlich narzißtisches Wesen geschaffen, das sich durch die ersten Gebote in den Mittelpunkt des Lebens jedes Individuums stellt und das absolute Loyalität einfordert. Der Lohn war ohne Zweifel die Erfahrung eines Andersseins als alle übrigen Völker ihrer Umgebung. Das Gefühl der Überlegenheit und der Besonderheit zieht sich wie ein roter Faden durch die jüdische Geschichte. Als Symbol dafür steht der einzige und wahre Gott, der nur uns gehört.

Die Beziehung zwischen dem jüdischen Volk und ihrem Gott hat, neben anderen Aspekten, ein tief sado-masochistisches Element. Gott hat immer recht und der Mensch unrecht. Wenn uns etwas schreckliches widerfährt, wie zum Beispiel der Holocaust, dann verstehen wir nicht, warum wir diese Strafe verdient haben, aber verdient haben wir sie, denn Gott

4 Siehe 2. Mose 20

weiß, was er tut. Der Dialog zwischen Mensch und Gott endet immer damit, daß der Mensch sagt: „Ich bin schuldig, ich habe gesündigt." Er nimmt alle Schuld und Verantwortung auf sich, Gott bleibt stets der Gute und der Starke. Es ist sicher nicht einfach, mit so einem Vater aufzuwachsen, der, wenn er uns schlägt, darauf besteht, daß er im Recht ist. Das ist unmenschlich, aber so erlebt das Kind, zumindest in bestimmten Momenten, seinen beherrschenden Vater. Das Kind identifiziert sich dann mit seinem Peiniger. Man kann davon ausgehen, daß der größte Teil der Menschheit in solch streng hierarchischen Verhältnissen aufgewachsen ist. So erklärt sich das von ihnen geschaffene Gottesbild. Aber das jüdische Volk verfügte über einen Ausgleich für all das Leid, das Gott über es gebracht hatte. Es empfand die Schicksalsschläge als Zeichen der Liebe, als Zeichen von Gottes Wunsch, sie zu disziplinieren. Ein ähnliches Gefühl bringen mißhandelte Frauen und Kinder oft ihren Peinigern entgegen. Sie rechtfertigen die Schläge, die sie bekommen, sehen sie als Zeichen der Zuneigung, provozieren sie manchmal und rennen hinterher zu dem Gewalttäter und bitten um Vergebung und Trost. Das ist eine sado-masochistische Beziehung *par excellence*. Ja, sagen die Juden, Gott ist auf uns zorniger und bestraft uns härter, aber nur, weil er uns auch mehr liebt und uns nicht aufgibt, und daraus beziehen wir unsere Entschädigung und unsere Einzigartigkeit. Das Kind namens Israel glaubt, daß sein Vater es am meisten liebt, und das läßt es seine Geschwister spüren. Es ist sich sicher, daß sie auf seine Nähe zu Gott, dem Vater, eifersüchtig sind. Es ist kein Wunder, daß eine solche innere Erfahrung zur selbsterfüllenden Prophezeiung wird. Die anderen Völker brauchen nur die Rolle anzunehmen, die die Juden ihnen zugewiesen haben, und versuchen, sie zu verletzen. Dadurch werden die Juden sich bestätigt fühlen, daß sie von allen mißhandelt werden, weil sie Gottes geliebte Kinder sind. Das soll in keiner Weise die Angriffe der anderen Völker rechtfertigen, sondern lediglich die Rolle der Juden in ihrer Leidensgeschichte darstellen. Aber wir dürfen nicht vergessen, daß alles, worüber wir reden, nur an einem Ort stattfindet, nämlich in der Vorstellung des jüdischen Volkes, das Gott mitsamt der ganzen Geschichte erfunden hat. Es hat das nicht zufällig erfunden. Das jüdische Volk hat seine inneren Erfahrungen nach außen projiziert. Alles, was ihm zu tun bleibt, ist die Geschichte zu leben, die es erzählt hat. So rekonstruiert es seine inneren historischen Erfahrungen als Volk und durchlebt sie immer wieder Das ist ein emotionaler Prozeß, wie wir ihn auch in der Therapie deutlich erkennen können.

Das jüdische Volk hat durch die Zeiten hindurch seine Einzigartigkeit und seine Religion bewahrt. Zur Zeit des Ersten und des Zweiten Tempels haben die Juden versucht, einen Staat zu errichten. Der derzeitige Versuch („Der Dritte Tempel") unterscheidet sich von den vorangegangenen, weil sich die Welt verändert hat. Wir besitzen nicht länger das Monopol auf Gott. Darüberhinaus hat sich eine universellere und weniger religiöse westliche Kultur des Denkens entwickelt. Die entwickelte Welt ist einer Veränderung unterworfen, die die Rolle der Religion in unserem Leben zurückdrängt und den säkularen Staat an ihre Stelle setzt. Impulsives, emotionales und totalitäres Denken wird von einem demokratischen Denken abgelöst, das relativierender und weniger absolut ist, und das verschiedenen Stimmen Raum gibt, sowohl in der äußeren Welt als auch in der Seele. Es hat sich ein emotionaler und intellektueller Reifungsprozeß vollzogen. Das ursprüngliche Bedürfnis, uns selbst ein beherrschendes Vaterbild zu schaffen, hat nachgelassen, und unsere intellektuellen Fähigkeiten zu abstrakterem Denken, wie es sich in der Wissenschaft ausdrückt, hat zugenommen. Der schwierige Übergang des jüdischen Volkes von einer Religion zu einem Staat ist das Thema des nächsten Kapitels. Die Ansichten der Rechten und der Linken sind abgeschwächte Manifestationen von Religion und Säkularismus, was ich im Folgenden erörtern werde.

Teil II
Die Dynamik des Friedensprozesses

2. Der Friedensprozeß: eine geschäftliche oder eine emotionale Angelegenheit?

Bei geschäftlichen Verhandlungen können wir verschiedene Taktiken und Methoden anwenden, um einen besseren Preis zu erzielen. Wir können jede Kleinigkeit regeln und einen klaren und verbindlichen Vertrag verlangen. Bei emotionalen Beziehungen, wie zwischen Partnern, Freunden und Kindern, stehen allein die Emotionen im Mittelpunkt.

Ein Mensch mit paranoiden Persönlichkeitsmerkmalen wird mit uns streiten und jede Kleinigkeit benutzen, um uns zu beweisen, daß er recht hat. Es fällt schwer, sich nicht in die Diskussion um Details ziehen zu lassen und den Wald vor lauter Bäumen nicht mehr zu sehen. Der Wald ist in diesem Fall die emotionale Bindung. Ein Patient mit paranoiden Neigungen fühlt sich im Recht, aber meine Rolle als Therapeut ist es, ihm klarzumachen, daß ich mehr an seinem Leiden interessiert bin als an seinen Rechtfertigungen. Hier stellt sich natürlich die therapeutische Frage, warum der Patient sich so bedroht fühlt, daß er sich an jedem kleinen Detail festhalten muß, um zu zeigen, daß er recht hat, und warum er verschiedene Taktiken und Methoden anwendet, um sich zu schützen. Wovor fürchtet er sich so, daß er nicht in den Begriffen der Partnerschaft zu denken vermag? Wenn man sich zu sehr mit den Details beschäftigt, kann man keine gute Partnerschaft aufbauen. Im Gegenteil, so eine Beschäftigung lädt zu immer mehr Streit ein. Der Therapeut wird versuchen, sich in das emotionale Leiden des Patienten einzufühlen und ihn eine andere, korrigierende Erfahrung machen lassen. Nur dann kann der Patient sich beruhigen und die Details und das Taktieren beiseite lassen.

Die Gleichsetzung von Friedensverhandlungen mit geschäftlichen Verhandlungen, wo man an einem Punkt anfängt und an einem anderen aufhört, und man daher den Preis im voraus hochtreibt, muß überprüft werden. Es ist eine verzerrte Wahrnehmung des Friedensprozesses, eine zu oberflächliche Betrachtung. Es ist wahr, daß wir im Laufe des Prozesses immer mehr Konzessionen gemacht und uns immer weiter von unseren Ausgangspositionen entfernt haben. Aber wenn man die Dinge nur unter diesem Gesichtspunkt betrachtet, dann verliert man aus den Augen, daß zur gleichen Zeit ein wirklicher emotionaler Prozeß stattgefunden hat, bei dem wir uns intensivst gefragt haben, was wirklich wichtig für uns ist, was wir aufgeben können und was wir nicht aufgeben können. Wären wir von vornherein mit dieser Haltung in die Verhandlungen gegangen, und hätten sowohl die Bedürfnisse der anderen als auch unsere eigenen roten Linien beachtet, hätte das größeres Vertrauen geschafft und es wäre nicht der Eindruck entstanden, daß man mit uns handeln kann und mit Druck mehr erreicht. *In der Therapie gibt es wie in jedem anderen Wachstumsprozeß keine Abkürzungen, die emotionale Entwicklung muß stattfinden.* Wir haben gelernt, daß wir den Sinai aufgeben können, daß wir der Gründung eines palästinensischen Staates zustimmen können, und so weiter. Wenn wir aber unsere Karten nicht von Beginn der Verhandlungen an offenlegen, so wie es die Rechte stets gemacht hat, und vorher den Preis künstlich in die Höhe treiben, um einen besseren Abschluß zu bekommen, dann führt das zu Mißtrauen und Krieg.

So können wir zum Beispiel keinerlei Kompromisse beim Terrorismus machen. Wenn wir nun auch auf allen anderen Gebieten ehrliche Aussagen machen, dann kann unsere Forderung, den Terrorismus zu bekämpfen, von der Gegenseite auch nicht als eine weitere taktische Forderung angesehen werden, über die verhandelt werden kann.

Jahrelang haben sich die Rechten über die wiederholten Äußerungen der Linken beschwert, daß sie Frieden möchten. Sie behaupteten, daß ein so offen bekundeter Friedenswunsch Schwäche signalisiere. In Ordnung, sagten sie, ihr wollt Frieden, aber ihr müßt es geheim halten. Heute können wir uns kaum noch daran erinnern, weil wir eine ganz andere emotionale Haltung haben. Heute werden Äußerungen zum

Frieden begrüßt, und nicht als Schwäche ausgelegt. Diese streitenden Kinder haben inzwischen gelernt, daß man kein Waschlappen sein muß, wenn man sich wieder verträgt.

Der ehemalige US-Außenminister Warren Christopher hat das in einem gewissen Sinne verstanden, als er gesagt hat, nur ein starkes Israel könne Frieden machen. Die Amerikaner verstehen das zumindest intuitiv, indem sie uns helfen. Ein heranwachsendes Kind, daß sich sicher fühlt, wird nicht so viele Schutzmechanismen aufbauen müssen, es wird den anderen besser verstehen und weniger mißtrauisch sein.

Es stellt sich die Frage, ob die Araber nur schlau taktieren, oder ob sie wirklich leiden, weil sie sich von uns bedroht fühlen. Das sind zwei sehr verschiedene Gefühlslagen, auf die unterschiedlich reagiert werden muß. Jahrelang haben viele von uns gesagt, man könne den Arabern nicht trauen, ihr Wort sei nichts wert und sie hielten sich nicht an Abmachungen. Hätten wir uns sicherer gefühlt, hätten wir ohne Zweifel weniger taktieren und den Arabern weniger List und Manipulation unterstellen müssen. Wir hätten ihnen gegenüber mehr Einfühlungsvermögen zeigen und ihre Schwierigkeiten besser verstehen können. Als Rabin über die Verhandlungen mit den Palästinensern gesagt hat, er wolle keinen Nahost-Basar, hat er nicht verstanden, daß die Palästinenser, auch wenn sie taktieren, es deshalb tun, weil sie sich schwach fühlen. Sie kämpfen für ihre Heimat und Unabhängigkeit und können diesbezüglich keine Kompromisse eingehen. Sie kämpfen um ihr Leben, nicht mehr und nicht weniger. Gerade wir sollten das bei unserer Vergangenheit verstehen. Heute streiten wir genausoviel wie sie über jeden kleinen Punkt, obwohl wir nicht wie sie ums Überleben kämpfen. Vielleicht projizieren wir unser Taktieren auf sie.

Ich möchte nochmals betonen, daß der beste Vergleich zu dem Verhältnis, das wir mit den Arabern haben, die emotionale Beziehung zwischen Partnern ist. Wir haben keine Möglichkeit, uns aus dem Weg zu gehen, wir sind untrennbar vereint, wie in einer katholischen Ehe. Beide Völker leben zusammen in diesem Land und spiegeln sich in den Augen des anderen wider. Unser intensives Zusammenleben erregt

Emotionen, die man nicht ignorieren kann. Wir wissen, wie sehr partnerschaftliche Beziehungen durch das Gepäck belastet werden, das jeder aus dem Elternhaus mitbringt. Wir wissen aus Erfahrung, daß in der bedeutungsvollsten Beziehung unseres Erwachsenenlebens, der Ehegemeinschaft, die Gefühle, Zweifel und Konflikte, die unser früheres Leben gekennzeichnet haben, mit Macht zur Geltung kommen. Auch unsere Beziehung mit den Arabern wird von unserer Vergangenheit als Volk beeinflußt, von den Ängsten und Traumen, die wir erlitten haben, von den Aspekten unserer Persönlichkeit, die sich in unserer Geschichte herausgebildet haben. Die Frage, die ich hier aufwerfen möchte, lautet, ob wir der emotionalen Seite des Friedensprozesses genug Aufmerksamkeit schenken. Oder sind wir zu sehr mit den Details beschäftigt? Diese Details haben auch ihre Berechtigung, aber sie dürfen nicht auf Kosten des emotionalen Aspektes gehen, der tiefer und bedeutungsvoller ist. Wir sollten uns zum Beispiel selbst einmal fragen, was für eine Art von Äußerungen von unserer Seite den Friedensprozeß weiter bringen können. Einfühlsame Äußerungen, die das Leid der Palästinenser anerkennen und darauf eingehen, oder Gesten des Wohlwollens und vieles mehr.

Der verstorbene jordanische König Hussein hat sich großen Respekt erworben, als er nach Israel kam, um den sieben Familien sein Beileid auszudrücken, deren Töchter von einem jordanischen Soldaten erschossen worden waren. Wir sehen daran, wie eine Geste des Mitgefühls das ganze Bild verändern kann. Er hat sich nichts dabei vergeben, er hat lediglich sein Mitleid und Verständnis ausgedrückt, und dadurch bei uns Sympathien erweckt. Es scheint manchmal, als ob die Araber den emotionalen Aspekt des Friedensprozesses besser verstehen als wir. Arafat geht Details weit aus dem Weg und weigert sich sogar, sie zur Kenntnis zu nehmen. Wenn man ihn beobachtet, dann wird einem klar, daß er sich von Emotionen leiten läßt. Das gilt im allgemeinen für alle großen Persönlichkeiten der Politik, man denke an Ben Gurion, Begin, Sadat oder Churchill. Sadat hat Begin zum Beispiel gebeten, sich vor dem festgelegten Zeitpunkt aus Al-Arish zurückzuziehen, als eine Geste zur Hochzeit seiner Tochter. Das wurde aber abgelehnt, weil wir uns in den Gräben unserer Angst und unseres Mißtrauens verschanzt hatten. Hinter vorgehaltener Hand haben wir verbreitet, daß die Araber stets ein „Bakschisch" wollten und nicht wissen, wie man Verträge einhält.

Es fällt uns tatsächlich schwer, großzügig zu sein, denn dazu muß man sich sicher fühlen, und davon sind wir noch weit entfernt. *Ich würde als Ziel die Fähigkeit vorschlagen, den Friedensprozeß als Wachstumsprozeß für beide Seiten zu betrachten, der in gegenseitiger Zuneigung und nicht unter Drohungen vollzogen wird.* Die Umkehrung vom Drohen zur Liebe ist der fundamentale Wandel, den wir anstreben. Die Aussage: „Das Ganze ist mehr als die Summe seiner Teile", paßt in dieses Verständnis hinein. Der Friedensprozeß sollte in Begriffen seiner emotionalen Qualitäten gesehen werden, über die Ansammlung bloßer Details hinaus. In einem Prozeß, dessen Parameter eher qualitativ als quantitativ sind, sollten wir nicht überlegen, wie wir wenig geben und viel bekommen, so wie es in einer geschäftlichen Verhandlung der Fall ist. In einem Wachstumsprozeß ist es wichtig, daß wir uns Gedanken über den Partner machen. Wir müssen uns fragen, was die Palästinenser benötigen, damit sie sich weiterentwickeln können. Wir müssen ihre Schwierigkeiten erkennen und manchmal für sie mitdenken, ob sie eine Vereinbarung akzeptieren können oder nicht. Wir dürfen zum Beispiel kein Übereinkommen treffen, das ihnen keinen Respekt entgegen bringt. Das unterscheidet sich natürlich sehr von einer geschäftlichen Verhandlung. Es ist in unserem Interesse, und das werde ich in einem eigenen Kapitel erörtern, daß die Palästinenser ihre Hauptstadt in Ostjerusalem bekommen, in aller Ehre und Würde. Selbst wenn sie bereit wären, darauf zu verzichten, sollten wir das nicht zulassen, denn wir können uns ausmalen, wie es endet, wenn man seine ureigensten Interessen aufgibt. Niemand kann sich selbst aufgeben, und jeder Versuch in diese Richtung endet in Zorn und Krieg. *Es ist genauso in unserem wie in ihrem Interesse, wenn wir die Entwicklung Palästinas vorantreiben* (Flughäfen, Seehäfen, sichere Transitwege). Die Frage ist, was für eine emotionale Haltung wir einnehmen.

Sind wir ablehnend und ausweichend, oder übernehmen wir Verantwortung und zeigen Zuneigung?

Die Fraktion des Dritten Weges, die einen Mittelweg beschreiten möchte, hat nicht begriffen, daß es zwischen Linken und Rechten kaum noch Streit darüber gibt, was wir an Gebieten zurückgeben und was nicht. Der Unterschied besteht in den verschiedenen emotionalen Botschaften, denn der Friedensprozeß ist in erster Linie ein emotionaler Prozeß. Je mehr Zeit vergeht, desto besser verstehen wir, daß es hier nicht um Gebietsansprüche, sondern um eine Beziehung geht.

3. *Der Friedensprozeß als Prozeß emotionalen Wachstums*

Wenn wir versuchen, uns in unsere Kindheit zurückzuversetzen, dann ist es nicht einfach, die Empfindungen, die Gerüche und die Erfahrungen wiederzubeleben. In dieser Situation befindet sich ein Patient, wenn er einen Wandlungsprozeß durchläuft. Er kommt zu einem neuen Ort und es fällt ihm manchmal schwer, sich in Erinnerung zu rufen, was in seiner Vergangenheit passiert ist, als er anders gedacht und die Dinge anders gesehen hat. Und das ist auch unsere Situation in Bezug auf unsere Standpunkte und Gefühle gegenüber den Arabern im Verlauf des Friedensprozesses. Wir haben schon vergessen, wie die Dinge damals aussahen. Es ist aber wichtig, sich diesen emotionalen Prozeß noch einmal vor Augen zu führen, um zu verstehen, welche Richtung er eingeschlagen hat. Daraus können wir für die Zukunft lernen.

Israel wurde unter massiver Verleugnung und Blockierung der Gefühle von Angst und Hilflosigkeit geboren. Ohne diese Schutzmechanismen kann ein Kind kaum aufwachsen. Der Wunsch, einen jüdischen Heimatstaat zu errichten, wurde in erster Linie von emotionalen Kräften bestimmt, und nicht von rationalen. Solche machtvollen Prozesse werden selten von Logik gesteuert. Es wäre weitaus logischer gewesen, in die Vereinigten Staaten oder in andere Länder zu gehen, wie es die meisten Juden auch getan haben, als in ein Land zu ziehen, das erst noch aufgebaut werden mußte und von Arabern bewohnt war. Die Äußerung von Theodor Herzl: „Wenn ihr es wollt, dann ist es kein Traum“, ist ihrem Wesen nach eine Äußerung der Omnipotenz, die vorgibt, daß wir alles zu tun vermögen, was wir wollen. Diese Aussage enthält natürlich die Verleugnung der Gefühle von Schwäche, Furcht und Hilflosigkeit. Gefühle, die das jüdische Volk während der ganzen Dauer seines Exils erfahren hat. So wächst auch ein Kind auf, mit den

Schutzmechanismen der Unterdrückung und Verleugnung. Tatsächlich durchläuft jedes Kind eine omnipotente Phase, mit magischem Denken und Allmachtsphantasien. Im Traum erscheinen dann oft die gegenteiligen Gefühle, wenn zum Beispiel ein Monster das Kind verfolgt. Je stärker die Allmachtsphantasie, desto größer sind die darunterliegenden Ängste. So wurde unser Staat mit viel Jubel und Fanfarenklang gegründet, in der Siegeseuphorie des Unabhängigkeitskriegs, und mit vielen Ängsten im Inneren. Unser Wachstumsprozeß als Nation ist identisch mit der Entwicklung eines Kindes zum reifen Erwachsenen. Während dieses Wachstums gibt das Kind schrittweise sein Gefühl der Omnipotenz auf, durchläuft Phasen der Verzweiflung und Depression, und erkennt zunehmend den anderen. Auch wir erkennen zunehmend sowohl die Palästinenser als auch unsere eigene nationale Komplexität. Und wir erkennen auch, daß wir den Terrorismus nicht besiegen können, und daß wir Gebiete aufgeben werden müssen. Wir lernen wie ein Kind, mit vielen Schmerzen und Enttäuschungen. Wieviele weitere Enttäuschungen braucht dieses Kind, um erwachsen zu werden, um seine tatsächlichen Fähigkeiten kennenzulernen, seine großartigen Phantasien aufzugeben und den anderen anzuerkennen? Das Baby erkennt seine Mutter nicht als eigenes Wesen. Es nimmt sie als Teil seines Körpers wahr, das seine Bedürfnisse befriedigt. Wie schmerzvoll ist es für das Baby, lernen zu müssen, daß die Mutter ein eigenes Leben hat und nicht nur ihm gehört. Und das ist nur der Beginn einer langen Reise im Leben, bei der wir eine Enttäuschung nach der anderen erleiden, wenn wir erkennen, daß wir nicht der Mittelpunkt der Welt sind und unseren Narzißmus durch wiederholte Verletzungen schließlich aufgeben müssen. So haben auch wir viel Leid ertragen, bevor wir die Palästinenser und ihr Recht auf Unabhängigkeit anerkannt haben. Ebenso werden wir das Leid der palästinensischen Flüchtlinge, das wir verursacht haben, emotional und moralisch anerkennen müssen.

Inzwischen sind wir groß geworden und so um die 50 Jahre alt. Langsam verklingt das Schlagen der Siegestrommeln und es erklingen andere, reifere Töne. Einige der Freudenschreie waren sicherlich eine Umkehrung unserer Emotionen in der Folge des Holocaust. Sie entsprangen unserem Bedürfnis, die traumatischen Erfahrungen als Volk während des zweitausendjährigen Exils zu bewältigen. Die Jugend ist nach der frühen Kindheit eine weitere Phase mit einem Gefühl der Omnipotenz. Dem Jugendlichen steht die Welt offen, und er vermeint, alles zu können, was seine Eltern nicht geschafft haben. Die Enttäuschungen kommen später, wenn der Heranwachsende nach und nach seine Grenzen kennenlernt. Es ist zum Beispiel zweifelhaft, ob wir mit Ägypten Frieden geschlossen hätten, hätte es nicht den Jom-Kippur-Krieg gegeben. Der Krieg hat den Ägyptern gezeigt, daß sie uns nicht vernichten können. Und uns ist klargeworden, daß nicht jeder Sieg so leicht zu erringen ist wie im Sechstagekrieg, und wie hart und schmerzvoll es ist, durch das Schwert zu leben, mit all den Fährnissen und der ständigen existentiellen Bedrohung. In dieser Hinsicht gibt es keinen fundamentalen Unterschied zwischen Rechten und Linken. Beide Lager lebten während den Jahren des Wachstums unserer Nation im Gefühl der Euphorie und haben alle anderen Gefühle unterdrückt und verleugnet. Und beide haben eine lange Phase der Depression durchgemacht, während der uns die Realität immer wieder ins Gesicht geschlagen hat – in Form der Intifada zum Beispiel. Wir kämpfen immer noch mit uns, das Recht der Palästinenser auf einen eigenen Staat anzuerkennen. Ich meine eine wirkliche Anerkennung, von ganzem Herzen, mit dem Wunsch, ihnen dabei zu helfen. Die Anerkennung der Palästinenser als Volk braucht Zeit und sickert nur langsam in unser Bewußtsein, mit jedem schmerzhaften Ereignis ein wenig mehr. Wir akzeptieren einen palästinensischen Staat vielleicht auf dem Papier, vom Verstand her, aber noch nicht gefühlsmäßig. Wir haben noch nicht genug erlitten, um unsere großen Ambitionen aufzugeben. Für den Frieden muß man schwere Zeiten durchleben, erst dann wird man ihn wirklich willkommen heißen. Es liegen noch viele schwere Jahre vor uns, denn wir sind immer noch weit von der Anerkennung des anderen entfernt.

Wie oft erleben wir das bei verheirateten Paaren? Wie

schwer fällt es, die Schwächen des Partners zu akzeptieren? Wie schwer fällt es, den Versuch aufzugeben, den anderen ändern zu wollen und ihm die eigene Meinung aufzuzwingen? Es ist hart, den Schmerz der Erkenntnis zu ertragen, daß die Realität nicht unseren Vorstellungen entspricht. In der Phase der Depression muß man die angenehme Vorstellung aufgeben, daß man am Ende Sieger sein wird. Das haben wir stets den Arabern gesagt, daß sie keinen Frieden mit uns schließen können, solange sie uns vernichten wollen. Dasselbe gilt für uns. Solange wir die Existenzberechtigung der Palästinenser leugnen und die legitimen Rechte der Araber nicht anerkennen, werden wir keinen Frieden haben. Solange wir nicht verstehen, daß wir aus ihrer Sicht wie aus einer anderen Welt gekommen sind, ihr Land besetzt und sie aus ihren Häusern vertrieben haben, solange wird es keine Versöhnung geben. *Die Anerkennung des anderen ist wesentlich für das Wachstum eines Individuums, und die Erkenntnis, daß sich die Welt nicht nur um einen selbst dreht, ist sehr schmerzhaft für ein Kind.* Sie entsteht aus einer Folge von Enttäuschungen und signalisiert das Ende der omnipotenten Phase. Manchmal wächst aus der Enttäuschung plötzlich Zuneigung für den Feind. Mit seiner Anerkennung vergeht der Zorn und wir nehmen auch die Grenzen des Partners wahr. Wir geben ihm nicht länger mehr Schuld an unserem Schicksal, als wir selber haben. Wir verstehen, daß er, genau wie wir, nicht allmächtig ist. So spürt auch ein Kind manchmal Schuld gegenüber der Mutter, für das Leid, das es ihr bereitet hat, und versucht, es wieder gutzumachen.

Betrachten wir die Beziehung zwischen diesen Partnern, den Arabern und uns, die sich gemeinsam verändert haben. Wenn man seine Omnipotenz aufgibt, dann befreit man sich auch von den machtvollen Ängsten, die mit den Allmachtsphantasien einhergehen. Im Gefühlsleben nähren sich diese beiden Opponenten gegenseitig, sie sind untrennbar. Die Niedergeschlagenheit, die mit der Anerkennung des anderen eintritt, löst tiefsitzende paranoide Ängste, und gleichzeitig läßt sie uns unsere roten Linien erkennen – die Dinge, die wir keinesfalls aufgeben können. So lernt ein Kind zuerst die Grenzen seines Körpers kennen, und dann die Grenzen seiner Fähigkeiten, und es wird sich ihrer Bedeutungen bewußt.

Ich denke, daß heute – anders als in der Vergangenheit – die meisten Israelis dazu bereit sind, die Golanhöhen aufzugeben. Sicher, es schmerzt, und wir haben das Gefühl, als ob ein Teil unseres Landes, ein Teil unseres Körpers herausgerissen würde. Wir müssen durch eine Phase des Trauerns hindurch, wie bei der Aufgabe des Sinai. Aber heute können wir den Golan in Übereinstimmung mit unseren Gefühlen hergeben – gegen Frieden. Wenn wir uns die Syrer ansehen, dann verstehen wir, daß sie den Golan als untrennbaren Teil Syriens betrachten, den sie nicht aufgeben können. Sie haben einen Prozeß durchlaufen, an deren Ende sie unsere Existenz anerkennen und Frieden schließen wollen, und genau wie wir haben sie dabei gelernt, wo sie Kompromisse machen können und wo nicht.

Ich glaube, viele von uns trauern noch immer um den Sinai. Sie sehnen sich nach den Sanddünen von Nuweiba, Scharm el-Schaikh und St. Katherin. Wir hängen sehr an diesen Regionen, ganz zu schweigen von den anderen Aspekten unserer nationalen Trauer: das Gefühl, kleiner geworden zu sein, Einkommensverluste bei Tourismus und Ölförderung, und die schlimmste Wunde von allen, der Verlust von Taba vor dem Internationalen Gerichtshof. Die Zeit der Trauer ist noch nicht vorbei, und es verbittert noch immer einige von uns, daß wir Visa benötigen, um den Sinai zu besuchen. Aber diese Trauer ist sehr wichtig. Wir haben vergessen, daß wir uns einmal in einem weniger entwickelten Stadium befunden haben, einer paranoiden Phase, als wir befürchteten, daß die Ägypter sich nicht an die Vereinbarungen halten und uns angreifen würden. Aber jetzt sind wir in einer depressiven Phase und beklagen, was vergangen ist. Das ist ein gewaltiger Fortschritt. Für die Ägypter war der Sinai ihre Heimat, sie konnten darüber keine Kompromisse schließen. Heute sagt niemand mehr, daß der Frieden mit den Ägyptern die Sache nicht wert war, oder umgekehrt, daß der Friede hätte erreicht werden können, ohne den Sinai aufzugeben. Aber damals fiel es uns schwer, die rote Linie der Ägypter zu erkennen und zu verstehen, daß es Dinge gibt, die sie nicht aufgeben können. Und der Sinai gehörte zu diesen Dingen. Unsere Empfindung war paranoid, wir haben nicht geglaubt, daß sie die Wahrheit sprechen, sondern es für einen Verhandlungstrick gehalten. Sie haben sich dagegen mit unserer Existenz abgefunden und sie schließlich anerkannt, so konnten sie einen kalten Frieden mit uns schließen. Das waren Dinge, die sie in der Vergangenheit nicht akzeptieren konnten. Emotionale Prozesse benötigen eine lange Zeit.

Wir betrachten Arafat nicht länger als einen Terroristen, mit dem weder Linke noch Rechte verhandeln, und wir betrachten einen palästinensischen Staat nicht länger als eine Existenzgefährdung für uns. Heute verhandeln wir mit Arafat und ein Palästinenserstaat scheint möglich und sogar wünschenswert. Die Palästinenser können ihrerseits ihren Wunsch nach Unabhängigkeit nicht aufgeben, aber sie müssen in einem schrittweisen Prozeß, der gerade erst eingesetzt hat, begreifen, daß sie die Verantwortung für ihre Aggressionen übernehmen und den Terrorismus stoppen müssen. Bis jetzt haben sie dem Terrorismus noch nicht wirklich den Kampf angesagt und auch die Hamas nicht entwaffnet. Die Anerkennung unserer Existenz ist ein tiefergehender Vorgang, als in der palästinensischen Nationalversammlung darüber abzustimmen. Ihre Erklärung, daß sie unsere Existenz anerkennen, ist nur die Spitze des Eisbergs bewußter und unbewußter Vorstellungen, die weiterentwickelt werden müssen. Wir kennen das von uns selber und wissen, wie schwer es für einige von uns ist, den Traum eines Großisraels aufzugeben, und wie schwer es den meisten von uns fällt, die Golanhöhen, das Westjordanland und den Sinai aufzugeben, und ganz zu schweigen davon, die Rechte der palästinensischen Flüchtlinge anzuerkennen.

Daher hatte der Likud recht damit, von den Palästinensern eine klare und verbindliche Erklärung zu verlangen, daß sie unsere Existenz anerkennen, als Beginn eines tieferen emotionalen Prozesses. Die Palästinenser haben eine weitere Konzession gemacht, indem sie nicht die vollständige Rückkehr aller Flüchtlinge nach Israel forderten, und das ist zumindest ein Anfang.

Wir müssen verstehen, wie diese Veränderungen funktionieren. Selbst wenn wir die Realität akzeptieren, haben wir immer noch verschiedene bewußte und unbewußte Phantasien, die einen weiteren Entwicklungsprozeß benötigen. Verheiratete können an ihrer Ehe festhalten und sich Träumen hingeben, daß ihr Partner sich ändert. Kinder benötigen manchmal Jahre, um die Schwächen ihrer Eltern akzeptieren zu können. Selbst als Erwachsene erreichen Kinder oft nicht die Integration, in der sie die Schwächen der Eltern und alles, was sie ihnen verdanken, gleichzeitig anerkennen können. Solche Prozesse brauchen Zeit, und es besteht immer eine Spannung zwischen der Realität und unseren Wunschvorstellungen.

Was ist dran, wenn die Rechte behauptet, die Araber hätten nie ihren Wunsch aufgegeben, uns zu vernichten? Ich denke, sie sprechen da von einem Wunsch, den nur noch einige Araber hegen, so wie einige von uns den Traum von einem Großisrael nicht aufgeben wollen. Als Nation haben wir Verträge unterschrieben, in denen wir den Palästinensern Teile des Westjordanlands und des Gaza-Streifens abgetreten haben, dennoch wollen einige diese Gebiete behalten. So findet man auch unter den Arabern das gesamte Spektrum, von denen, die ehrlich Frieden wünschen, über Leute, die unsere Existenz nur widerwillig anerkennen, bis zu solchen, die uns vernichten wollen. Wenn unsere Rechten also behaupten, daß wir alle denken würden, was sie aussprechen, daß die Araber uns vernichten wollen, daß wir nur Angst hätten, es zuzugeben, dann beziehen sie sich tatsächlich auf die regressiven Teile unserer Persönlichkeit als Volk und Individuum. Zugegeben, besonders nach Terroranschlägen machen sich diese Gefühle bemerkbar, Gefühle des Zorns und der Verletzung, und der Wunsch, die Verhandlungen mit ihnen abzubrechen. Aber das rührt nur aus bestimmten Teilen unserer Persönlichkeit. Diese Teile müssen weiterentwickelt werden, von uns und von den Arabern. Aber so wie im Individuum die Kräfte des Egos, die für den Kontakt mit der Realität verantwortlich sind, unsere ursprünglichen und impulsiven Phantasien normalerweise erfolgreich im Zaum halten, so daß wir keine Psychose entwickeln, so halten die Friedensvereinbarungen die Vernichtungsphantasien beider Seiten im Zaum.

In einer Therapie können wir – im besten Fall – dem Patienten helfen, sich zu ändern. Wir können nicht seine Umgebung oder andere Leute für ihn ändern. Daher müssen wir uns in dieser nationalen Therapie selbst ein komplexeres Bild von dem Friedensprozeß machen. Wir müssen sensibler mit unseren Äußerungen umgehen und überlegen, wie sie von der anderen Seite aufgenommen werden. Und wir müssen mit den Arabern Beziehungen auf der Basis kleinerer gemeinsamer Ziele knüpfen, wie zum Beispiel Shimon Peres' Vision von regionalen Projekten zur wirtschaftlichen Entwicklung. Genau wie in der Therapie sind einfühlsames Zuhören und die Arbeit an den Gefühlen ebenso wichtig wie allgemeine, umfassende Gesten in Form von Vereinbarungen. So wäre zum Beispiel die Veröffentlichung von Schulbüchern ohne feindliche Indoktrinationen in den arabischen Ländern ein wichtiger Beitrag zum Friedensprozeß. Genauso wichtig wäre eine freundliche Behandlung der Palästinenser durch unsere Soldaten bei den Straßensperren und Kontrollpunkten, und daß wir den palästinensischen Arbeitern ein Mindestmaß an Sozialleistungen gewähren. Wir wissen, daß emotionale Entwicklungen sich an den kleinsten persönlichen Beispielen festmachen. Ob bei Kindern oder in einer Therapie, die Verallgemeinerungen leiten sich von den Details ab. Ich möchte nicht die Wichtigkeit von Verträgen in Abrede stellen, aber wenn wir den emotionalen Details keine Aufmerksamkeit schenken, dann werden die Verträge leere Worte bleiben. Es wird ein kalter Friede werden. Je mehr Vereinbarungen wir mit den Arabern unterzeichnen, desto mehr tatsächliche Arbeit werden wir damit haben, unsere verdeckten Phantasien über das Wesen unserer Beziehung zu den Arabern weiterzuentwickeln. Während dieser Entwicklung werden unsere Vorstellungen ständig mit der Realität konfrontiert und überprüft. Die Ergebnisse werden als Gefühle wieder in diesen Prozeß einfließen. Ein Volk entwickelt sich genauso wie eine Person.

Und jetzt wollen wir einen Blick in die Zukunft werfen. Wir sind uns noch nicht klar darüber, welche unserer Siedlungen jenseits der Grenzlinien geräumt werden sollen und welche nicht. Wir befinden uns noch in dem Prozeß, unsere endgültigen Grenzen und den Modus für das Zusammenleben mit den Palästinensern festzulegen. Das braucht Zeit. Ich denke und hoffe, daß wir uns, je weiter der Friedensprozeß fortschreitet, nicht nur mit der Frage beschäftigen, welche Siedlungen geräumt werden, sondern auch wie. Das heißt, wie können wir sie nutzen, um die guten Beziehungen zu fördern? Wenn wir Siedlungen räumen, dann ist es sehr wichtig zu fragen, warum wir das tun und was aus ihnen werden wird. Sie könnten zum Beispiel dafür genutzt werden, palästinensische Flüchtlinge zu beherbergen. Und wenn wir eine Siedlung nicht räumen, dann könnten wir sie als Stützpunkt für gemeinsame wirtschaftliche Projekte mit den Palästinensern nutzen.

Im Moment sind wir jedoch offensichtlich noch nicht reif genug, um diesen emotionalen Standpunkt zu verinnerlichen. Und die Palästinenser sind wohl auch noch nicht reif dafür, denn dazu bedarf es eines tiefen Glaubens an den Frieden. Es ist jedoch wichtig, in die richtige Richtung zu weisen, denn davon hängt der wirkliche Frieden ab, und darauf sollten wir uns zubewegen. Die Frage lautet nicht allein, wem was gehört, sondern auch, wie damit umgegangen wird. Das „wie" steht für die Emotionen, und sie sind das wichtigste dabei. Anders gesagt, die Siedlungen werden vielleicht geräumt oder vielleicht auch nicht, aber das alleine schafft keinen Frieden. Frieden kann es mit und ohne Siedlungen geben, entscheidend sind die emotionalen Aspekte.

Das trifft auch auf die Erkenntnis zu, daß die israelischen Araber eine wichtige Rolle im Friedensprozeß spielen. Auch wenn sie aus naheliegenden Gründen keinen Dienst in der Armee leisten, können sie doch in „Friedenskorps" eingesetzt werden und ihren palästinensischen Brüdern auf verschiedenste Art und Weise Hilfe leisten. Das ist ein ganz anderer Denkansatz, der die israelischen Araber nicht ausschließt, weil wir Angst haben und uns bedroht fühlen, sondern der ihre Bedeutung erkennt und sie konstruktiv als Friedensförderer einsetzt.

Ein anderes Beispiel sind die Siedlungen auf den Golanhöhen. In diesem Fall sollten wir ihrer Zerstörung nicht zustimmen, denn das widerspräche dem Geist des Friedens. Wir müssen gemeinsam mit den Syrern darüber nachdenken, wie wir die Häuser für friedensfördernde Zwecke verwenden können: als Heimat für Flüchtlinge, für den Tourismus oder einfach als Geschenk an die Syrer, auf keinen Fall aber sollten wir sie zerstören. Wir sollten die Siedlungen lieber dazu nutzen, die Region zu entwickeln, denn das entspricht der emotionalen Bedeutung von Frieden. Das ist ein weiteres Beispiel dafür, was es heißt, der emotionalen Logik des Prozesses Aufmerksamkeit zu schenken.

Genausowenig können wir uns mit dem Terrorismus abfinden. Die Palästinenser müssen lernen, daß wir es ernst mit dieser Forderung meinen. Langfristig wird nur die emotionale Wahrheit erfolgreich sein, und keine taktischen Spiele. Beim Terrorismus werden wir niemals Kompromisse eingehen. Genausowenig wie die Palästinenser ihre Forderungen nach Unabhängigkeit und Ostjerusalem als Hauptstadt aufgeben können. Die gegenseitige Anerkennung der jeweiligen „roten Linien" und inneren Wahrheiten ist der Schlüssel zum Frieden, denn da haben Argumente keine Wirkung mehr. Niemand wird eine Gefährdung seiner Existenz hinnehmen. Beide Seiten werden Zeit brauchen, die inneren Wahrheiten aus dem Knäuel der Emotionen herauszufinden, in das wir verstrickt sind. Eine innere Wahrheit heißt für uns heute, daß wir uns nicht mit dem Terrorismus abfinden werden.

In jedem Wachstumsprozeß führt das Schließen von Lücken zwischen der inneren und äußeren Welt und eine Versöhnung mit der Realität auch zum Schließen von Rissen und Verwerfungen im Inneren. Heute gibt es zwischen den Positionen der Linken und der Rechten in Hinblick darauf, wo wir Konzessionen machen, keine großen Lücken mehr. Die letzten Meinungsverschiedenheiten werden mit der Zeit auch noch beseitigt werden und wir werden an den Punkt kommen, den ich als emotionale Wahrheit unserer Nation bezeichne. Die

Kluft in der Persönlichkeit unserer Nation, die sich zwischen Linken und Rechten auftut, schließt sich langsam. Das ist ein Zeichen des positiven mentalen Prozesses, den wir als Nation durchlaufen.

Es bleibt ein Problem in Bezug auf Jerusalem bestehen. In dieser Hinsicht unterdrücken wir unsere emotionale Wahrheit sehr stark, und wir benötigen mehr Zeit für den emotionalen Prozeß. Ja, es gibt Platz für beide in Jerusalem, für sie und für uns. Die Verlautbarungen der religiösen Extremisten, daß in Jerusalem nur Platz für uns sei und es nur unsere Hauptstadt sein könne, entspringen einer narzißtischen Verletztheit. Wie ein Kind müssen wir lernen, dem anderen Raum zu geben und zu erfahren, daß er für beide reicht. Wenn wir den Palästinensern aufmerksam zuhören, dann spüren wir, daß sie Jerusalem nicht aufgeben können. Sie sagen es wieder und wieder. Sie können es vom Gefühl her nicht und wir können das nicht ändern. Genausowenig wie wir Jerusalem aufgeben können. Und die Palästinenser wissen, was wir zur gegenwärtigen Zeit nur unbewußt spüren: das dort Platz für beide ist. Wir sagen immer, daß wir die Kriege gewonnen haben, weil wir gewußt haben, wofür wir kämpfen. Wir haben um unser Überleben gekämpft und wir hatten das Recht dazu. Das trifft heute aber auch auf die Palästinenser zu, die für ihren unabhängigen Staat kämpfen.

Wenn wir zurückblicken, wird uns bewußt werden, daß wir einen Prozeß durchlaufen haben, der uns durch den Wirrwarr unserer Ängste zu einer emotionalen Wahrheit geführt hat. Es geht nicht um die Frage nach einem Prozent Land mehr oder weniger. Tatsächlich haben die Araber und wir eine emotionale Entwicklung hinter uns, bei der beide Seiten langsam erkannt haben, was unverzichtbar ist und was aufgegeben werden kann. So ist immer weniger Raum für Manipulationen geblieben. Wir können durch Verhandlungstricks keine langfristigen Erfolge erzielen, denn die Wahrheit wird sich durchsetzen. Das ist im allgemeinen das Wesen intimer emotionaler Bindungen, und im besonderen unserer Bindung mit den Arabern. Das wird mit der Zeit immer deutlicher.

Es ist wahr, es ist am Anfang eines emotionalen Prozesses

nicht immer einfach vorauszusehen, wo die roten Linien verlaufen werden. Wenn sich jemand bedroht fühlt, wird er Schwierigkeiten haben, klar die Wahrheit zu erkennen, was er aufgeben kann. Es fällt noch schwerer, wenn man Angst hat, sich in den anderen, den man als Aggressor wahrnimmt, hineinzuversetzen und ihn zu verstehen. Wir befinden uns tatsächlich mitten in einer beeindruckenden Paartherapie mit den Arabern, und wir machen solche Wandlungen durch, daß wir uns kaum noch daran erinnern können, daß wir uns mal gegen den Abzug aus dem Sinai und gegen Gespräche mit Arafat gewehrt hatten. Irgendwann in der Zukunft, wenn wir uns sicherer fühlen, werden wir auch nicht mehr begreifen, daß wir einmal nicht erkannt haben, daß in Jerusalem Platz für uns beide ist. Und wir werden auch nicht verstehen, daß wir den Palästinensern gegenüber eine bedrohliche und kämpferische Haltung eingenommen hatten, statt ihnen zu helfen, wo sie unsere Hilfe doch so sehr benötigten.

4. *Emotionale Widerstände gegen den Friedensprozeß*

In jedem natürlichen Wachstumsprozeß widersetzen sich die Menschen dem Wandel und dem Fortschritt. Auch wenn das Kind einsieht, daß es erwachsen werden muß und daß es zu seinem besten ist, sind immer noch starke, oft unbewußte Kräfte am Werk, die versuchen, den Status quo beizubehalten. Die Schwierigkeit besteht darin, eingeschliffene Gewohnheiten und Sicherheit für etwas Unbekanntes aufzugeben. Das Entwöhntwerden nach der Stillzeit – die Brust durch die Flasche ersetzt zu bekommen – ist nicht leicht für den Säugling. Auch das Zurückhalten des Stuhls aus Rücksichtnahme auf andere fällt ihm nicht leicht. Das Kind hat das Gefühl, als ob andere seine Muskelbewegungen kontrollieren würden. In der ödipalen Phase muß das Kind seine erotischen Phantasien zum andersgeschlechtlichen Elternteil aufgeben. Die Spannung zwischen Individuum und Gesellschaft, zwischen Egoismus und Allgemeinwohl, zwischen dem Kind, das sich für den Nabel der Welt hält, und dem Erwachsenen, der sich selbst mit den Bedürfnissen seiner Umwelt in Einklang gebracht hat – all das ist ein Friedensprozeß, der niemals aufhört. In der Jugend muß man sich zum Beispiel von der Familie lösen und eine eigene gründen. Das ist kein emotional leichter Prozeß. Auch das ist eine Art Friedensprozeß zwischen einem Heranwachsenden und seiner Umgebung. Er muß alte Sicherheiten für ein neues Gleichgewicht aufgeben. Und die Fragen, ob Menschen zusammenleben können und ob es genug Platz für alle gibt, tauchen während des gesamten Lebens immer wieder auf. In der Therapie versuchen wir, diese Widerstände gegen das Wachstum herauszuarbeiten und sie ins Bewußtsein zu bringen. Der Patient weigert sich, alte Schutzmechanismen für ein neues mentales Gleichgewicht aufzugeben. Warum sollte er seine aggressiven Handlungen, die befreiend wirken, unterlassen, nur um den anderen anzuerkennen? Vielleicht versteht er sogar, daß es in seinem Interesse ist, dennoch fällt es ihm schwer. Es ist schwer, obsessive Rituale aufzugeben, die Ängste unterdrücken. Warum sollte der Patient seine Depression aufgeben, die so behaglich und tröstlich ist, und ihn scheinbar vor bösen Absichten und Aggressionen schützt? Warum sollte er seine paranoide Haltung aufgeben, die ihn unschuldig und rein wie ein neugeborenes Baby scheinen läßt, während die anderen bösartig sind? Warum sollte er seine Allmachtsphantasien aufgeben, den Glauben, daß er der Beste sei? Warum sollte er die unterdrückte Gegenseite spüren, daß er sich manchmal wertlos und wie eine Null fühlt? Warum sollte er die klar in gut und böse unterteilte Welt für eine komplexere Sicht der Dinge aufgeben, die auch schmerzhafte Wahrheiten mit einschließt, die nur schwer zu ertragen sind? Das ist alles ein emotionaler Preis, den wir für Wachstum und Reife bezahlen. Ein schmerzhafter Preis, den wir nicht immer bereitwillig und gerne zahlen. Der Friedensprozeß ist ein Wachstumsprozeß, in dem wir uns selbst und den anderen kennenlernen, während der pathologische Zustand des Krieges verschiedene Vorteile bietet.

Der erste Vorteil ist der, daß jenseits der Grenze ein Monster lebt, dem man die Schuld an allem geben kann. Gäbe es dieses Monster nicht, wäre alles in Ordnung. Mit anderen Worten, ich fühle mich als armes Opfer der Umstände. Ich schiebe meinen gesamten Schwierigkeiten auf den Krieg, der mir aufgezwungen wurde. Ich kann sagen: „Was kann ich tun? Gäbe es den Krieg nicht, wäre die wirtschaftliche Situation im Lande besser, und meine auch. Ich bräuchte nicht in die Armee zu gehen und könnte andere Dinge tun. Die Leute wären weniger gereizt." Wenn Frieden herrschte, könnte man niemanden mehr die Schuld zuschieben. Die gesamte Verantwortung würde auf einen selbst zurückfallen.

Eine andere, weitverbreitete Projektion in einem Kriegszustand und bei schlechter wirtschaftlicher Lage besteht darin, daß wir all unsere Probleme der Regierung anlasten. „Es liegt alles nur an diesem verdammten Staat", diese Äußerung ist immer wieder zu hören, und damit soll gesagt werden: Hätten wir eine bessere Regierung, ginge es mir großartig, denn ich selbst habe keine Schuld an meinen Problemen.

Der Krieg einigt als Schutzmechanismus die ganze Nation, so daß wir uns nicht als der konfliktrachtige Flickenteppich wahrnehmen müssen, der wir sind. Araber und Juden, Religiöse und Säkulare, Aschkenasim und Sephardim, Linke und Rechte, Männer und Frauen, und so weiter. Die Armee dient als Schmelztiegel für die Bevölkerung, und in Friedenszeiten würden die Verwerfungen wieder deutlicher hervortreten. Bei einer Familientherapie erleben wir es manchmal, daß ein Familienmitglied unbewußt ein Symptom auf sich nimmt oder daß die Familie ihm die Rolle des Patienten zuschreibt. „Das Kind näßt das Bett", heißt es dann zum Beispiel, oder: „Das Kind hat Probleme in der Schule". Dann konzentriert sich die ganze Familie auf diesen „Problemfall" und hört auf, über andere Schwierigkeiten zu reden, die zumeist tiefer und ernster sind. In der Familientherapie stellt sich dann heraus, daß die Eltern nicht miteinander zurechtkommen. Das Kind muß sich einnässen, damit die Eltern sich auf das Problem konzentrieren können, und nicht ständig miteinander streiten müssen. Und tatsächlich vereint uns der gemeinsame äußere Feind. Mit dem Fortschreiten des Friedensprozesses können wir sehen, wie die Gräben zwischen religiösen und säkularen Juden und den israelischen Arabern wieder sichtbar werden.

Ein weiteres Beispiel ist das Individuum mit Persönlichkeitsstörung, daß außen einen Krieg sucht, um seine inneren Unruhen zu rechtfertigen. Ohne Krieg wäre der Lärm aus dem Inneren lauter zu vernehmen. Dann merkt die Person mit der Störung, daß es seine eigenen inneren Stimmen sind, die nicht von der äußeren Realität hervorgerufen werden. Sie wird alles unternehmen, um mit anderen Streit anzufangen. Es gibt tatsächlich Menschen, denen es unter Streß und in Zeiten des Krieges besser geht. Es gibt eine tiefgehende Verbindung zwischen unserer inneren Zerrissenheit und dem Friedensprozeß. Das macht es uns so schwer, den Kampf gegen den äußeren Feind aufzugeben und uns unseren inneren Konflikten zu stellen. Nicht wenige Länder sind auf Grund ihrer

Konflikte im Inneren in den Krieg gezogen. Auf diese Art und Weise kann Krieg als emotionaler Schutzmechanismus dienen.

Ein anderer Schutzmechanismus oder pathologischer Vorteil, den man aus dem Krieg ziehen kann, besteht darin, daß man manchmal Trost darin findet, in Schmerz und nationaler Trauer zu versinken. Am Gedenktag für die gefallenen Soldaten finden die Menschen zum Beispiel Ablenkung von ihren persönlichen Problemen. Das kollektive Trauern spendet Trost. Wenn andere leiden, dann geht es mir im Vergleich dazu besser.

Den emotionalen Schutz für den Frieden aufzugeben ist ein sehr schmerzhafter Prozeß. Was bedeutet es für uns, unsere Position des Gerechten aufzugeben, das schwere Leid erkennen zu müssen, das wir so vielen Flüchtlingen zugefügt haben, die aus ihren Häusern vertrieben wurden und ins Elend stürzten? Es fällt uns schwer, unsere eigenen Aggressionen anzuerkennen, nachdem wir so hart daran gearbeitet haben, sie aus unserem nationalen Bewußtsein zu löschen. In einer Therapie braucht es Jahre, um solche Schutzmechanismen aufzulösen.

Und wie steht es mit unserem Konzept des auserwählten Volkes, das „Licht der Völker"? Diese Überheblichkeit werden wir auch aufgeben müssen, denn es ist schwer, von oben herab Frieden zu machen. Paranoia und Überheblichkeit gehen Hand in Hand und verstärken die Spaltung, die sagt, daß auf meiner Seite nur Gutes ist und auf der anderen nur Schlechtes. „Ich werde nicht für nichts verfolgt, sondern weil ich etwas Besonderes bin." Wir haben unsere Besonderheit und arrogante Einzigartigkeit genährt, um unsere Existenzängste zu unterdrücken, die uns jahrelang schrecklich gequält haben. Wir waren Menschen ohne ein Zuhause, die in der Heimat von anderen gelebt haben. Was ist uns geblieben – nur die Ängste? Es fällt schwer, einen Schutzmechanismus aufzugeben. Es ist hart, einzusehen, daß wir nichts Besonderes sind und daß nicht jeder gegen uns ist. Beide Gefühle existieren als untrennbare Einheit in uns. Wir werden den anderen verstehen lernen und auf gleicher Höhe auf ihn zugehen müssen. Wir müssen unseren Siegesjubel gegen eine ruhigere, traurigere Musik eintauschen. Wir wissen, was für einen Entwicklungssprung es für ein Kind bedeutet, wenn es die egozentrische Phase verläßt und in ein Stadium eintritt, wo es sich nicht mehr für den Mittelpunkt der Welt hält. Wirklicher Frieden ist anfangs für viele eher eine traurige Erfahrung, den er verlangt, den anderen anzuerkennen.

Kann es bei dem herrschenden Ungleichgewicht zwischen uns und den Palästinensern Frieden geben? Sie sind mit Haß auf uns erfüllt, sie denken, daß wir alles besitzen, und sie, die wir vertrieben haben, nichts. Es fällt uns nicht leicht, ihre Erfahrung zu verstehen, daß wir sie aus ihren Häusern getrieben haben und jetzt dort glücklich leben, während sie zuschauen müssen, wie wir ihr Land bebauen. Um ihre Gefühle verständlicher zu machen, sei hier gesagt, daß Land, die Erde, in den tieferen Bewußtseinsschichten als Symbol für die Frau steht, in die wir die Saat einbringen und die Früchte hervorbringt. Unsere Schutzmechanismen, die durch unterdrückte Schuldgefühle entstanden sind, hindern uns daran, die Tiefe ihres anhaltenden Leids wahrzunehmen, das wir verursacht haben. Es ist nicht einfach, den Palästinensern in die Augen zu schauen, denn dazu müssen wir erst sie und ihren Schmerz anerkennen. Und auch die große Kluft zwischen dem, was wir haben, und dem, was sie haben. Wir müssen uns entschließen, für sie einen Teil dessen aufzugeben, was wir besitzen. Das sind emotionale und materielle Konzessionen, die wir nur ungern zugestehen. Wir ignorieren lieber ihr Leid und verharren in der Konfrontation. Kann es Frieden geben, wenn es in Hebron kein Wasser gibt, und wenn die palästinensischen Arbeiter sich ausgebeutet fühlen und wir ihnen nicht einmal die grundlegendsten Rechte zugestehen? Sind wir in der Lage, zum Wohle eines anderen etwas aufzugeben? Wir haben fürchterliche Angst, daß ihre Forderungen kein Ende finden. Daher, aus Angst, löschen wir ihre Existenz aus unserem Bewußtsein.

Manchmal heißt es im Scherz von den Rechten: „Okay, dann gebt ihnen Ramat Aviv."[5] Das passiert, wenn man etwas

5 Ramat Aviv ist ein wohlhabender Vorort von Tel Aviv, der vorwiegend von einer linken Wählerschaft bewohnt wird.

unterdrückt: Man fürchtet sich vor dem, was man unterdrückt. Das läßt einem manchmal zwischen den Extremen schwanken: ihre Existenz auslöschen oder ihnen alles geben. Man verliert die Fähigkeit, darüber nachzudenken, was man aufgeben kann und was nicht, oder welches Leid man anerkennt und welches nicht. Dabei gibt es Wahlmöglichkeiten zwischen den Extremen. Wir können zum Beispiel Anteil an ihrem Leid nehmen und ihren Schmerz verstehen, ohne daß wir uns schuldig fühlen, oder ohne zu denken, daß wir ihnen dafür materielle Wiedergutmachung leisten zu müssen. Wir können ihnen in Bereichen helfen, die uns weniger belasten. Wenn wir aber Dinge unterdrücken und nicht in der Lage sind, schmerzhafte Erkenntnisse in unser Bewußtsein zu bringen und uns ihnen zu stellen, dann haben wir diese Wahl nicht. Wie Eltern manchmal von Kindern sagen: „Gibt man den kleinen Finger, wollen sie die ganze Hand." Es herrscht die Angst, daß plötzlich alle Grenzen überschritten werden, daß man sich selbst aufgibt und in ein Hergeben ohne Ende hineingezogen wird: „Ramat Aviv für Frieden." Und dann geben wir, aus einer Abwehrhaltung heraus, überhaupt nichts und zahlen den Preis des Krieges. Das sind die Gesetze des Gefühlslebens. Wir müssen einen Preis für unsere Unfähigkeit zahlen, den Palästinensern in die Augen zu schauen, für die Unterdrückung unserer Gefühle. Und genauso würden wir umgekehrt davon profitieren, wenn wir unseren unterdrückten Gefühlen ins Auge schauen würden. Der Therapeut fragt den Patienten, wovor er sich denn so fürchtet. Und er wird jahrelang auf die Antwort warten. Der Therapeut weiß, wie schwer es fällt, den anderen anzuerkennen. Und er weiß auch, daß es unvermeidlich ist.

Und es gibt noch einen weiteren Preis, den wir dafür zahlen, daß wir uns nicht offen und aufrichtig in die Seele blicken. Der Preis sind schwere, unbewußte Schuldgefühle.

Wenn während des Friedensprozesses die andere Seite aufhört, das Monster zu sein und sich in einen Menschen verwandelt, dann können wir ihn nicht länger verteufeln und vernichten. Dann müssen wir ihm in die Augen sehen, mit ihm in Kontakt treten und ihm helfen, besonders, wenn wir ihm

Leid verursacht haben. Sind wir bereit, diesen Preis für den Frieden zu zahlen, oder verschanzen wir uns emotional weiterhin hinter dem Krieg?

Ich will an dieser Stelle nicht ausführlich auf den Konflikt mit den Syrern eingehen, möchte hier aber die emotionalen Widerstände dagegen erwähnen, Teile von einem selbst aufzugeben: Teile des Heimatlandes, die wie Teile des Körpers wahrgenommen werden; Widerstände dagegen, klein und geschrumpft zurückzubleiben, mit einer schmalen Taille und einem verwundbaren Bauch; und Jerusalem, das Herz, wird zerrissen. Es fällt schwer, die Überheblichkeit eines großen Landes aufzugeben, das sich selbst als Supermacht betrachtet, und zu einem kleinen Land zu werden. Es ist nicht einfach, die depressive Haltung zu akzeptieren, die unsere wahre Größe und unsere Grenzen erkennt, besonders nicht für Leute, die sich als das „Licht der Völker" betrachten, und auch nicht für diejenigen, die ein „Neues Königreich Israel" schaffen möchten. Ganz zu schweigen von der Vorstellung, den Syrern gegenüber Konzessionen zu machen. Das empfinden wir als Beleidigung und Kapitulation. In der syrischen Frage blockieren uns in erster Linie emotionale Hindernisse, und nicht so sehr rationale Widerstände gegen den Friedensprozeß.

5. Die ganze Welt ist gegen uns

So lautet die wohlbekannte paranoide Haltung. Die Frage, ob tatsächlich alle gegen uns sind, kann nicht rational beantwortet werden, sondern nur emotional. Ein Mensch mit einer paranoiden Haltung nimmt an, daß er gut ist und alle anderen schlecht und gegen ihn. Diese Annahme hat mit seiner Vergangenheit zu tun. Früher war es einmal Realität gewesen, er muß die Beziehung zu seinen Eltern als bedrohlich empfunden haben, sonst hätte er jetzt nicht das Problem. Aber heute, in seinem Leben als Erwachsener, ist er nicht mehr so hilflos und abhängig wie als Kind, und nicht jeder bedroht ihn so wie seine Eltern. Der paranoide Patient möchte, daß der Therapeut ihm die Wärme, Liebe und Akzeptanz entgegenbringt, die ihm fehlt. Wenn ihre Beziehung gut verläuft, kann das für den Patienten eine neue und ungewöhnliche Erfahrung sein und den Ausgangspunkt dafür bilden, daß er seine Haltung der Welt gegenüber verändert.

Das jüdische Volk hat in seiner Vergangenheit genügend schlechte Erfahrungen gemacht, daß es sich verfolgt fühlen kann. Schlimmer noch, die gegenwärtige Realität ist ebenfalls sehr bedrohlich. Sind wir also nicht paranoid, sondern nur realistisch? Ein schwerer Fall für den Therapeuten: Es muß alles sortiert und unterschieden werden, was Einbildung und was Realität ist. Manche von uns sagen, es ist unser Schicksal, das läßt sich nicht ändern, da gibt es nichts zu verstehen, sie hassen uns einfach. Ein guter Therapeut wird die Wahrheit des Argumentes anerkennen, daß es Antisemitismus in der Welt gibt, aber er wird versuchen, ihn in eine verstehbare Erfahrung zu verwandeln. Erst einmal wird es auf der Welt auch Menschen geben, die unserem Patienten andere Gefühle entgegenbringen. Manche werden ihn mögen oder sogar lieben. Weiterhin kann dem Patienten vielleicht dabei geholfen werden, zu verstehen, warum diejenigen, die ihn hassen, so fühlen und was er bei ihnen auslöst. Vielleicht kann er die Gefühle ändern, die sie für ihn empfinden. Der Therapeut wird auch versuchen, dem Patienten klarzumachen, daß er nicht der einzige ist, der gehaßt wird. Es gibt noch andere Menschen und Minderheiten in der Welt, die gehaßt werden. Und schließlich kann der Therapeut dem Patienten helfen, zu klären, was er selbst anderen gegenüber empfindet, und ihm auch helfen zu verstehen, daß andere ihn als jemanden ansehen, der sie nicht sonderlich schätzt oder mag. Mit anderen Worten, der Therapeut präsentiert dem Patienten ein weitaus komplexeres Schema von emotionalen Haltungen und versucht mit dem Patienten, der schwierigen Erfahrung der Verfolgung einen Sinn zu geben.

Während unserer gesamten Geschichte haben wir immer wiederholt: „Wir sind besser als ihr, wir sind gerechter als ihr, wir sind etwas Besonderes und unser Gott ist der wahre Gott." Mit diesen arroganten Äußerungen haben wir uns selbst abseits gehalten. Es mag stimmen, Islam und Christentum haben unsere Religion kopiert, und sie gestehen uns auch das Urheberrecht auf das Konzept des einen und einzigen Gottes zu. Sie fühlen sich aber auch sehr verletzt durch uns und sind zornig. Ja, irgendetwas an unserer überheblichen Haltung hat ihren Zorn erregt, wurde von ihnen als demütigend empfunden und hat wütende Reaktionen ausgelöst. Wenn wir dazu unsere Schwäche in der Diaspora bedenken, dann rief die Lage geradezu nach Angriffen und Pogromen. Jeder kennt die beiden Arten von guten Schülern: Der eine ist bei allen in der Klasse beliebt, der andere ist verhaßt. Der Unterschied liegt nicht in der Begabung der beiden Schüler, die bei beiden hoch ist, sondern die Art, wie sie anderen vermittelt wird, ob sie die anderen verletzen und beleidigen, oder ob sie ihnen helfen. Wir wurden von den anderen Völkern immer als verletzend und beleidigend empfunden, was sicherlich mit unserer inneren Erfahrung als Volk zu tun hat, das sich stets verteidigen mußte.

Uns ist aus der Therapie bekannt, wieviel Gefühle der Minderwertigkeit und Unsicherheit sich hinter Arroganz verstecken können. Lange Zeit mußten wir uns als Volk ohne eigenes Land verteidigen, das seine Zusammengehörigkeit und Einzigartigkeit dadurch aufrecht erhalten hat, daß wir immer wieder gesagt und gefühlt haben, daß wir die Besten seien. Es ist sicher möglich, ohne Überheblichkeit der Beste zu sein. Es besteht ein klarer Unterschied zwischen unseren objektiven Qualitäten als Volk und der Arroganz, die wir den anderen durch verletzendes und beleidigendes Verhalten vermitteln. Selbst der beste Schüler der Klasse muß kein Angeber sein. Es ist auch wahr, daß uns nicht alle gehaßt haben, es gab einige, die uns Zuneigung und Liebe entgegen gebracht haben. Es hängt viel von dem Selbstbewußtsein des anderen ab. Je selbstsicherer jemand ist, desto weniger wird er sich durch Überheblichkeit verletzt fühlen. Aber wir haben in unserem paranoiden Wahn die Verfolgung als einen weiteren Beweis unserer Einzigartigkeit wahrgenommen. Warum würden wir sonst verfolgt werden? Wir glauben an die Prophezeiungen der Weisen, daß wir leiden, weil wir die Reinsten von allen sind, und daß unsere gerechte Sache siegen wird. Pathologisch gesehen gehören Paranoia und Größenwahn zusammen. Ich werde verfolgt, weil ich so großartig, so wichtig und so besonders bin. Dadurch ruft die paranoide Persönlichkeit bei anderen gerade das hervor, vor dem sie sich so fürchtet – Verfolgung.

Wir müssen begreifen, daß nicht jeder die Juden haßt und daß es in der Welt viel Sympathie für uns gibt. Der Haß hat teilweise Gründe, von denen wir einige kontrollieren können. Wir sind nicht so besonders und die Welt hat nicht eigens für uns Gefühle erfunden, die nicht auch gegenüber anderen Völkern existieren würden. Je weiter der Friedensprozeß fortschreitet, desto weniger fühlen wir uns als etwas Besonderes, und daher weniger verfolgt und anderen Völkern ähnlicher. Ich mißbillige unser Gefühl, einzigartig zu sein und besondere Fähigkeiten zu haben, das uns immer wieder zu Fall gebracht und Verfolgungen ausgelöst hat. Wir wissen genau, wie gerne wir es hören, daß die Juden am klügsten und am besten und am gerechtesten sind, und welche Katastrophen sich aus dieser emotionalen Haltung ergeben haben. Wir wissen, wohin uns unsere Mißachtung der Araber im Jom-Kippur-Krieg geführt hat, und wir wissen, daß uns die Mißachtung der Palästinenser das unerwartete Ausbrechen der Intifada eingebracht hat. Unsere Arroganz und unser Unvermögen, die anderen anzuerkennen, haben uns dazu verführt, zu denken, solche Dinge könnten uns nicht passieren.

Die Auflösung der paranoid-überheblichen Gefühle eines Kindes, das sich als etwas Besonderes wahrnimmt, erfolgt aus zwei unterschiedlichen Richtungen: einmal durch die Schläge, die ihm die Realität versetzt; und zum anderen durch das Einfühlungsvermögen seiner Eltern. Die Schläge, die wir von den Arabern versetzt bekommen haben, haben uns zu uns selbst gebracht und uns gezwungen, in uns zu gehen und uns in einem schmerzhaften aber notwendigen Entwicklungsprozeß selbst zu prüfen. Auf diese Art sind wir während der letzten Jahre des Friedensprozesses zu Einsichten gelangt, wozu es vielleicht nicht gekommen wäre, hätten wir die Araber einfach besiegt. Ich spreche von der Anekennung des anderen. In der Welt eines Kindes ereignen sich die Konflikte hauptsächlich zwischen ihm und seiner Umwelt, es besitzt noch nicht die Reife, nach innen zu schauen. Erst wenn es mit der Realität kollidiert, die es als Mauer wahrnimmt, die trotz aller Anstrengungen nicht zu durchbrechen ist, wird es sich durch einen inneren Dialog mit sich selbst auseinandersetzen, statt sich mit der Außenwelt zu streiten. Die Fähigkeit des Patienten, zu erkennen, daß der Konflikt in seinem Inneren existiert, und nicht nur zwischen ihm und der Außenwelt, ist ein wichtiger Entwicklungsschritt. Er ermöglicht es dem Patienten, von der Therapie zu profitieren. Ansonsten bliebe es dabei, daß er recht hat und alle anderen unrecht.

Der andere Einfluß, der die paranoide Haltung abschwächt, ist einfühlendes Verständnis, das die Wurzeln der Überheblichkeit erreicht und sie ausreißt. Wärme und Liebe berühren die Unsicherheit einer paranoiden Persönlichkeit auf eine Art, daß sie sich entspannen kann. Die internationale Gemeinschaft kann uns dabei helfen. Die USA war in ihren Bemühungen, uns bei den Friedensverhandlungen zu helfen, erfolgreicher als die Europäer, weil sie mehr Verständnis für uns gezeigt haben. Sie haben uns Sicherheit gegeben, und verstanden, wie sehr wir diese Sicherheit benötigen, damit wir uns nicht in unseren Stellungen eingraben und aus einer Angst heraus arrogant handeln. Der Weg zu unserem Herzen führt eher über Verständnis als über Zwang. Eine paranoide Persönlichkeit – wir als Nation oder ein heranwachsendes Kind – braucht das Zusammenspiel zwischen der Realität, die ihr ins Gesicht schlägt, und den verständnisvollen Eltern, die ihr helfen, aus dieser Lage herauszukommen.

Für die meisten in der Welt ist es einfacher, sich mit den geschlagenen Palästinensern, den heimatlosen Flüchtlingen, zu identifizieren und sie zu unterstützen, statt mit uns. Wir werden als stark wahrgenommen, daher versteht niemand, wovor wir uns so fürchten. Sowohl anderen als auch uns selbst fällt es schwer, durch unsere Arroganz hindurch unsere Schwierigkeiten und Ängste zu erkennen, die wir zuerst uns selbst, und dann den anderen erklären müssen. Unser Schin Bet[6], unser Mossad und unsere Luftwaffe gehören zu den besten der Welt. Unser Know-how, unsere Erfindungen und unsere militärischen Entwicklungen sind berühmt. Als überhebliche Persönlichkeit zeigen wir der Welt erst einmal, wie fähig und wie stark wir sind, und dann wundern wir uns, daß im Friedensprozeß unverhältnismäßige Forderungen an uns gestellt werden, und warum niemand unsere Schwächen und Ängste versteht. Jahrelang haben wir über unsere Existenzängste gesprochen und der Welt zum Beispiel erklärt, warum wir die besetzten Gebiete als einen strategisch tiefen Raum brauchen. Gleichzeitig war von uns jedoch auch zu vernehmen, daß wir die Besten und Stärksten wären, eigentlich sogar eine Weltmacht. Diese Arroganz hat auf die Welt mehr Eindruck gemacht als unsere Erklärungsversuche, die nicht ins Bild des neuen, starken Israels paßten, das wir geschaffen haben. Die Palästinenser zeigen der Welt dagegen eher ihre Schwächen als ihre Stärken, so wie ein Volk, daß seine Unabhängigkeit möchte und sie nicht besitzt. Sie sind sich ihrer Schwäche bewußt, so wie wir es einst waren, und dadurch gewinnen sie viele Sympathien, so wie wir, als die Vereinten

6 Der innerisraelische Geheimdienst.

Nationen unseren Staat anerkannt hatten. Jetzt unterdrücken wir unsere Schwächen und verstecken sie, und daher sind wir nicht in der Lage, der Welt die Wahrheit zu sagen. Das war und ist immer noch die Fallgrube der israelischen Propaganda, die seit langem nicht effektiv arbeitet. Die Menschen, die unsere Stärke sehen, können nicht verstehen, warum wir Angst haben, den Syrern die Golanhöhen zurückzugeben, oder warum wir uns vor der Unabhängigkeit der Palästinenser fürchten. Es hat zum Beispiel Jahre gedauert, bis die Welt begriffen hat, daß der Terrorismus der Palästinenser ein Hindernis ist, das ausgeräumt werden muß, bevor es Frieden geben kann. Der Rest der Welt mußte erst einen langen Internalisierungsprozess durchlaufen, bis er die Gewalt der Palästinenser erkennen konnte und sie nicht bloß als Opfer betrachtete – ein Prozeß, der 1996 zu der Konferenz gegen Terrorismus in Scharm el-Schaikh führte. Auch wir haben Jahre gebraucht, das zu begreifen, denn wir waren in unserer Allmachtsphantasie gefangen, daß wir den Terrorismus besiegen könnten. Wir haben es im Libanon und anderswo versucht und allen erklärt, daß wir dazu in der Lage wären. Wir haben nicht die Wahrheit gesagt, daß der Terrorismus stärker ist, daß wir ihn nicht allein besiegen können und daß die Palästinenser ihn auch selbst bekämpfen müssen. Die Unterdrückung unserer Hilflosigkeit angesichts des Terrorismus war so stark, daß wir keine Antwort hatten, als die Palästinenser uns sagten, was wollt ihr von uns, ihr habt bei der Bekämpfung des Terrors auch versagt. Auch sie nehmen uns als übermächtig wahr, und wir können ihnen nicht einfach sagen, es ist eure Aufgabe, eure Aggressionen zu kontrollieren, und nicht unsere. Heute, nach einem schmerzhaften Internalisierungsprozeß, der Jahre gedauert hat, wird uns bewußt, daß wir den Terrorismus nicht besiegen können, und sind bereit, unsere Verwundbarkeit und Hilflosigkeit zu offenbaren. Diese neue Haltung, die sich mit dem Friedensprozeß entwickelt, mehrt sicher das Verständnis der Welt für uns. Die Entwicklung, während der wir unsere Überheblichkeit aufgegeben haben, fand unter dem Eindruck bitterer Enttäuschungen statt. Bei jedem neuen Terroranschlag, bei jedem

Versagen vom Schin Bet, dem Mossad oder der Armee, jedesmal, wenn wir etwas nicht alleine schafften und die Hilfe anderer benötigten, beim Bau eines Kampfflugzeuges, im Krieg gegen den Irak, oder wenn wir wirtschaftliche Hilfe brauchten – jedesmal zerbröckelte ein weiteres Stück unserer Überheblichkeit. Wir haben die Welt von der Heldenhaftigkeit Israels überzeugt und haben uns und anderen die Wahrheit verschwiegen, daß wir ein kleines Land mit großen Problemen sind, und daß wir in steter Angst leben, daß wir vernichtet werden. Ein Bericht über die sinkende Motivation, Dienst in der Armee zu leisten, ob er nun zutrifft oder nicht, spiegelt die Entwicklung vom Helden zum menschlichen Wesen wieder. Heroische Mythen über die Zeiten der Staatsgründung, die die Jugend kennzeichnen, haben sich mit den Jahren abgeschwächt und der Besorgnis der einzelnen Menschen und der Erkenntnis unserer Schwäche Platz gemacht. Wir gleichen einer paranoiden Persönlichkeit, die langsam beginnt, über ihre Ängste und Sorgen zu reden und sie anzuerkennen. Dadurch hilft sie sich selbst, weniger paranoid zu sein, und hilft der Welt sie und ihre Gefühle zu verstehen.

In der Therapie zeigt es sich deutlich, daß es den Menschen schwerfällt, die Schwäche hinter den Aggressionen und der Arroganz zu erkennen. Es ist schwer, Verständnis für einen Ehemann aufzubringen, der seine Frau schlägt (um ein extremes Beispiel zu nennen), und zu verstehen, daß er als Kind gelitten und sich bedroht gefühlt hat. Wenn er niemanden seine Vergangenheit und seine Gefühle mitteilt, wie kann ihn dann jemand verstehen? Oder ein älteres Kind schlägt ein jüngeres. Als Eltern fällt es uns ungemein schwer, uns mit dem stärkeren Aggressor zu identifizieren, seine Probleme zu sehen und zu verstehen, daß seine Aggressionen, wie alle anderen auch, einer Verletztheit entspringen. Genauso schwer ist es für die Welt, unseren unterdrückten inneren Zustand hinter unserer aufgeblasenen Arroganz zu entdecken! Wir durchlaufen als Volk einen therapeutischen Prozeß, indem wir uns unsere Ängste eingestehen und unsere eingebildete Einzigartigkeit und Überheblichkeit aufgeben. So kommen wir anderen Nationen näher und lösen uns aus unserer Isolation. Auf diese Art und Weise durchbricht eine paranoide Persönlichkeit ihre lang gepflegte Einsamkeit für menschliche Beziehungen zu ihrer Umwelt. Erst wenn sie selbst ihre Ängste versteht und sich nicht länger scheut, sie anderen mitzuteilen, erst wenn sie sanfter geworden ist, ihr eigenes Leid erkennt und sich nicht länger für allmächtig hält, erst dann kann sie bei anderen Verständnis hervorrufen.

6. Der Faktor der Abschreckung

Jahrelang waren wir der Überzeugung, daß die Verstärkung unserer Streitkräfte der Abschreckung dient. Immer wieder haben wir uns besorgt gefragt, ob die abschreckende Wirkung unserer Armee durch das eine oder andere Ereignis gemindert wird. Stets haben wir das eifrigst verneint. Wir haben dabei nicht bemerkt, daß wir die einzigen Bewohner in unserem Luftschloß waren. Die Kinder der palästinensischen Intifada hatten keine Furcht vor uns, als sie ihre Unabhängigkeit forderten. Syrien und Ägypten schreckten nicht davor zurück, den Jom-Kippur-Krieg zu beginnen, obwohl wir 1967 im Sechstagekrieg siegreich gewesen waren und sie wußten, daß wir über Nuklearwaffen verfügen. Unser Abschreckungspotential hat uns auch nicht geholfen, als uns der Irak während des Golfkriegs mit Raketen beschoß. Nicht wegen unseres großen Abschreckungspotentials greifen uns die arabischen Länder nicht an, sondern weil sie einfach nicht wollen. Ist die Wahrheit so schlecht und unerträglich, daß wir in unserer Vorstellung riesige Streitkräfte und Waffenarsenale schaffen müssen, die in Wirklichkeit gar nicht existieren? Glauben wir wirklich, daß es unser Ende bedeutet, wenn wir und andere unsere wahre Stärke erfahren? Es gibt Tiere, die sich einen dicken Pelz wachsen lassen, um größer zu erscheinen. „Komm her, wenn du was willst", hören wir von Teenagern, die uns damit beeindrucken wollen. Aber sind wir denn Tiere oder Halbstarke? Sind die arabischen Länder denn so dumm, daß sie sich nur von unserem Bluff vom Angriff abhalten lassen?

Es ist kein Wunder, daß wir in schrecklicher Angst leben, denn wir glauben nicht, daß wir stark genug sind, uns selbst verteidigen zu können und warten darauf, daß diese Seifenblase platzt. Dann kann jeder sehen, wie hilflos wir wirklich sind. Dieser Dialog findet hauptsächlich mit uns selbst statt.

Erst machen wir uns etwas vor, und dann glauben wir es wirklich. Wir machen uns vor, stark zu sein, und deshalb geraten wir jedesmal in Panik, wenn etwas passiert, was unsere Schwäche bloßstellt. So schwanken wir zwischen verzweifelter Schwachheit und der magischen Stärke, die wir uns selbst zuschreiben, und können unsere wahre Stärke nicht richtig einschätzen. Könnten wir alle arabischen Länder besiegen, wenn sie einen gemeinsamen Angriff starteten? Diese Frage haben wir uns immer wieder gestellt und uns beruhigt zurückgelehnt, wenn wir sie mit „ja" beantwortet hatten.

Wenn die arabischen Staaten sich entschlössen, uns anzugreifen, würden sie sich weniger um unsere Stärke kümmern als um den Preis, den sie zu zahlen bereit sind, damit sie ihre Ziele erreichen. Sie verstehen besser als wir, daß Krieg nicht notwendigerweise Sieg oder Niederlage, Überleben oder Vernichtung bedeutet. Sie wissen, daß wir weder Krieg noch den Preis dafür zahlen wollen. Im Jom-Kippur-Krieg sind Ägypten und Syrien davon ausgegangen, daß der Krieg sie schneller als alle anderen Methoden ihren Zielen näherbringt. Und sie haben recht behalten. In diesem Fall hat sich die Abschreckung des Sechstagekriegs negativ ausgewirkt. Er hat zu weiteren Kriegen ermuntert. So wie ein Raufbold seine Muskeln spielen läßt und herausfordernd fragt: „Wer möchte es mit mir aufnehmen?" Damit lädt er jeden ein, ihm zu beweisen, daß er doch nicht so stark ist. Den Arabern war es wichtig, ihre verlorene Ehre wiederherzustellen. Wir sind dagegen Gefangene unserer Traumwelten, die wir uns selbst gebaut haben. Wir haben unseren Lügen darüber, wie furchteinflößend wir sind, Glauben geschenkt, und nun erschrecken wir vor unserem eigenen Schatten. Mal sind wir besorgt, wenn wir von der schwindenden Motivation hören, in der Armee zu dienen, mal versuchen wir das Ausmaß der Abwanderung aus Israel zu verschweigen, oder wir vertuschen vor den Arabern unsere Fälle von Versagen und Korruption.

Reicht unsere tatsächliche Stärke nicht aus, daß wir der Welt Lügen erzählen und dann auch den Preis dafür zahlen müssen? Der Preis besteht darin, daß wir, die Starken, von der Welt als Aggressoren angesehen werden. Auch wenn die Araber wissen, daß unsere wahre Stärke nicht unbegrenzt ist, fangen sie aus verschiedenen Gründen nicht einfach einen Krieg gegen uns an. Kurzfristig und in bestimmten Situationen, zum Beispiel während eines Gefechts, kann Abschreckung durchaus eine Wirkung zeigen. Ein Trupp Soldaten wird sichern zögern, eine Stellung zu stürmen, die ihnen an Kampfkraft überlegen ist. Aber langfristig, in globaler strategischer Hinsicht, setzt sich nur die Wahrheit durch. Jeder Bluff läßt uns schwächer zurück, als wir wirklich sind. Und wie stark wird das Verlangen, den gefürchteten Gegner anzugreifen, wenn man herausfindet, daß er nicht so stark ist, wie man gedacht hat.

Dieser Schwindel, den wir uns und anderen vorgemacht haben, kann nicht lange überleben. Er bleibt noch eher in unserem Bewußtsein bestehen als in dem unserer Feinde. Wir entdecken immer mehr das, was alle aufgeklärten Länder bereits wissen, was die Leute durchs Leben lernen und was in der Therapie vermittelt werden soll: Die inneren und äußeren Probleme offen einzugestehen, das macht einen wirklich stark. Eine Demokratie, die offene und kritische Debatten zuläßt, die Menschenrechte schützt, Folter verbietet und die keine verfälschte und unehrliche „Pose“ einnimmt, ist stärker als jedes andere System und wird langfristig überleben. Wir haben gelernt, daß die Todesstrafe keine Terroristen abschreckt, und daß eine offene, kritische Diskussion über Armee, Schin Bet und Mossad deren Interessen weit mehr dient als Vertuschungen. Wir brauchen uns nur den Zusammenbruch der Sowjetunion anzusehen, um zu verstehen, daß Betrug und vorgetäuschte Abschreckung sich nicht unbegrenzt aufrecht erhalten lassen. Die USA mögen einen Preis für ihre Offenheit, ihre öffentlichen Diskussionen und ihre Demokratie gezahlt haben, aber sie sind ein prosperierendes Land. Unsere falsche Abschreckungspolitik bringt jedoch die Welt gegen uns auf, ganz abgesehen von den anderen unnötigen Preisen, die wir dafür zahlen.

Die Welt ist nicht gegen uns persönlich, in dem Sinne, daß wir nicht bedeutend genug sind, daß es für jemanden von Interesse wäre, gegen uns persönlich etwas zu haben. Wir laden jedoch häufig jeden dazu ein, gegen uns zu sein. Zumindest helfen wir den anderen nicht, unsere Ängste zu verstehen, indem wir zum Beispiel die Bedrohung mit ABC-Waffen durch den Iran und Irak verschweigen. Es fällt uns nicht leicht, zuzugeben, daß wir uns bedroht fühlen. Wir sprechen das Thema nur sehr vorsichtig an, um nur keine Panik auszulösen – und Gott behüte, bloß nicht ängstlich wirken! Der Golfkrieg hat uns in Angst und Schrecken versetzt, aber wir haben es immer unterdrückt und wagen nicht daran zu denken, daß es jederzeit wieder passieren kann. So wie Verdrängungen im Leben von Individuen Auswirkungen auf deren Beziehungen zu anderen Menschen haben, spiegeln sich unsere nationalen Verdrängungen in der Außenpolitik wieder und in der Art und Weise, wie wir der Welt unsere Positionen vermitteln. Dieses wichtige Thema, daß unserer Sache viel Sympathie einbringen könnte, steht in unserer Propagandapolitik nur an zweiter Stelle. Auch hier zahlen wir wieder einen Preis für die Unterdrückung unserer Ängste. Stattdessen setzen wir ein Gesicht der Stärke auf, so daß es den anderen schwerfällt, uns zu verstehen. Die Amerikaner haben sich während des Kalten Krieges anders verhalten. Sie haben die atomare Bedrohung offen in ihren Medien diskutiert, so schwierig das auch war. Wir benehmen uns wie Paranoide, die in der Therapie nur langsam und mühevoll Fortschritte machen. Wir befinden uns noch inmitten eines emotionalen Prozesses, der uns mit unserer wirklichen Schwäche und unseren Ängsten in Kontakt bringt, die durchaus berechtigt sind und die von der Welt verstanden werden können, wenn wir sie erst einmal selbst akzeptierten. Im Verlaufe dieses therapeutischen Friedensprozesses werden wir erfahren, daß die Welt immer weniger gegen uns ist.

Eine der Erklärungen, an der wir jahrelang festgehalten haben, lautete, daß die Welt aus wirtschaftlichen Interessen gegen uns ist: wegen des arabischen Erdöls, das alle brauchen, wegen des arabischen Boykotts aller Unternehmen, die mit Israel Handel treiben, wegen des lukrativen arabischen Marktes und so weiter. Diese Sicht der Welt als einen Ort, der hauptsächlich durch kalte Interessen bestimmt wird, gänzlich ohne Emotionen oder Moral, ist eine paranoide Sichtweise. Dann müssen wir erst einmal erklären, warum die meisten Staaten der Welt bei den Vereinten Nationen für die Anerkennung Israels gestimmt haben. Und was hat sich dann zwischen dieser Zeit und der UN-Resolution ereignet, die den Zionismus als rassistisch verurteilt hat? Und warum erfahren wir wieder mehr Unterstützung, seit die Friedensverhandlungen in Gang gekommen waren? Natürlich gibt es auch Eigeninteressen in der Welt, aber wir sollten uns klarmachen, daß es vornehmlich unsere emotionale Haltung ist, die uns Schwierigkeiten bereitet. Eine paranoide Persönlichkeit klagt stets, daß sie immer alles erklären muß und stets mißverstanden wird. In einer Therapie versuchen wir, ihr zu helfen, sich zuerst einmal selbst zu verstehen.

Wenn die Welt nichts gegen uns persönlich hat und auch nicht ausschließlich von Eigeninteressen geleitet wird, dann können wir ihr eigentlich auch einmal zuhören, wie sie den Friedensprozeß betrachtet, und diese Rückmeldung so nutzen, wie ein Patient die objektive Sicht des Therapeuten nutzen kann. Das ist dem Patienten aber erst dann möglich, wenn er spürt, daß der Therapeut auf seiner Seite steht und nicht gegen ihn ist. Das allein ist schon ein schwieriger Prozeß. Wir haben uns jahrelang daran gewöhnt, die Welt zu ignorieren. Ben Gurion hat gesagt, es spielt keine Rolle, was die Welt sagt. Eine paranoide Persönlichkeit kümmert sich nicht um die Meinung anderer. Sie wird tun, was sie möchte, da die anderen sowieso alle gegen sie sind. Wir sind heute noch nicht in der emotionalen Lage, andere Länder tatsächlich um Rat zu fragen. Wir verharren noch immer in einer Abwehrhaltung und betrachten sie als Gegner. Es ist wahr, daß die meisten Staaten in der Welt die Araber unterstützen, aber uns ist nicht bewußt, wie wir zu dieser Situation beigetragen haben.

Darum haben die Amerikaner recht damit, daß sie einen Schritt hinter uns hergehen, statt einen Schritt voraus. Sie lassen uns das Tempo der Entwicklung bestimmen und vermeiden jede Andeutung von Zwang. Ein paranoider Mensch ist sehr empfindlich gegenüber jeder Spur von Zwang, und er braucht das Gefühl, daß er in seinem eigenen Tempo fortschreiten kann. Das ist für ihn der einzige Weg, seine Deckung langsam fallen zu lassen. Jeglicher Zwang wird bei uns bloß zur gegenteiligen Reaktion führen – wir werden uns hinter unserer Selbstgerechtigkeit verschanzen. Bis zum heutigen Tag betonen wir unseren Wunsch, die Friedensgespräche direkt mit den Arabern zu führen, ohne die Vermittlung der Europäer oder auch der Amerikaner. Die Palästinenser befürworten dagegen eine Vermittlung. Der Friedensprozeß konnte immer nur erfolgreich sein, wenn es keinen Zwang von außen gab. Das gleiche gilt für eine Paartherapie. Der Therapeut weiß, daß die Partner sich gegenseitig verstehen und miteinander auskommen müssen, und daß kein aufoktroyiertes Abkommen Frieden schaffen kann. Daher waren die Amerikaner mit ihrer Hilfe beim Friedensprozeß bisher erfolgreicher als die Europäer. Die Amerikaner haben sich dem Prozeß gegenüber einfühlsamer gezeigt. Sie sind nicht dem Patienten vorausgeeilt und haben ihm gesagt, zu welcher Lösung er schließlich gelangen muß. Ein guter Therapeut weiß, daß man solche Prozesse des Erkennens und Internalisierens nicht abkürzen kann. Es ist wahr, die Europäer haben schon vor Jahren gesagt, daß ein palästinensischer Staat auch im Interesse Israels wäre, aber für uns war die Zeit noch nicht reif, das zu verstehen. Der Therapeut kann während einer Therapie die wahrsten und richtigsten Dinge sagen, sie werden aber wertlos bleiben, wenn sie nicht den Prozeß vorantreiben, dem die Therapie dienen soll; ebenso, wenn sie zu einem falschen Zeitpunkt oder in einem falschen Ton vorgebracht werden. In dem Wachstumsprozeß von Individuen oder von Nationen geht es nicht allein darum, recht zu haben. Gute Eltern wissen das, und wir alle brauchen Eltern, die uns unser eigenes Entwicklungstempo zugestehen.

Die europäischen Länder sollten sich selber fragen, wie es zu ihrer Parteinahme für die Araber gekommen ist, und warum sie manchmal sogar versucht haben, ein Abkommen durchzusetzen. Oder warum sie öffentlich Positionen vertreten haben, die von den Arabern als Unterstützung aufgefaßt wurden, und von uns als Gegnerschaft. Wir wissen, was falsch gelaufen ist: während wir mit unserer Stärke geprotzt haben,

haben die Araber ihre Schwäche in den Vordergrund gestellt. Bis vor kurzem wurde ihr Terrorismus nicht als ernstes Problem betrachtet, sondern nur als schwacher Protest angesichts vom Besatzung und Diskriminierung. Die Araber waren das kleine Kind, das immer zu den Eltern läuft um sich über den bösen älteren Bruder zu beklagen. Es hat Zeit gebraucht – für die Amerikaner weniger, für die Europäer mehr –, bis sie verstanden haben, daß sie besser nicht intervenieren sollten, daß die Eltern sich von dem Weinen des kleinen Bruders und der Arroganz des großen Bruders manipulieren lassen. Die Eltern haben schließlich verstanden, daß es in dieser Situation nicht eine Seite gibt, die eindeutig im Recht ist, und eine, die allein schuldig ist. Sie können die Kinder ermahnen, miteinander auszukommen, sie können ihnen Rat geben und beide mit Liebe behandeln, aber sie können nicht entscheiden, wer recht hat. Die Kinder müssen miteinander leben, also tun sie gut daran, miteinander zu reden und sich zu verstehen. Den Palästinensern ist langsam auch klargeworden, daß es ihnen nicht hilft, wenn die Eltern denken, sie seien im Recht. Die Lösung wird sich nicht mit Hilfe anderer Länder erreichen lassen, sondern nur durch direkte Gespräche mit uns.

In diesem Sinne betrifft unserer Friedensprozeß nicht nur die Araber, sondern die gesamte Welt. Wir sind wie der Paranoiker, der sich nur an den letzten Schlag erinnert, der ihm immer als der schlimmste erscheint. Jetzt sind wir mit unserem Konflikt mit den Arabern beschäftigt, aber wir haben während der gesamten Geschichte Auseinandersetzungen gehabt, haben Pogrome und Holocaust durch andere Völker und Religionen erlitten. Wir sind noch immer nicht in der Lage, aus unserer Geschichte zu lernen. So funktioniert aber die Psychotherapie und auch der Friedensprozeß. Man lernt sich selbst kennen, seine Gefühle und seine Schwächen, und gleichzeitig verbessern sich die Beziehungen zu den anderen.

7. *Die Verleugnung von Aggression und Angst und der Preis, den wir dafür zahlen*

Die Verleugnung der Aggression

Wir sind in dieselbe Falle getappt wie Arafat in Bezug auf die Hamas. Unbewußt wollen weder wir noch Arafat völlig von der Gewalt gegen die andere Seite ablassen. Wir machen Friedenserklärungen, aber wir halten unsere gefährliche und bedrohliche extreme Rechte nicht im Zaum. Die Ermordung Rabins, die uns überrascht hat, hat deutlich werden lassen, was die ganze Zeit existierte, was wir aber nicht sehen wollten: die gewaltige Aggressionsbereitschaft der Rechten gegen die Araber, die sich überraschenderweise gegen uns gerichtet hat. Wir hätten sie ersticken müssen, bevor Rabin ermordet wurde. Sowohl Linke als auch Rechte tragen die Verantwortung, die extreme Rechte einzudämmen. Der tiefere Grund dafür liegt in unserer Identifikation mit ihrer Gewalt gegen die Araber, und in dem unbewußten Wunsch, daß diese schmutzige Arbeit von anderen erledigt wird. Wir kennen diesen Mechanismen von Kindern, die sagen: „Es war der böse Junge in mir, nicht ich.“ Sie spalten ihre eigene Persönlichkeit auf, um sich nicht den Aggressionen stellen zu müssen, die sie in sich haben. Andere Kinder sind sich der Aggressionen, die aus ihnen herauskommen, vielleicht einfach nicht bewußt, so als ob sie nicht zu ihnen gehörten. So verstehen wir, warum es Arafat so schwer fällt, die Hamas und den Terrorismus zu bekämpfen. Auch er ist nicht frei Aggressionen gegen uns, auch wenn sie teilweise unbewußt sind. Selbst wenn Arafat Frieden möchte, dann arbeiten in ihm immer noch machtvolle unbewußte Wünsche, ebenso wie im kollektiven Unbewußten der Palästinenser. Das kann nicht ignoriert werden. Wir müssen verstehen lernen, daß der Einfluß der kleinen rechten jüdischen Minderheit, die in palästinensische Dörfer eindringt und Steine gegen die Fenster wirft, Marktstände zerstört und Selbstjustiz übt, nicht an ihrer Zahl gemessen werden kann. Er muß an den Trieben gemessen werden, die sie repräsentieren, und die gezügelt und unter Kontrolle gebracht werden müssen. Diese impulsiven Regungen existieren in jedem von uns! Ein hartes Vorgehen der Regierung in dieser Hinsicht würde die Botschaft vermitteln, daß die aggressiven Regungen erstickt werden sollen und die Ordnung durchgesetzt wird. Diese Ordnung wird uns allen helfen, uns zu mäßigen. Denn die impulsiven Ausbrüche verletzen nicht nur die Araber und schaden dem Friedensprozeß, sondern sie kommen wie ein Bumerang zurück und versetzen uns selbst in Schrecken. Wir wissen, wie ängstlich ein aggressives Kind sein kann, das in alle Richtungen um sich schlägt und nicht zur Ruhe kommt. Wir erklären den Eltern immer wieder, daß eine feste Ordnung und klare Grenzen einem Kind Sicherheit geben. Wir benötigen Eltern – oder einen Ministerpräsidenten –, die Verantwortung für das Kind übernehmen und ihm Grenzen setzen, und keine, die heimlich mit der Gewalt sympathisieren und sagen: „Ich habe weder gesehen noch gehört, was passiert ist." Die Bedeutung der Eindämmung unserer extremistischen Rechten ist kaum zu überschätzen in einem Friedensprozeß, der Integration, Zügelung der Triebe und die Anerkennung des anderen verlangt. Das bedeutet es, wenn wir davon reden, uns selbst zum Frieden zu erziehen.

Die Aggressionen gegenüber den Palästinensern existieren in der Linken und in der Rechten in verschiedenen Formen. Die Rechten, die eine geringere Neigung aufweisen, ihre Triebe zu unterdrücken, und die auch gegenüber den palästinensischen Aggressionen weniger blind sind, arbeiten offener mit der extremen Rechten zusammen. Die Zusammenarbeit der Linken verläuft dagegen subtiler. Die Rechten bezeichnen die Linken manchmal als „Gutmenschen", weil sie spüren, daß die Linken nicht aufrichtig sind. Diese Unaufrichtigkeit besteht in der Unterdrückung ihrer Impulse. Daher verleugnen die Linken auch die palästinensische Gewalt gegen uns, genauso wie sie ihre eigenen Aggressionen den Palästinensern gegenüber unterdrücken.

Ich bin mir sicher, daß unsere Forderung an Arafat, den Terrorismus zu bekämpfen, anders aufgenommen würde, wenn wir eine größere Entschlossenheit zeigten, unsere eigenen aggressiven Impulse zu zügeln. In diesem Kontext können wir auch die Äußerungen von Leuten wie Benny Begin verstehen, der sagte, daß Arafat die Hamas und den Terrorismus gar nicht ernsthaft bekämpfen wolle. Aus dem Gesamtbild Arafats und der palästinensischen Führung, das aus vielen Facetten besteht, wählen Leute wie Begin den Aspekt, den sie sehen wollen: die Aggressionen. Sie vergessen dabei, daß wir uns in genau derselben Situation befinden und die andere Seite uns vorwirft, daß wir die Siedler und die extreme Rechte nicht im Zaum halten. Das Fehlen einer klaren Entschlossenheit, selbst nach der Ermordung Rabins, die volle Härte des Gesetzes auf die extreme Rechte anzuwenden, zeigt, daß hier der Faktor des Unbewußten im Spiel ist, der sich nur schwer kontrollieren lässt. Sonst fiele es uns leichter, unsere Autorität zu beweisen. Auch unser Generalstaatsanwalt hat, wie wir alle, ein Unbewußtes. Er hätte schon vor Rabins Ermordung, und erst recht danach, einsehen müssen, daß er sich nicht hinter den Floskeln von freier Meinungsäußerung und Demokratie verstecken kann, weil es sich um Gewalt handelt, der wir stillschweigend Vorschub leisten.

Wenn wir die extremen Rechten den Präsidenten als Verräter beschimpfen lassen, oder wenn wir zulassen, daß das Grab von Baruch Goldstein, der in Hebron Palästinenser massakriert hat, zu einem Wallfahrtsort wird, dann müssen wir therapeutische Methoden anwenden, um herauszufinden, ob wir das aus einer humanistischen Position heraus zulassen, die anderen freie Meinungsäußerung zusichert, oder ob wir uns mit dem Aggressor identifizieren, und wir davor zurückscheuen, ihn zu bekämpfen, weil wir ihm im Geheimen zustimmen. Die Antwort kann nur gefunden werden, wenn wir in unser Herz schauen und uns aufrichtig prüfen. Verhalten wir uns nicht wie Eltern, die insgeheim lächeln, wenn sie sehen, wie ihr Kind anderen gegenüber aggressiv wird, weil sie es entweder gutheißen oder die Auseinandersetzung mit ihm scheuen? Die Eltern, die keine klaren Grenzen setzen, müssen sich fragen, wie sie in der eigenen Familie mit solchen Dingen umgehen. Aber dazu müssen sie sich erst einmal mit sich selbst auseinandersetzen.

Wenn ein Mensch wirklich ehrlich mit sich selbst ist, dann fällt ihm vielleicht auf, wie schnell dieses verzeihende, nur allzumenschliche Lächeln aus dem Unbewußten auftaucht, das sagen will: „Die Araber haben es verdient, ihnen muß eine Lektion erteilt werden." Und dann freut man sich über einen verletzten Palästinenser. Diese aggressiven Triebe existieren in jedem von uns und reagieren auf unser eigenes ständiges Verletztwerden. Vor diesem Hintergrund wird unsere heimliche Kollaboration mit der Gewalt der extremen Rechten und unsere Schwierigkeit, sie einzudämmen, verständlich.

Sowohl die Hamas als auch unsere extreme Rechte stellen eine reale Gefahr für den Friedensprozeß dar. Und sowohl Arafat als auch wir haben das noch nicht begriffen. Wir haben nicht begriffen, daß auf jeder Seite unterdrückte Aggressionen gegen den anderen existieren, und daß die Extremisten auf beiden Seiten lediglich der offene Ausdruck dafür sind. Die Extremisten einzudämmen bedeutet, die extremen emotionalen Elemente in der Seele jedes einzelnen einzudämmen. Diese Tragweite der Bekämpfung von Terrorismus und Gewalt wurde von beiden Seiten bisher nicht verstanden. Wenn der Justizminister sagt, die extremistische Rechte wäre nur eine kleine Randgruppe, die mehr in den Medien als in der Realität existiert, dann ignoriert er die extremistischen emotionalen Elemente, die es auch während des Friedensprozesses in jedem von uns gibt – das Element der Gewalt, das zumeist unbewußt ist.

Die ungeheure Gewalt der extremistischen Rechten gegen die Araber hat sich schließlich gegen uns selbst gerichtet. Die Ermordung Rabins sollte den letzten Zweifel daran beseitigen, wie eng die Verbindung zwischen unserer Behandlung der Palästinenser und der Gewalt bei uns im Lande ist. Die Psychologie lehrt, daß Gewalt, die andere verletzen kann, auch gegen einen selbst wirkt und sogar bis zum Selbstmord führen kann. Dieselbe Gewalt wird zu unterschiedlichen Zeiten in unterschiedliche Richtungen gelenkt. Jetzt bietet sich uns die Gelegenheit, das wachsende Ausmaß der Gewalt in Israel zu beobachten. Die Verleugnung unserer Aggressionen gegen andere fällt auf uns zurück. Ich spreche von der Ignoranz, wenn die Kinder mit Messern in die Schule gehen und es niemand sehen will.

Es ist nicht die Besatzung selbst und die Kontrolle über die Palästinenser, die uns korrumpiert und das Niveau der Gewalt in unserem Land erhöht. Die Aspekte der Besatzung, die unserer Selbstverteidigung und unserem Sicherheitsbedürfnis entspringen, wirken sich überhaupt nicht verderblich aus. Das sind sehr wichtige Aspekte, die Gewalt verhindern wollen. Wir wissen, daß eine Opferhaltung Gewalt provozieren kann, während ein entschlossenes Vorgehen gegen Gewaltbereitschaft ihren Ausbruch verhindern kann. Die emotionalen Aspekte der Besatzung jedoch, die die Palästinenser verletzen und erniedrigen, die ihre Menschlichkeit verleugnen, das sind die Aspekte, die auf uns zurückfallen und uns schaden. Die Existenz des anderen zu verleugnen und zu mißachten ist eine Form von Gewalt, die keine Grenzen kennt. Wir befinden uns auf einer emotionalen Entwicklungsstufe, auf der es uns schwerfällt, aufrichtig zu beurteilen, wo unsere Selbstverteidigung aufhört und unsere Aggressionen beginnen. Wir sind das Problemkind in der Familie der Nationen, das mit beträchtlichen emotionalen Problemen aufgewachsen ist. Es hat schwere Zeiten durchgemacht und benötigt eine lange Therapie, um eine innere Ordnung herzustellen und seine Probleme zu bewältigen. Hier bietet sich die Gelegenheit anzumerken, daß auch die anderen Geschwister in der Familie dafür Verantwortung tragen, was hier passiert. Die ganze Familie hat die emotionale und moralische Verantwortung, sowohl uns als auch den Palästinensern zu helfen.

Doch zurück zu unserer eigenen Verantwortung. Laut Definition zeichnet sich eine psychopathologische Persönlichkeit dadurch aus, daß sie nicht in der Lage ist, sich mit dem anderen zu identifizieren und seinen Schmerz wahrzunehmen. Es mag uns unangenehm sein, aber unsere Haltung in Bezug auf die Palästinenser erfüllt diese Definition hinreichend. Jahrelang haben wir als Nation alles getan, um ihre Existenz und ihren Schmerz zu ignorieren. Es stellt sich unserer Nation jetzt die Aufgabe, zwischen Selbstverteidigung und Aggression unterscheiden zu lernen. Dasselbe wird von einem Kind während seines Wachstumsprozesses gefordert. Natürlich hat die Welt bisher noch kein Mittel gefunden, Jugendliche großzuziehen, ohne daß es zu Äußerungen von Gewalt kommt. Die Fähigkeit des Jugendlichen, seinem Zorn Ausdruck zu geben, nachdem er all die Jahre seiner Kindheit unter der Kontrolle seiner Eltern gestanden hat, ist ein wichtiger Entwicklungsschritt, der notwendig ist, damit der Jugendliche Unabhängigkeit und Selbstvertrauen erlangen kann. Später erwartet man von einem Jugendlichen aber, daß er unterschiedliche Bedürfnisse und Emotionen integrieren und seine Aggression unter Kontrolle halten kann. Unsere Nation hat die palästinensischen Flüchtlinge vertrieben. Es ist nur schwer vollstellbar, wie wir ohne diesen Akt der Gewalt dastehen würden. Er hat uns die Unabhängigkeit und einen Staat mit jüdischer Bevölkerungsmehrheit eingebracht. Wir haben damals keine andere Wahl gehabt. Viele Staaten haben auf ihrem Weg zu Unabhängigkeit und Konsolidierung Akte der Gewalt erlebt. Aber was bei einem Jugendlichen oder während eines Wachstumsprozesses noch hinnehmbar ist, verbietet sich für einen Erwachsenen oder für einen Staat, der bereits unabhängig ist.

Wenn wir die Gewalt der extremen Rechten verleugnen und sie nicht eindämmen, dann vermitteln wir unseren Kindern damit unbewußt die Botschaft, der Gewalt gegenüber blind zu sein, und das wirkt sich mit Sicherheit auf unsere Gesellschaft aus. Äußerungen wie: „In manchen Fällen ist es erlaubt", werden ohne Zweifel auf unsere inneren Probleme übertragen und die Gewalt breitet sich aus. Ein Patient verhält sich in der Therapie nicht anders als im Alltag. Wenn ein Patient sich einer bestimmten Person gegenüber aggressiv verhält, dann können wir davon ausgehen, daß er sich auch sonst ähnlich problematisch verhält. Ein anderer Vergleich wären die Eltern, die ihrem Kind in der Schule und außerhalb ihres Hauses alles durchgehen lassen und dann erwarten, daß es sich bei ihnen zu Hause anständig verhält. Unsere Aggressionen, die sich in einem späteren Stadium gegen uns richten werden, äußern sich, wenn wir Araber schlagen, sie an den Straßensperren und Kontrollpunkten demütigen und herablassend behandeln, selbst wenn es unbewußt ist. Wir lassen sie in langen Schlangen warten, ignorieren ihren Bedarf an Wasser- und Stromversorgung, wir verhängen lange Ausgangssperren mit der Bemerkung: „Was macht es schon, wenn bei ihnen mal die Schule ausfällt?" Wer von uns ehrlich ist, der gibt zu, daß auch er insgeheim manchmal so etwas denkt.

Es ist nicht die Gewaltanwendung selbst, die korrumpiert, sondern unsere unterdrückten Triebe, die hervorbrechen, wenn sich ihnen eine Gelegenheit bietet. Wenn Aggressionen sich ungezügelt Bahn brechen können, dann ist es nicht klar, welche Richtung sie einschlagen werden. Die Verletzung von Menschenrechten in den besetzten Gebieten sind ausgelebte Aggressionen, die zu uns zurückkommen und uns heimsuchen werden. Wenn ein Soldat von seinem Vorgesetzten die stillschweigende Einwilligung – durch Wegschauen – dazu bekommt, die Palästinenser roh und mit Verachtung zu kontrollieren, dann wird er diese ungezügelte Aggression mit in sein Privatleben tragen. Unsere Behandlung der israelischen Araber war seit der Gründung des Staates Israel ohne Zweifel von Aggressivität geprägt. Der jüdischen Öffentlichkeit gelten sie weniger als Menschen. Es gibt eine direkte Verbindung zwischen unserer Haltung gegenüber den Arabern und der Gewalt in unserem Alltag. Daher sind die Menschen in unserem Land, die sich für die Menschenrechte einsetzen, sehr wichtig, denn sie tun etwas für die Verhinderung von Gewalt. Die Entscheidung des höchsten Gerichts über das Verbot von Folter ist eine indirekte und teils unbewußte Botschaft an die Bevölkerung, daß es für uns notwendig ist, unsere Triebe unter Kontrolle zu halten, auch in Situationen, in denen es uns sehr schwerfällt. Die Ächtung der Todesstrafe ist ebenfalls eine positive Botschaft, die teils unbewußt vermittelt wird, und die Zurückhaltung und die Vermeidung von Gewaltanwendung lehrt. Fehlende Rechte für Homosexuelle, Behinderte, Zurückgebliebene, Gefangene – all das ist Ausdruck von interner Gewalt, und sie kann niemals völlig getrennt von der Gewalt betrachtet werden, die wir nach außen ausüben. Sie ist ihr Spiegelbild. Das gilt für das Leben eines Individuums und das gilt auch für eine Nation. Die Depression, nach innen gerichtete Grausamkeit, und die Aggression gegen andere sind Zwillinge. Mal sieht man die eine am Werk, mal die andere. Ein Elternteil, daß dem Kind erlaubt, das andere Elternteil, die Geschwister oder einen Spielkameraden grob zu behandeln, kann nicht erwarten, daß das Kind mit seinem schlechten Benehmen dort haltmacht. Eines Tages wird es auf die Eltern zurückfallen. Diesen Preis zahlen Eltern dafür, daß sie die Aggressionen des Kindes ignorieren. Und das gilt auf der Ebene der Familie genauso wie auf der Ebene eines Staates.

Die Verleugnung der Angst

Wir verleugnen auch unsere Angst. Die Angst vor der Gewalt, die sich nicht mehr nur nach außen richtet, sondern auch nach innen. Es ist wie bei einem Schulkind, daß seine Klassenkameraden beschützt, aber die Kinder der anderen Klassen verprügelt. Langsam bekommen seine eigenen Klassenkameraden vor ihm Angst, weil jeder die Gewalt sehen kann, die er gegen andere ausübt, angeblich zu ihrer Verteidigung. Sie wissen, früher oder später werden auch sie Opfer dieser Gewalt. Ein guter Lehrer wird dem daher so früh wie möglich Einhalt gebieten. Wir wissen, wie schwer es den Kindern fällt, um Hilfe zu bitten, ihre Angst einzugestehen, und wie ihr Schweigen den Terror und die Gewalt an unseren Schulen begünstigt und fördert. Die Schulklasse steht hier natürlich für unser Land, und das schwierige Kind sind die Extremisten. Der Vergleich soll zeigen, wie wichtig es für die Bevölkerung ist, ihre Angst einzugestehen. Wir haben vor den Siedlern Angst, die verkünden, daß es zu einer Katastrophe kommt, wenn jemand versucht, ihre Siedlungen zu räumen. Wir haben Angst, daß ein weiterer israelischer Ministerpräsident ermordet wird. Tatsächlich haben die meisten von uns Angst, manche mehr und manche weniger bewußt.

Welche Auswirkungen hat Gewalt auf das politische

System? Manche behaupten, es gäbe keine Gewalt, andere sagen, es gibt Gewalt, aber sie beeinflußt weder die öffentliche Meinung noch das Wahlverhalten des einzelnen. Schließlich wird in geheimer Wahl abgestimmt und niemand sieht, wem man seine Stimme gibt. Daher braucht man keine Angst zu haben. Und doch spielt Angst für viele von uns eine entscheidende Rolle bei der politischen Meinungsbildung und der Wahlentscheidung. Es gibt eine große linke Bevölkerungsgruppe, die Angst davor hat, sich einer Menge protestierender Rechter entgegenzustellen. Sie geht ihr aus dem Weg. Diese Leute sind nicht einfach unentschlossen, sie haben Angst. Es ist nicht leicht für sie, sich den protestierenden extremen Rechten in den Weg zu stellen und durch den Lärm, den sie machen, zu ihnen mit ihrer Botschaft durchzudringen. Die schreiende und tobende Menge, die uns auf die Ebene der Triebe und der Regression führt, weiß zweifelsohne, was sie tut, bewußt oder unbewußt. Durch ihr Geschrei bringt sie tatsächlich einige dazu, sich ihrer Meinung anzuschließen. So ist die extreme Rechte zur Regierungszeit von Rabin vorgegangen. Die Erziehung eines Kindes basiert in erster Linie auf Angst vor Strafe. Das ist der stärkste Beweggrund, den Eltern zu gehorchen. Dadurch kontrollieren die Eltern das Kind, selbst in ihrer Abwesenheit. Und so werden einige von uns auch in der Wahlkabine kontrolliert. Angst läßt viele Menschen in die Richtung denken, die für den, von dem die Bedrohung ausgeht, wünschenswert ist.

Angst kann auch verborgenen Widerstand auslösen, wenn Eltern ein Kind zum Beispiel zu etwas drängen, was es nicht will. Aber nicht jeder vermag gegen eine strenge Autoritätsperson zu rebellieren. Die Identifikation mit dem Aggressor ist dagegen ein stark ausgeprägter Schutzmechanismus. Als Kinder haben wir uns oft mit den bedrohlichen und zornigen Eltern identifiziert und sie so gerechtfertigt. So wie die Israeliten am Berg Sinai zur allerhöchsten Autoritätsperson gesagt haben: „Alles, was der HERR gesagt hat, wollen wir tun und darauf hören.“[7] Erst tun, und dann hören und verstehen, was

7 2. Mos 24,7

wir getan haben. So beeinflußt uns die Angst. Es ist die Wahrheit, daß Schreien und Einschüchterungen einige Leute beeinflußt, das läßt sich nicht leugnen. Angst treibt manche Menschen dazu, sich lieber dem Aggressor anzuschließen, bevor sie sich unter den Opfern wiederfinden. Wir hören Politiker häufig sagen: „Wir lassen uns nicht einschüchtern." Wenn jemand immer wieder sagt, daß er keine Angst hat und sich nicht einschüchtern läßt, dann läßt sich daraus schließen, daß er damit ein Problem hat.

Angst spielt eine zentrale Rolle bei der Meinungsbildung. In dieser Hinsicht gibt es jedoch Unterschiede zwischen den Rechten und den Linken. Die Rechten geben ihren Trieben und Ängsten offener Ausdruck als die Linken, und sie verwenden dazu eine dramatischere Sprache, wie ich noch erläutern werde. Die Linken unterdrücken ihre Triebe und Ängste, aber diese beeinflussen dennoch ihre Ansichten. In den meisten Fällen ist dieser Einfluß unbewußter Natur.

Viele Menschen, besonders Erwachsene, schämen sich, Angst einzugestehen. Sie scheuen sich nicht nur davor, weil sie einen Gesichtsverlust fürchten. Der tiefere Grund ist, daß wir in unserem Herzen wissen, daß Angst uns beeinflußt und kontrolliert. Angst läßt uns anders denken. Der Beweis dafür sind totalitäre Regime, deren Bürger sich mit dem Staat identifizieren und alle anderen Gedanken und Gefühle unterdrücken, bis sie unbewußt werden. In solchen Regimen wählen die Leute unter dem Eindruck ihrer Angst, die sie sich nicht eingestehen, selbst bei geheimen Wahlen.

Rabin wurde während einer Demonstration ermordet, die unter dem Motto stand: „Ja zum Frieden, nein zur Gewalt!" Das ist ein weiteres Beispiel dafür, warum es im kollektiven Unbewußten unserer Nation sehr gefährlich ist, an unseren Überzeugungen festzuhalten, denn es kann stets böse enden. Und was ist ein paar Jahre später von dem Attentat zurückgeblieben? Es ist weniger von einem Täter und einem Opfer die Rede als von einem unvermeintlichen Schicksalsschlag. Mit anderen Worten, wir haben die Gewalttat, die stattgefunden hat, verdrängt, damit wir uns nicht mit der Bedrohung und der Angst in unserem Inneren auseinandersetzen müssen.

Plötzlich fingen die Leute an zu sagen: „Rabin ist gestorben", statt „Rabin wurde ermordet". Wenn Rabin einfach nur gestorben ist, dann können wir entspannter und beruhigter sein. Von dieser Verdrängung der Aggression ist es nicht weit zur Identifikation mit dem Aggressor und zu dem Gedanken, daß das Opfer sein Schicksal selbst provoziert hat. Auf diese Weise urteilen manche Leute über Frauen, die Opfer einer Vergewaltigung geworden sind. Insgeheim denken sie, die Frau hat es selber so gewollt. Und manche Frauen wehren sich nicht gegen diesen Vorwurf, weil sie sich schuldig fühlen. So rechtfertigen mißhandelte Kinder auch ihre Eltern. Sie identifizieren sich mit ihren Peinigern. Von dieser Einstellung ist es nicht weit zu der Behauptung, Rabin habe sein Schicksal selbst provoziert.

Menschen mit einem schwachen Ego neigen dazu, sich den Starken und den Gewinnern anzuschließen, und nicht, Gott bewahre, den Schwachen und den Verlierern. Als Netanjahu im Wahlkampf von 1999 den Slogan „ein starker Ministerpräsident für ein starkes Volk" benutzt hat, wollte er damit die emotionalen Seiten der Bevölkerung ansprechen, die sich mit der Macht indentifizieren. Er zählte auf den wohlbekannten emotionalen Mechanismus, der uns die Angst unterdrücken und mit dem Aggressor identifizieren läßt, um der Bedrohung zu entkommen. Es ist kein Zufall, daß Fußballmannschaften durch lautstarke Rufe angefeuert werden. Die Kraft und die Begeisterung stärkt uns, auch wenn viele, besonders von den Linken, nicht zugeben wollen, daß diese Mittel der Überzeugung sehr wirkungsvoll sein können. Leute, die sich nicht trauen, Aufkleber für den Frieden an ihrem Auto zu befestigen, weil sie Beschädigungen am Fahrzeug fürchten, kennen diese Macht. Der Sieg der Rechten bei den Wahlen von 1996, die der Ermordung Rabins folgten, kann teilweise als unbewußte Indentifikation der Bevölkerung mit dem Attentäter, und nicht mit seinem Opfer, interpretiert werden. Auf jeden Fall gab es keine überwältigende Identifikation mit dem Opfer, so wie es die Linke erhofft hatte. Als die Linke sagte: „Mit dem Überbringer der Botschaft wurde auch die Botschaft getötet", drückte sie dadurch ihr Gefühl aus, doppelt bestraft worden zu sein. Die doppelte Strafe war die Indentifikation der Mehrheit mit dem Attentäter, wie bei einer vergewaltigten Frau, die später für schuldig befunden wird. Die verwundete Linke erwies sich als Verlierer, während die angreifende Rechte der Gewinner war. In so einer Lage fällt es schwer, sich seine Angst einzugestehen und gegen die Gewalt aufzustehen.

Es ist keine Frage, daß die extremistische Rechte lauter klingt und größer aussieht als sie wirklich ist. Sie zieht uns in ihre Welt hinein, einer Welt voller Existenzängste und Bedrohungen. Wir würden lieber in unserer depressiven Welt verharren, aber sie ziehen uns mit ihrem Geschrei zurück. Es fällt einem Menschen mit depressiver Haltung schwer, „ich fürchte mich" zu sagen, und seine unterdrückten Existenzängste wahrzunehmen. Er neigt dazu, seine Aggressionen gegen sich selbst zu richten. Er vergißt, daß er einst bedroht gewesen war und die Verantwortung dafür auf sich geladen hat, nämlich in Form der Depression. Er ist scheinbar immun gegen Angst und Bedrohung, da er sich selbst gegenüber grausamer ist als andere. Aber wie gesagt, daß ist nur ein Schutzmechanismus gegen die Angst.

Ein Politiker, der öffentlich zugibt, daß er Angst vor der Gewalt verspürt, würde dem Volk einen besseren Dienst erweisen, als wenn er es leugnete. Er sollte sich nicht dafür schämen, Angst zu haben. So könnte eine Diskussion über die Angst und über den Terror der extremistischen Rechten begonnen werden. Genau so ist es in der Therapie: Der erste Schritt, sich einem Problem zu stellen, besteht darin, darüber zu sprechen. Wir müssen die Gefühle erkennen, die uns kontrollieren, ohne daß wir es wissen. Wenn wir ein Gefühl anerkennen und es nicht verleugnen, dann verliert es die Macht über uns, und wir gewinnen die Kontrolle wieder. Die Angst zuzugeben ist der erste Schritt dahin, sich ihr nicht zu unterwerfen. Die Angst zu verleugnen, was so typisch für die Haltung vieler Linken ist, fördert diese Unterwerfung.

Wenn unsere Bevölkerung eine offene Diskussion über ihre Ängste führt, was die Bewohner der Golanhöhen oder die extremistischen Siedler im Falle einer Räumung alles tun könnten, dann würden wir dem ins Auge sehen können, und unsere Vorgehensweise wäre nicht von der Furcht diktiert. Wenn unser Ministerpräsident in der jetzigen Situation sagt, daß er die Sorgen der Siedler verstehen könne, dann wissen wir nicht, ob er wirklich Verständnis hat, was ein wichtiger emotionaler Akt wäre, oder ob er nur aus Furcht so spricht, was eine ganz andere Motivation darstellt. Damit gibt er ihnen ein größeres Gewicht, als ihnen in der Bevölkerung zukommt.

Indem die Bevölkerung davor scheut, ihre Angst einzugestehen, hilft sie stillschweigend dabei mit, die Gewalt der extremistischen Rechten zu verleugnen. Angst und Gewalt sind zwei Seiten einer Medaille, und wir ignorieren beide. Der stillschweigende Konsens lautet, daß es die Privatsache jedes einzelnen ist und daß darüber nicht geredet wird. Es fehlt das kollektive Eingeständnis der Bevölkerung, daß sie seit der Ermordung Rabins ängstlicher geworden ist. Es ist sehr gut möglich, daß den rechten Extremisten wegen ihrer Gewalt und der Bedrohung, die sie darstellen, so viel Aufmerksamkeit geschenkt wird. Es ist sicher kein Zufall, daß man sie bisher nicht vor Gericht zur Verantwortung gezogen hat. Ist ihre große Medienpräsenz nicht ein Akt der Abwehr, der Verkehrung, mit dem wir ihnen wegen unserer unterdrückten Angst Macht geben? Nicht zufällig erhalten sie mehr Aufmerksamkeit als die Armen in unserer Gesellschaft und nehmen auch in unserem Bewußtsein mehr Platz ein als diese. Verständige Lehrer werden dem Störenfried in der Klasse nicht allzuviel Aufmerksamkeit schenken. Sie wissen, daß ihnen vielleicht Ärger bevorsteht, aber sie können damit umgehen und werden ihn nicht alle mit hineinziehen lassen.

8. Ist unsere Wahrnehmung der Realität zuverlässig?

Wenn uns ein Patient erzählt, daß er immer wieder überrascht wird und es nicht versteht, warum ihm Sachen zustoßen, wenn er uns von Schicksalsschlägen aus heiterem Himmel berichtet, ohne jegliche Vorwarnung, dann versuchen wir ihm verstehen zu helfen, wie das geschehen kann. Wir zeigen ihm, was er sich zu sehen weigert und was für die wiederholten unliebsamen Überraschungen verantwortlich ist. In diesem Kapitel wollen wir untersuchen, ob wir eine gestörte Wahrnehmung haben, und wenn, welche emotionalen Gründe es dafür gibt.

Der Jom-Kippur-Krieg ereignete sich nach dem überwältigenden Sieg des Sechstagekriegs. Es war viel von dem Machtrausch die Rede, den wir erlebten, von der Euphorie des militärischen Sieges und dem Gefühl, wir könnten alles vollbringen und wären unschlagbar. Die verschiedenen Untersuchungskommisionen hatten sicher ihre Berechtigung, ich denke jedoch, es ist nicht weniger wichtig, die emotionalen Hintergründe solcher Katastrophen zu verstehen. Die Euphorie, die durch den Jom-Kippur-Krieg zusammenbrach, war nichts weiter als ein Schutz vor den gegenteiligen Gefühlen, die wir kräftig unterdrückten. Binnen sechs Tagen änderte sich unsere Gefühlslage von massiver Existenzangst zu extremer Euphorie. Das Ende war vorhersagbar. Wir sind wie ein unsicheres Kind, das sich aufbläst und protzt, bis ihm jemand die Luft rausläßt und es wieder auf den Boden holt. Die verletzende und beleidigende Arroganz provoziert die anderen zum Angriff, weil sie den Gegner demütigt und ihm keine andere Wahl läßt als sich zur Wehr zu setzen.

Unsere Geschichte ist tragisch. Ein Haufen Flüchtlinge aus vielen Ländern hat sich gesammelt, um seinen eigenen Staat zu gründen. Dann haben die Flüchtlinge viele der Palästinenser, die dort lebten, vertrieben und selbst zu Flüchtlingen gemacht. Es fällt einem Flüchtling, der um sein Leben kämpft, nicht leicht, das Leiden zu erkennen, das er seinem Feind zufügt, wenn er ihn vertreibt. *Ohne darüber richten zu wollen, wer recht und wer unrecht hat, sollten wir das Leid anerkennen, das wir verursacht haben, und dafür die Verantwortung übernehmen und versuchen, so gut zu helfen, wie wir können.* Ich wiederhole noch einmal, das Leid der anderen anzuerkennen ist eine emotionale Haltung, es hat nichts mit bestimmten Handlungen zu tun. Dieser Punkt bedarf der Klärung. Handlungen müssen aus dem Verständnis einer emotionalen Haltung heraus erfolgen, aber sie müssen auch realistisch sein.

Das Leid der Flüchtlinge und unseren Anteil daran anzuerkennen muß nicht notwendigerweise zu der Kondequenz führen, daß wir sie alle wieder nach Israel zurücklassen und dadurch Selbstmord begehen. Wir haben verschiedene Möglichkeiten, ihr Leid und unser gemeinsames Schicksal anzuerkennen. Selbst Worte des Verständnisses haben ihren Nutzen, wenn sie die Mißachtung und die wütenden Äußerungen ersetzen, die ihnen selbst die Schuld an ihrem Schicksal zuschreiben. Es besteht auch die Möglichkeit von Reparationszahlungen, selbst wenn wir emotional noch nicht so weit sind, sie in Betracht zu ziehen. Ich persönlich habe Jahre gebraucht, um das Flüchtlingsproblem anzuerkennen und zu verstehen. Ich bin in den fünfzig Jahren in Tel Aviv aufgewachsen und kann mich an keine ernsthafte oder tiefergehende Diskussion in der Schule, in den Medien oder zu Hause erinnern, die mir geholfen hätte, das Problem und die damit verbundenen aufgewühlten Gefühle zu verstehen. Jahrelang galt der Terrorismus der Palästinenser bloß als weiterer Beleg dafür, daß sie uns vernichten wollen. Das trifft teilweise sicher auch zu, aber nach wie vor tun wir uns schwer, ihn mit der Frustration und dem Zorn der Palästinenser in Verbindung zu bringen. Wir haben das Flüchtlingsproblem lange Zeit verleugnet und unterdrückt, weil wir emotional damit nicht umzugehen vermochten. Und die Unterdrückung von Emotionen führt zu einer gestörten Wahrnehmung der Realität, weil wir dadurch wichtige Informationen ignorieren. Wir fühlen uns bedroht, verfolgt und im Recht, wie können wir aus dieser Haltung heraus den Schmerz der anderen verstehen? Das ist das Dilemma einer paranoiden Persönlichkeit, die tatsächlich in einer bedrohlichen Umgebung aufgewachsen ist und jetzt Schwierigkeiten hat, sich an die weniger bedrohliche Realität anzupassen. Die wiederholten Schicksalsschläge, für die der Paranoide keine Ursache erkennt, sind der Preis für seine verzerrte Wahrnehmung der Wirklichkeit. Sein gestörtes Denken hindert ihn daran, den anderen so zu sehen, wie er ist, und verführt ihn dazu, emotionale Informationen zu ignorieren und zu unterdrücken, die so wichtig dafür sind, das ganze Bild zu erkennen.

In den Jahren bis 1967 konnten wir mit Sicherheit davon ausgehen, daß die Araber die Option, uns mit Gewalt zu vernichten, nicht aufgegeben hatten. Wir waren nicht paranoid, wir waren sehr realistisch. Wir wußten, daß nur unsere starken Streitkräfte unsere Existenz sichern konnten, und wir hatten recht mit unserer Einschätzung der Realität. Die moralische Frage spielte bei unseren Beziehungen zu den Arabern keine Rolle. Rechte und Linke waren sich darüber einig, daß wir um unser Überleben kämpften. Man kann von jemandem, der ums Überleben kämpft, nicht verlangen, Verständnis für den Gegner aufzubringen, der ihn vernichten will. Obwohl uns das in unserem Fall den Jom-Kippur-Krieg erspart hätte. Die Verwandlung von verzweifelter Angst zu Allmachtsgefühlen innerhalb von nur sechs Tagen ist eindeutig pathologisch, in dem Sinne, daß die Realität verzerrt wird, indem man glaubt, daß jetzt alle Schwierigkeiten vorbei wären. Der Sechstagekrieg war der Höhepunkt der Unterdrückung unserer Existenzängste, und er war auch der Höhepunkt unserer gestörten Wahrnehmung. Später hat Sadat den Jom-Kippur-Krieg als großen Sieg bezeichnet, der den Frieden möglich gemacht hat. Er mußte seine Ehre nach der Niederlage von 1967 erst wiederherstellen, bevor er bereit war, Frieden zu schließen. Er konnte nur aus einer Position der Stärke heraus Frieden schließen und nicht aus einer Position der Demütigung und Niederlage. Aber wer von uns konnte sich in der Hochstimmung nach dem Sechstagekrieg über die emotionalen Bedürfnisse des Feindes Gedanken machen, was für eine korrekte Wahrnehmnug der Realität unverzichtbar ist? Golda Meir hat gesagt, daß der Jom-Kippur-Krieg unser Leben trauriger gemacht hat. Wir haben auf einmal tief in uns begriffen, daß es zwei Seiten gibt, daß wir nicht allein sind, und daß wir nicht allmächtig sind. Wie es aber bei paranoiden Persönlichkeiten manchmal der Fall ist, die die Anerkennung des anderen massiv unterdrücken, reicht ein Schicksalsschlag nicht immer aus, mag er auch noch so hart sein, um die unterdrückten Emotionen an die Oberfläche zu lassen und eine Integration der unterschiedlichen Aspekte der Persönlichkeit zu erreichen.

Was ist es also, das wir so stark verdrängen? Wir unterdrücken, daß unsere gesamte Existenz nur ein Schwindel ist, daß wir von geborgter Zeit leben, daß unser Traum mit uns verschwinden wird, daß unsere eigentliche Schwäche ans Tageslicht kommt und daß das unser Ende sein wird. Wir werden den Syrern die Golanhöhen überlassen, wir werden einen eigenständigen palästinensischen Staat akzeptieren, es werden eine Million Araber innerhalb der israelischen Grenzen leben, unser Land wird zersplittert sein – was bleibt uns also noch? Ich gestehe, diese Art zu Denken läßt mich erschaudern. Wir müssen dieses „Schaudern" erst einmal akzeptieren, damit wir prüfen können, ob es gerechtfertigt ist. Manche behaupten, Israel existiere nur unter der Vorraussetzung weiter, daß „alles beim alten bleibt". Diese Schlußfolgerung geht davon aus, daß wir morgen existieren werden, weil wir auch gestern und vorgestern existiert haben. Mit anderen Worten, unsere Existenz kommt uns eigentlich wie ein Wunder vor, und der einzige Beweis für eine mögliche zukünftige Existenz ist, daß sie auch in der Vergangenheit möglich gewesen war. Unser Erschaudern ist ein Anzeichen dafür, daß wir Dinge unterdrücken und nicht sehen wollen. Unsere Ängste bedürfen, wie in einer Therapie, der Akzeptanz und der Integration, damit sie nicht zu unerwünschten Handlungen führen: Akte der Gewalt gegen andere, aus Ängsten heraus, mit denen das Individuen oder ein Volk nicht zurechtkommt. Das ist unsere Geschichte in Kurzfassung, und hier liegt der

Grund, daß wir eine verzerrte Wahrnehmung der Wirklichkeit haben.

Der zweite schwere Schicksalschlag, der uns heimgesucht hat, war die Intifada. Da hat sich erneut unsere gestörte Wahrnehmung gezeigt und wir haben den Preis dafür bezahlt. Wir haben gedacht, wir könnten ein anderes Volk unter unsere Besatzung zwingen und es würde nicht dagegen rebellieren. Und wir wurden ein weiteres Mal überrascht. Der Grund für unsere Verdrängung lag darin, daß wir zu der damaligen Zeit nicht glauben konnten, daß die Existenz eines palästinensischen Staates uns nicht aufs äußerste gefährden würde. Wir haben jeden Gedanken an die Palästinenser und ihre Gefühle einfach ausgelöscht. Das war ein weiterer Fehler aus reiner Selbstbezogenheit. Wir haben uns aus Angst vor der vermeintlichen Bedrohung leiten lassen. Das hat uns den Blick verstellt. Diesen Teufelskreis kann der Paranoide nur schwer durchbrechen. Er hat Angst davor, verletzt zu werden, provoziert unbewußt einen Angriff und verstärkt so wiederum seine Ängste. Ein Soldat im Gefecht muß seine Ängste unterdrücken, um kämpfen und überleben zu können. Aber selbst für ihn ist es gefährlich, von dieser für ihn lebensnotwendigen Verdrängung in den Zustand der Euphorie abzugleiten, in der er den Feind nicht mehr realistisch einschzuschätzen vermag.

Im Friedensprozeß besteht keine Notwendigkeit zu dieser Unterdrückung. Wir dürfen die Ängste in unser Bewußtsein emporsteigen lassen, damit wir sie spüren und mit ihnen umgehen können, damit sie sich langsam auflösen. Darin besteht die Kraft des therapeutischen Prozesses, der nicht in einem Kriegszustand stattfinden kann, denn während einer Bedrohung müssen alle Schutzmechanismen mobilisiert werden. Jeder Soldat weiß, daß man einen Soldaten während des Angriffs nicht fragt, wie er sich fühlt, denn genau das unterdrückt er. Wir sind aber nicht länger Soldaten im Gefecht, wie es in der Vergangenheit der Fall gewesen ist, sondern müssen offen über unsere Gefühle sprechen, ohne Rückhalt, um unsere falschen Wahrnehmungen zu korrigieren und damit wir nicht weitere Überraschungen erleben. In der Therapie ermutigen wir den Patienten, sich seinem „Schaudern" zu stellen und es bewußt wahrzunehmen, es sich in einer sicheren Umgebung genau zu betrachten, damit es nicht die ganze Zeit über sein Handeln kontrolliert. Rabin hatte der Armee befohlen, den aufständischen Palästinensern die Arme und Beine zu brechen und dachte, so könne er den Aufstand beenden. Golda Meir hat einmal gesagt, es gäbe kein palästinensisches Volk. Sie hat die Existenz des anderen geleugnet, weil sie dachte, sie würde unserer eigenen Existenz widersprechen. Das war eine zu große Bedrohung. Das rührt an das Schaudern, das ich erwähnt habe. Eine Kette von Assoziationen, die mit dem Gedanken an die Vernichtung endet. Das hindert uns daran, anders zu denken, etwa, daß es Platz genug für beide gibt. Das Schaudern ist dafür verantwortlich, daß wir diese schwierigen Gefühle in Euphorie verkehrten. Das sind wohlbekannte emotionale Umkehrmechanismen. Was steckt hinter unserer Prahlerei? Unsere Ängste haben ohne Zweifel unser Denken bestimmt und zu den falschen Schlußfolgerungen geführt, so daß wir weder den Jom-Kippur-Krieg noch die Intifada vorausgesehen haben.

Und – Wunder über Wunder –, sowohl Linke als auch Rechte haben sich nach links bewegt. Heute erscheint ein Palästinenserstaat annehmbarer als in der Vergangenheit, und Arafat ist nicht länger der Terrorist, mit dem man nicht verhandeln darf, so wie es in der Vergangenheit der Standpunkt von Linken und Rechten gewesen war. Ohne Zweifel hat die Realität uns gezwungen, unsere Abwehrhaltung immer mehr aufzugeben, den anderen anzuerkennen und ihm Raum zu geben. So wie wir uns langsam an den Rückzug vom Sinai gewöhnt haben und uns die Vorstellung daran nicht länger erschaudern läßt.

Die Araber haben sich ohne jeden Zweifel ebenfalls geändert. Von ihrem Wunsch, uns zu vernichten, sind zu einer stillen und traurigen Akzeptanz unserer Existenz gelangt. Auch sie haben Zeit gebraucht, sich an den zionistischen Eindringling zu gewöhnen, der ohne ihre Erlaubnis gekommen ist und ihr Land erobert hat. Sie wurden nicht plötzlich von Liebe zu uns erfaßt, sondern sie haben die harsche Realität anerkannt, und sie haben auch begriffen, daß der Frieden seine Vorteile hat. Es ist ein kalter Frieden, den wir mit Ägypten und anderen arabischen Staaten haben. Es scheint, daß sowohl wir als auch die Araber von einer paranoiden zu einer eher depressiven Haltung gefunden haben, die für einen Frieden unerläßlich ist. Langsam nimmt unsere Angst ab, aber sie hat noch immer eine große Macht über uns. Sie ist wie ein gewaltiger Eisberg, von dem nur der Gipfel aus dem Wasser schaut. Die unverarbeiteten Ängste und die Abwehrmechanismen gegen sie sind die Gründe für all die unangenehmen Überraschungen, die uns heimgesucht haben.

In den ersten 20 Jahren der Existenz Israels war Gewalt erforderlich (bis zum Sechstagekrieg). Danach war Verstand gefragt, und noch viel mehr Gefühl. Das Verständnis der emotionalen Logik des Friedensprozesses sollte uns in die Zukunft führen. Die Gewaltanwendung war notwendig gewesen. Ohne sie hätten wir nicht überlebt, das wird von niemanden angezweifelt. Jetzt befinden wir uns in einem Stadium, in dem militärische Stärke und Abschreckung noch immer eine wichtige Rolle spielen, aber unsere emotionale Haltung dem Friedensprozeß und der Aussöhnung gegenüber sind noch wichtiger, denn das stellt unser nächstes Stadium dar. Seit dem Jom-Kippur-Krieg vor 27 Jahren, also seit mehr als der Hälfte der Zeit seit Staatsgründung, haben wir keinen Krieg mehr erlebt, der unsere Existenz gefährdet hätte. Niemand hat mehr versucht, uns zu vernichten. Davor hatte es viele Kriege gegeben: den Unabhängigkeitskampf von 1948, den Sinaifeldzug 1956, den Sechstagekrieg 1967 und den Jom-Kippur-Krieg 1973. Das sind Tatsachen, die im Lichte unseres Schauderns neu betrachtet werden müssen.

Andererseits haben wir zur gleichen Zeit mit Ägypten und Jordanien Frieden geschlossen und begonnen, mit den Palästinensern und Syren ernsthaft zu verhandeln, und zur der Zeit enstanden auch die ersten Kontakte zu entfernteren arabischen Staaten. Das waren keine kleinen Veränderungen, sondern es bedeutete die langsame, widerstrebende Anerkennung Israels seitens der arabischen Welt. Es liegt tatsächlich an jenem Schaudern, daß wir in dieser Ära des Friedens noch immer an Krieg denken, weil wir uns noch nicht an die neue Lage gewöhnt haben. Wir nehmen eine verzerrte Wirklichkeit wahr, so wie Paranoide, die alles durch die Brille der Bedrohung betrachten, selbst dann noch, wenn die Bedrohung spürbar nachgelassen hat. Diese Art zu denken betont das Negative. Wir sehen unsere Interessen als den ihren entgegengesetzt, statt zu erkennen, daß sie identisch sind. Es ist eine Art zu Denken, der es schwerfällt, etwas gutzuheißen oder Zuneigung zu zeigen, von Liebe ganz zu schweigen. Die Palästinenser zu lieben und darüber nachzudenken, wie wir ihnen wirklich helfen könnten, das gilt heute noch als verpönt. Möglicherweise werden wir in der Zukunft noch einen hohen Preis dafür zahlen, daß wir es nicht schaffen, uns vom Gefühl des Bedrohtseins zu befreien, und daß wir unsere Handlungen von ihm kontrollieren lassen.

Ich spreche über eine Art des Denkens, die eher im Krieg als im Frieden verwurzelt ist. Wenn wir zum Beispiel sagen, Jerusalem gehöre uns allein und sie „sollen sich zum Teufel scheren", statt auch an ihre Gefühle zu denken und zu überlegen, ob wir in Jerusalem nicht die Hauptstädte beider Staaten einrichten können. Oder nehmen wir unsere weitläufigen Siedlungen im Herzen der übervölkerten Gebiete der Palästinenser, die nur über wenig Land und Rohstoffe verfügen. Aber hauptsächlich spreche ich über unsere emotionale Haltung, daß wir den Palästinensern nicht wirklich helfen wollen. Das muß nicht aus einer moralischen Verantwortung heraus geschehen, sondern aus einem tiefen Verständnis des Wesens des Friedensprozesses. So stehen wir als die Bösen und die Dummen dar, statt als die Guten und die Klugen. Denn wir wissen, wohin solches Unverständnis führen kann – zu Dingen, die wir nicht wollen. Was paranoiden Persönlickeiten geschieht, kann auch uns zustoßen. Und doch schaffen wir es nicht, unsere Art zu Denken zu ändern. Das liegt an unserem Schaudern.

Unsere dritte nationale Verdrängung und ein weiteres Beispiel für unsere gestörte Wahrnehmung war die Ermordung Rabins. Ein Jude tötet unseren eigenen Ministerpräsidenten? Vielleicht ein israelischer Araber, aber ein Jude? Unvorstellbar, dachten die Leute. Unsere Weigerung, die Realität zu sehen, war also nicht nur nach außen gerichtet, sondern auch nach innen. Wir wollten nicht wahrhaben, daß die Ägypter und die Syrer verletzt waren und ihre Ehre wiederherstellen wollten und daß die Palästinenser unterdrückt waren und eines Tages rebellieren würden. Und im Inneren wollten wir nicht sehen, daß der Riß und der Haß in unserer Gesellschaft groß genug war, daß es zu der Ermordung unseres Ministerpräsidenten kommen konnte. Diese Verdrängungen machen weder vor den Linken noch den Rechten halt. Wir haben alle daran teil. Wenn ein Therapeut einen Patienten gut kennengelernt hat, dann kann er mit ziemlicher Sicherheit voraussagen, daß der Patient sich durch die Art seiner Lebensführung eine Menge Schwierigkeiten zuzieht. Der Therapeut kennt die pathologischen Vorstellungen des Patienten und weiß, daß es früher oder später zu einem Zusammenstoß mit der Realität kommen muß.

In der Therapie versuchen wir ihm zu helfen, sich seiner unbewußten Gefühle klar zu werden, die ihn kontrollieren und ihm Schaden zufügen. Wir erklären ihm zum Beispiel, daß seine Aggressionen von Ängsten herrühren, die nicht immer realistisch sind. Wir verstehen, daß seine Ängste früher einmal, als er noch sehr jung war, durchaus begründet waren. Damals war er klein und schwach und seine Umgebung war ihm feindlich gesonnen. Aber jetzt ist er groß und trägt das Trauma noch immer mit sich herum und es kontrolliert ihn, auch wenn die Bedrohung nicht so groß ist, wie er denkt. Der Patient nimmt die Realität verzerrt wahr, er projiziert seine schlimmen Erinnerungen in sie hinein.

Kehren wir von dieser Analogie zu uns zurück. Unser Denken ist immer noch von Abwehrhaltungen bestimmt. Wer von uns würde heute dem Iran und den von ihn unterstützten Bewegungen eine historische Aussöhnung zwischen Islam und Judentum anbieten, in Verbindung mit unserer Zustimmung, Jerusalem zwischen uns und den Palästinensern aufzuteilen und es zu einem Symbol des Friedens zu machen, statt zu einem Kriegsgrund? Heute erlauben uns weder unser Schaudern noch unsere gestörte Wahrnehmung, so zu denken.

Wir müssen begreifen, daß es um eine emotionale Botschaft geht, die wir der anderen Seite übermitteln müssen. Selbst wenn wir eine negative Reaktion bekommen, allein das Angebot kann schon alles verändern.

Was können wir aus Israels Pathologie lernen? Daß es ein bestimmtes, tiefes, unterdrücktes Gefühl gibt, über das wir zwar häufig reden, aber das wir noch lange nicht aufgearbeitet und verstanden haben, so daß es uns noch immer zu unerwünschten Handlungen drängt. Ich nenne dieses Gefühl unser „Schaudern", es ist unsere existentielle Bedrohung. Dieses Schaudern gründet nicht nur auf dem Wunsch der Araber, uns zu vernichten, der ja teilweise noch existiert, sondern auch auf unserer Vergangenheit: dem Holocaust und zahlreichen anderen Pogromen. Das Schaudern macht es uns schwer, zwischen einer realen, die Existenz bedrohenden Gefahr und unserer verzerrten Wahrnehmung unterscheiden zu können. Wir weigern uns, Dinge in einem anderen Licht zu sehen als in dem unserer schwierigen Vergangenheit.

Das größte Problem der Israelis besteht darin, daß sie sich nur schwer vorstellen können, daß es wirklich möglich ist, mehr oder weniger in den Grenzen vom 1967 ein normales Leben zu führen. In uns hat sich die Überzeugung festgesetzt, daß wir nur durch ständigen Kampf und der Anwendung von Gewalt überleben können. Wir haben wirklich Angst davor, wieder ein kleines Land zu werden. Das ist das schwere psychische Problem eines Landes, das sich klein und schwach fühlt, wenn es nicht kämpft. Die Suche nach Konfrontation und das Spielenlassen der Muskeln sind ein wohlbekanntes Mittel, um tiefe Ängste abzumildern – ein ungeeignetes natürlich. Wenn wir kämpfen, dann fühlen wir das Schaudern nicht so sehr. Die eigentliche und quälende Frage, die wir uns stellen müssen, lautet, ob wir innerhalb der Grenzen von 1967 mit einer Millionen Araber im Land und den tiefen Rissen zwischen religiösen und säkularen Juden, Linken und Rechten und Sephardim und Aschkenazim überleben können. Diesem Problem müssen wir uns stellen. Die Zeit hat gezeigt, daß es mehr eine mentale und psychische als eine militärische Frage ist, so wie wir immer vermutet haben. Das

Schaudern ist daher nicht als reines Sicherheitsproblem zu behandeln, sondern auch mit den Mitteln der Psychotherapie. Wir sind jedoch immer noch mit der Frage beschäftigt, ob wir als starke oder schwache Nation wahrgenommen werden. Wir haben viel Energie dafür aufgewandt, ein furchteinflößendes und abschreckendes Image aufzubauen, bis wir selbst vergessen haben, wer wir wirklich sind, was wir denken und was gut für uns ist. Genau wie jemand, der sich ständig fragt, was die anderen von ihm denken, statt über sich selbst nachzusinnen. Das ist unser Denkfehler, unsere gestörte Wahrnehmung.

Wenn die Araber bereit waren, den Jom-Kippur-Krieg kurz nach dem Sechstagekrieg zu beginnen, als wir uns auf dem Gipfel unserer Macht befanden und über das höchste Abschreckungspotential und über Nuklearwaffen verfügten, und die Tatsache, daß es teilweise unser Scheitern im Jom-Kippur-Krieg war, daß zum darauf folgenden Frieden mit Ägypten geführt hat – zeigt das nicht alles, wie falsch unser Denken und wie verzerrt unsere Wahrnehmung der Realität ist? Zugegeben, es war nicht die Entdeckung unserer Schwäche, die den Frieden gebracht hat, es steht außer Frage, daß wir stark sein müssen. Aber wir müssen nicht so überheblich, aufgeblasen und herablassend zu unseren Gegnern sein, wie nach dem Sechstagekrieg. Wenn die Araber sehen, daß wir menschliche Wesen sind, die sich selbst verteidigen können und werden, die aber auch bereit sind, die Interessen von anderen zu berücksichtigen, dann wir das zum Frieden führen. Es ist eine Frage des tatsächlichen Gleichgewichts, das es zwei Parteien ermöglicht, eine Verbindung einzugehen.

In diesem Zusammenhang ist es wichtig, darauf hinzuweisen, daß die Araber den Jom-Kippur-Krieg begonnen haben, obwohl sie wußten, daß wir über Atomwaffen verfügten. Daran kann man erkennen, wie stark die Macht der Verletztheit und der Demütigung ist, und wie stark der Wunsch, die verlorene Ehre wiederherzustellen. Sie haben die Demütigung nicht ertragen, aber nach dem Jom-Kippur-Krieg waren sie sogar bereit, mit uns Frieden zu schließen. Es scheint, daß der Faktor der Abschreckung, wenn er andere demütigt, den Krieg eher fördert, als daß er ihn verhindert. Das sollten wir nicht vergessen.

Es besteht kein Zweifel, daß wir zu sehr an der Verteidigung orientiert sind. Wir sind von unserer Stärke besessen und erklären jedem, daß wir nicht nachgeben werden. Wir werden nicht nachgeben in der Frage eines ungeteilten Jerusalems, wir werden uns im Westjordanland und auf den Golanhöhen nicht auf die Grenzen von 1967 zurückziehen, wir werden unsere Siedlungen nicht räumen und so weiter. Als ob das die wichtigsten Fragen wären. So wie wir in der Vergangenheit stets wiederholt haben, daß wir nicht mit Arafat verhandeln und niemals einem palästinensischen Staat zustimmen werden. Wir machen uns weit weniger Gedanken darüber, wie wir friedliche Beziehungen aufbauen und stärken könnten. Unsere Fixierung auf die Abschreckung, die den mehr menschlichen Aspekten und der Berücksichtigung der arabischen Befindlichkeiten keinen Raum läßt, provoziert andere geradezu, unsere Stärke in einem Konfliktfall zu testen. Es bleibt die Frage, wie wir mit unserem Schaudern umgehen, damit wir objektiv einschätzen können, ob zum Beispiel die Rückgabe der Golanhöhen unsere Existenz bedroht oder vielmehr Sicherheit und Frieden fördert. Und ob es richtig ist, daß wir mit den Syrern so unnachgiebig darüber streiten, ob wir uns exakt auf die Grenzen von 1967 zurückziehen oder nicht. Sollten wir nicht lieber über einen Frieden in weiterem Sinne verhandeln, ohne die wichtigen emotionalen Aspekte zu vernachlässigen? So sollten wir zum Beispiel mit Verstand und Kreativität eine Lösung für die israelischen Siedlungen auf dem Golan finden, damit sie zu Symbolen des Friedens werden können. Aber das Schaudern begrenzt unser Denken. Das geschieht, wenn man Angst hat.

Eine der Folgen unserer Existenzangst ist die Schwierigkeit, die Gefühle und Bedürfnisse derjenigen zu sehen und zu verstehen, die als Bedrohung empfunden werden. Das ist die Ursache der verzerrten Wahrnehmung. Jemandem, der sich angegriffen fühlt, fällt es schwer, die Gefühle und die Motive des Angreifers zu verstehen, oder zu begreifen, daß der Aggressor sich tatsächlich auch verletzt fühlt. Es fällt uns so schwer, die Palästinenser zu respektieren. Wegen unserer Verletztheiten erkennen wir nicht, daß es auch gut für uns ist, wenn es ihnen gut geht. Ein stabiler und funktionierender Palästinenserstaat als Nachbar ist die einzige Garantie für einen Frieden. Selbst die Linke hat das Ausmaß des emotionalen Engagements nicht begriffen, das dazu erforderlich ist. Solange die Palästinenser nicht die neue Erfahrung machen, daß wir uns tatsächlich um sie sorgen, wird es keinen Frieden geben. Sie brauchen diese Erfahrung, so wie ein Kind es braucht, daß die Eltern sich für ein Unrecht entschuldigen, das sie ihm zugefügt haben. Selbst wenn es sehr spät kommt, ist es besser als gar nichts. Das Kind wird verstehen, daß auch die Eltern eine schwere Kindheit hatten. Es wird ihnen vergeben, wenn die Eltern in der Lage sind, den Schmerz des Kindes zu sehen und ihn zu lindern.

Das bedeutet nicht, daß wir ihnen keine Grenzen setzen und keine Forderungen an sie haben, aber unsere Priorität sollte es sein, ihnen bei ihrem Wachstum und ihrer Entwicklung zu helfen. Das kann nur von jemanden geleistet werden, der seine schlimmen Erfahrungen aufgearbeitet hat. Wenn wir sie auf Grund unserer emotionalen Probleme wie Feinde behandeln, dann stärken wir damit den Teufelskreis der Gewalt und unsere Wahrnehmung verzerrt sich noch mehr. Wenn man einem Kind helfen will, sich zu entwickeln, dann muß man ihm klare Grenzen setzen. Das muß aber aus einer liebenden emotionalen Haltung heraus erfolgen, aus dem Wunsch, helfen zu wollen, und nicht aus einer Position der Ablehnung und der Verachtung heraus. Das ist der entscheidende Unterschied. Es ist die Verdrängung des palästinensischen Leids, die uns nicht in Frieden leben läßt. Und wir werden den Schmerz der Palästinenser solange nicht verstehen können, bis wir in einem mentalen Prozeß unser Schaudern, unsere Existenzangst bewältigt haben.

Wir müssen wiederholt unsere Wahrnehmung der Realität überprüfen. Unsere nationalen Verdrängungsprozesse und die Niederlagen, die daraus folgten, entsprangen der Angst, daß wir als kleines Land nicht lebensfähig wären. Es ist an der Zeit, uns zu fragen, was uns eigentlich solche Schrecken einjagt. Ist unsere Angst realistisch? Provozieren wir durch unser Konzept der Stärke nicht genau jene Katastrophen, die wir so fürchten? In unserer nationalen Therapie müssen wir unser Schaudern erkennen, es unter Kontrolle bringen und uns von ihm nicht zu falschen Handlungen verführen lassen, nur um diesem schwierigen Gefühl auszuweichen. Ein Therapeut gibt sich viel Mühe, dem Patienten seine verletzenden und demütigenden Erfahrungen verständlich zu machen, damit er sie nicht in Überheblichkeit und Aggression verwandelt, die sein Vertrauen und sein Wohlgefühl vermeintlich wiederherstellen. Unsere Nation muß ihre nicht tolerierbaren Gefühle im Zaum halten und sie einer sorgfältigen Prüfung unterziehen, statt Kriege vom Zaun zu brechen. Können wir in engeren Grenzen und ohne einen Krieg existieren, der uns im Inneren eint? Diese Frage beunruhigt uns am meisten. Erst wenn wir sie beantworten können, werden wir zur Ruhe kommen.

Der Terrorismus stellt einen weiteren Beleg für unsere gestörte Wahrnehmung der Realität dar. Wir sind über jeden Terroranschlag aufs neue erstaunt. Wir verdrängen ihn jedesmal wieder, bis der nächste geschieht. Wir weigern uns, die Antriebskraft sehen zu wollen, die hinter dem Terrorismus steckt. Warum sind Menschen bereit zu sterben, nur um uns Schaden zuzufügen? Wir betrachten immer nur das Phänomen und nicht seine Ursache, wir behandeln die Symptome, und nicht die Krankheit. Wir wollen nicht erkennen, daß dieses Problem emotionale Ursachen hat. Was wir schon unseren Kindern beibringen, daß Gewalt keine Probleme löst, gilt in diesem Fall auch für uns. Jahrelang waren wir der Überzeugung gewesen, daß wir den Terrorismus mit Gewalt besiegen können. Der Krieg im Libanon, der unter anderem die Beendigung des Terrorismus zum Ziel hatte, dient ebenfalls als Beweis, daß wir die Realität falsch einschätzen. Wir konnten es einfach nicht akzeptieren, daß wir den Terrorismus nicht besiegen können, und unsere Politiker haben uns über Jahre hinweg jeden Tag aufs neue versichert, das wir den Terror nicht dulden und ihn schließlich ausrotten werden. Erst in jüngerer Zeit ist von mutigeren Politikern zu hören, daß eine Lösung im Libanon nur durch ein Abkommen mit Syrien zu erreichen ist. Das Problem ist unsere chronische Denkstörung, die von unserer Existenzangst herrührt, die von dem Terrorismus geschürt wird. Wir nehmen eine Abwehrhaltung ein und verschließen unsere Augen vor der Realität. Wir sind daher nicht in der Lage, zu verstehen, daß der Terrorismus seinen Nährboden in den schlimmen Erfahrungen der heimatlosen palästinensischen Flüchtlinge findet.

Es stimmt, daß der Terrorismus auch durch religiösen Fanatismus gestärkt wird, aber ohne die Frustration und die Verbitterung könnte der Fanatismus keinen Fuß fassen. Wir nehmen den Terrorismus der Palästinenser losgelöst von seinen Wurzeln wahr, den Leiden der Palästinenser. Wir glaubten, die Bitterkeit, die Frustration und der Zorn könnten durch Gewalt beseitigt werden. Der einzige Weg, ihren tiefen Schmerz zu lindern, führt über die Gefühle der Herzlichkeit und Zuneigung. Wir müssen den aufrichtigen Wunsch zeigen, ihnen helfen zu wollen und unserer moralischen Verantwortung gerecht zu werden. Nur ein wirklich emotionaler Friedensprozeß zwischen uns kann die tiefen Wunden der Palästinenser heilen. Wenn wir uns aber hinter unserem Schaudern verschanzen, wie können wir ihnen dann das Gefühl der Zuneigung vermitteln, das sie so sehr brauchen? Sie brauchen eine herzliche Beziehung zu uns, Unterstützung und Hilfe in allen Bereichen und in jeglicher Hinsicht, und wir verstecken uns hinter unserer Angst.

Wir besitzen als Nation eine paranoide Persönlichkeit und sind nicht in der Lage, zu anderen normale Beziehungen zu knüpfen. Wir leiden unter schrecklichen Ängsten, befinden uns ständig in Abwehrhaltung, und so werden wir ein ums andere Mal neu überrascht. So eine Persönlichkeit ist die ganze Zeit nur mit sich selbst beschäftigt. Sie ist narzißtisch und egozentrisch, denn das ist ihr Kampf ums Überleben, und in diesem Krieg ist sie nicht in der Lage, den anderen zu sehen und ihm einen Platz in ihrem Bewußtsein einzuräumen. Das ist uns aus der therapeutischen Praxis wohlbekannt, und wir wissen, wenn der Patient sich erst einmal entspannt, dann wird er anfangen, die Welt mit anderen Augen zu sehen. Bis dahin ist „Sicherheit" das Zauberwort. Ein Paranoider sagt:

„Es gibt eine Sache, die über allem anderen steht, und das ist meine Sicherheit. Dabei kann ich keine Kompromisse eingehen." Was soll man darauf erwidern? Daß es noch andere wichtige Dinge gibt? Daß das nur ein Teil der Wahrheit ist? Daß er mit dieser Einstellung seine eigene Sicherheit gefährdet und Katastrophen heraufbeschwört? Was immer man auch sagt, er wird nur eines darauf antworten: Sicherheit, Sicherheit, Sicherheit. Unser Schaudern als paranoide Nation bestimmt unbewußt und mit Macht all unser Handeln, ohne daß wir es erkennen. Ein Paranoider wird sich niemals sicher fühlen. Er wird bei seiner Umgebung stets das Gegenteil provozieren. Das ist ein grausames Paradox der menschlichen Existenz. Von allen Kindern wird dasjenige, das am meisten Angst hat, die anderen zum Angriff verleiten, und so wird seine Angst weiter verstärkt. Das Kind wird seine Vergangenheit stets als Beweis mit sich herumtragen, daß seine Angstgefühle berechtigt und daß alle gegen ihn sind. Es gibt keinen anderen Weg, wir müssen uns unserer Ängste bewußt werden, und auch der großen Macht, die sie über uns haben. Nur dieses Bewußtsein kann unseren Lebensweg eine andere Richtung geben: hin zu einer friedliebenden Nation, die mit ihren Nachbarn in Eintracht leben kann. Es gibt noch eine Sache, die einem Paranoiden schwerfällt und fast unmöglich ist: dem anderen gegenüber Verständnis zu zeigen. Wie kann er für jemanden Verständnis haben, den er als Bedrohung für seine Existenz ansieht? Das ist eine Paradox. Wenn er es vermag, werden sich all seine Beziehungen mit der Welt vollständig verändern. Die Frage ist: Sind wir dazu wirklich nicht in der Lage?

9. *Die palästinensischen Flüchtlinge*

Das Verständnis der historischen Wurzeln des israelisch-arabischen Konflikts ist genauso wichtig wie die Vergangenheit eines Patienten zu kennen und zu wissen, wie sie ihn heute noch beeinflußt. Aber der Patient ist nicht immer unbedingt darauf erpicht, in den Trümmern seiner traumatischen Vergangenheit zu wühlen. „Was soll das für einen Sinn machen?" fragt er. Der Therapeut wird versuchen, ihm die Verbindung von Vergangenheit und Gegenwart zu erklären, denn schließlich hat damals alles einmal angefangen. Wenn wir verstehen, wie sich die Dinge in der Kindheit des Patienten entwickelt haben, wird es uns dabei helfen, seine heutigen Schwierigkeiten zu verstehen und zu überwinden. Die schmerzhafte Erörterung der Vergangenheit, so wird der Therapeut dem Patienten erklären, ist keine theoretische therapeutische Übung, noch soll dadurch die Schuldfrage geklärt werden. Sie bietet vielmehr Material, um die heutigen inneren Erfahrungen des Patienten zu verstehen.

Aber dem Patienten Israel fällt es schwer, die Wunden der Vergangenheit aufzureißen, die ihm bei der Geburt zugefügt worden waren, um das emotionale Problem zu klären, das mit Beginn seines Lebens aufgetreten ist und ihn bis heute begleitet – das Problem der palästinensischen Flüchtlinge. Unser Patient hat verzweifelt versucht, dieses Kapitel seiner Vergangenheit auszulöschen. Es ist immer wieder erstaunlich, wie einige Patienten ihre Vergangenheit verdrängen können. Bittet der Therapeut sie zum Beispiel über ihre Kindheit zu erzählen, fangen sie aus irgendeinem Grund mit der Zeit ihres Militärdienstes an. Erst nach intensiver Therapie tauchen die schwierigen Erfahrungen langsam auf, und dann wird auch klar, warum sie so systematisch verdrängt worden waren.

Wir haben während unserer Kindheit niemals eine vollständige Erklärung darüber erhalten, was sich hier zugetragen hat. Die Tatsache, daß die Gründung des Staates Israel auf der Vertreibung von Hunderttausenden von Palästinensern und auf der Aneignung ihrer Häuser und ihres Landes beruht, wurde in der Geschichte des modernen Israels vollständig unterdrückt und geleugnet. Es wurde weder in der Schule noch in den Medien darüber diskutiert, und das ist kein Zufall. Unsere Schuldgefühle sind so groß, daß sie es uns nicht erlauben, über das Thema zu reden. Es ist wie bei einem Kind, dessen Mutter bei der Geburt gestorben ist, oder dessen Geschwister wegen ihm vernachlässigt wurden.

Ein solches Kind, dessen Existenz sich auf Kosten von anderen gründet, wird natürlich schwere Schuldgefühle entwickeln, an die es nicht rühren will. Es wird die unangenehme Wahrheit anerkennen müsse, daß sein Leben ein Akt der Aggression gegen andere darstellt. Es wurde als Aggressor geboren, der jemand anderen verletzt hat, was kann es daran ändern? Und jetzt ruft der ältere Bruder, der aus dem Haus geworfen wurde, als das neue Kind zur Welt kam, daß der jüngere Bruder kein Recht hat, zu existieren. Die Eifersucht älterer Geschwister kann grausam sein und dauert manchmal das ganze Leben an. Der ältere Bruder ist tief verletzt, daß er aus seiner zentralen und wichtigen Stellung verdrängt wurde und die ungeteilte Aufmerksamkeit verloren hat. In unserem Fall geht es nicht um die verlorengegangene Aufmerksamkeit der Eltern, sondern darum, daß der ältere Bruder bei der Ankunft des jüngeren sein Zuhause verloren hat. Das sind Gefühle, über die man nicht streiten kann. Der ältere Bruder hat alles verloren und wurde außer Landes gejagt. Das ist tatsächlich früher schon einmal passiert, als Sara Abraham dazu gebracht hat, Hagar und Ismael in die Wüste zu schicken.

Wir brauchen großen Mut, um dieses Thema zu erörtern. Unsere große Angst kann uns in eine Depression hineinziehen, und dann werden wir uns fragen, ob unsere Existenz einen Wert hat. Habe ich ein Recht auf mein Leben, wenn es auf Kosten eines anderen Lebens entstanden ist? Diese unbequemen Fragen und quälenden Gefühle sind seit Generationen für die Unterdrückung des Problems der palästinensischen Flüchtlinge verantwortlich. Die Erkenntnis, daß es hier „Platz für alle“ gibt, trifft hier nicht zu. In unserem tragischen Fall gibt es nicht Platz für alle. Zumindest nicht auf den ersten Blick, und nicht innerhalb unserer alten Grenzen. Daher sind wir zu Recht gegen die Heimkehr aller Flüchtlinge, denn das wäre unser Ende.

In diesem Zusammenhang kann uns eine Geschichte des Weisen Rabbi Akiva aus dem 1. Jahrhundert weiterhelfen. Er sagt, angenommen, es würden zwei Menschen durch die Wüste wandern, und es gäbe nur Wasser genug für einen, darf dann einer das Wasser trinken und den anderen sterben lassen? Rabbi Akivas Antwort lautet ja. Man darf nicht denjenigen verdammen, der zu leben wünscht und ihm sagen, daß er den Tod hätte wählen müssen. Niemand besitzt das moralische Recht, solch eine Forderung zu stellen.

Das jüdische Volk muß sich nicht für seinen Wunsch nach einem unabhängigen Leben und einem eigenen Staat entschuldigen. Aber es darf auch nicht das Leid leugnen, das es anderen zugefügt hat. Daher müssen wir alles tun, was uns möglich ist, um die anderen zu entschädigen. Wir können sie nicht vollständig entschädigen, denn das hieße, sie in ihre Häuser zurückkehren zu lassen, aber teilweise Entschädigungen sind durchaus möglich. Wir können eine moralische Haltung einnehmen, die sich zu unserer Verantwortung bekennt. Das kann sich in dem Verständnis ihrer Lage ausdrücken, in der Hilfe, ihren Staat aufzubauen und in wirtschaftlicher Unterstützung. Wir müssen eingestehen, so schwer uns das auch fällt, daß wir ihnen viel schulden.

Aber wir können das Rad der Geschichte nicht zurückdrehen und alles anders machen. Wir können das Geschehene auch nicht bedauern, denn wir müßten, wenn die Geschichte sich wiederholte, wahrscheinlich wieder Hunderttausende Palästinenser vertreiben, damit wir unsere Unabhängigkeit erlangen. Es ist nicht einfach, gleichzeitig uns und die anderen anzuerkennen. Wie würden wir uns fühlen, wenn jemand anders uns für seine Unabhängigkeit vertrieben hätte, weil er keine andere Wahl hatte? Man braucht eine große emotionale Reife, um das akzeptieren zu können, falls es überhaupt möglich ist. Daher müssen wir Respekt vor den Arabern haben, weil sie Israel inzwischen anerkennen. Es fällt ihnen nicht leicht. Die Frage sollte nicht lauten, wieso sie solange dazu gebraucht haben, sondern eher, wieso es einigen von ihnen gelungen ist, uns so schnell anzuerkennen und uns zu verzeihen. Das ist eine wichtige Frage, denn sie hilft uns, sie zu verstehen und uns in ihre Lage zu versetzen. Wenn wir uns diese Frage stellen, dann werden wir den Friedensprozeß objektiver beurteilen können. Wir werden erkennen, daß sie durch uns zu Flüchtlingen wurden und die Tatsache akzeptieren müssen, daß wir keine andere Wahl hatten, denn wir haben um unser Überleben gekämpft. Die Araber, und besonders die Palästinenser, müssen eine hohe Stufe der emotionalen Entwicklung erreichen, damit sie das Leben anderer nicht als weniger rechtmäßig erachten als ihr eigenes. Dazu bedarf es großer Reife und der Überwindung des Egoismus. Wir verlangen da nicht wenig von ihnen.

Wir müssen uns rückhaltlos zu unserer Verantwortung für das Flüchtlingsproblem bekennen. Es bedeutet einen langen emotionalen und therapeutischen Prozeß, um als Nation Verantwortung zu übernehmen. Das ist mit den Amerikanern in Bezug auf die Indianer geschehen. Es sind viele Jahre vergangen, bis sie in der Lage waren, offen darüber zu sprechen, was sie den Indianern angetan haben, Verständnis für sie aufzubringen und Bücher herauszubringen, in denen die indianische Sichtweise der Tragödie vertreten wurde. Wir haben dabei mildernde Umstände, denn wir haben um unser Leben gekämpft. Das galt nicht für die Weißen, die die Indianer getötet haben. Es ist jedoch wichtig im Auge zu behalten, daß die unwichtigste Frage dabei ist, wer die Schuld hat. Die sinnvollere und konstruktivere Frage lautet, warum es in diesem Konflikt so viel Leid gibt und wie man das ändern kann. Ich möchte den moralischen Aspekt überhaupt nicht herabspielen, aber in den meisten lebenswichtigen Angelegenheiten löst die Schuldfrage keine Probleme. Einen Schuldigen zu suchen ist nicht unbedingt in allen Fällen gut. In der Therapie werden die Versuche, die Vergangenheit des Patienten zu verstehen, oft dadurch blockiert, daß er nur ungern seinen Eltern oder sich selbst die Schuld für seine Schwierigkeiten geben will. Wir sagen ihm, daß die Eltern wahrscheinlich ihr Bestes getan haben und daß es nicht darum geht, Schuldzuweisungen vorzunehmen. Er wurde als Kind in diese Familie hineingeboren, das ist nicht seine Schuld, und wir wollen einfach nur ver stehen, was dort passiert ist. Wir wissen, daß es schwer ist, über Jahre des Leidens zu sprechen, ohne danach zu fragen, wer die Schuld daran hatte. In emotionalen Entwicklungsprozessen ist es wichtiger zu verstehen als Schuld zuzuweisen, denn Verständnis bringt einen weiter, während Schuldzuweisungen blockieren. Das Leben ist keine Gerichtsverhandlung.

Daher ist ein klares Bekenntnis zu unserer Verantwortung und zu der Rolle, die wir in der Tragödie gespielt haben, so wichtig. Verständnis für das Leid des anderen und der erklärte Willen, ihnen so gut wie möglich zu helfen, sind der Schlüssel zu einer historischen Aussöhnung. Um den Wert von Gesten und Erklärungen zu erkennen, müssen wir uns nur den Beileidsbesuch des jordanischen Königs Hussein im Jahre 1997 in Erinnerung rufen, nachdem sieben israelische Mädchen von einem jordanischen Soldaten erschossen worden waren. Darum haben wir Hussein so gemocht. Er konnte die toten Mädchen nicht wieder lebendig machen, aber er hat große Menschlichkeit bewiesen.

Betrachten wir uns einmal die Emotionen, die bei den Palästinensern durch unseren fortgesetzten Siedlungsbau im Westjordanland hervorgerufen werden. Für sie ist das eine Wiederbelebung des Traumas der Vergangenheit, eine Fortführung ihrer Vertreibung aus ihrer Heimat. Wenn es uns nur darum geht, so viel Land wie möglich unter Kontrolle zu bringen, damit wir uns groß fühlen, dann können wir die Gefühle der Palästinenser ruhig ignorieren. Wenn wir aber verstehen, daß es noch ein paar wichtigere Dinge für uns als Nation gibt als die Größe unseres Landes, dann sollten wir ihre Gefühle ernst nehmen.

Jedesmal, wenn die Araber bei Verhandlungen ihr Rückkehrrecht zur Sprache bringen, sind wir erstaunt. Warum erwähnen sie das? Verstehen sie denn nicht, daß wir keinen Selbstmord begehen werden? Wir gehen davon aus, daß jeder, der darauf besteht, nicht wirklich Frieden wünscht. So geben wir ihnen die Macht, uns immer wieder dadurch zu überraschen, daß sie das Thema ansprechen, denn wir verdrängen das Problem und arbeiten es nicht auf. Wenn ich von nationaler Verdrängung spreche, dann heißt das nicht, daß das Thema nicht hier und dort diskutiert wird. Seit kurzem bricht die Verdrängung auch etwas auf. Aber das kann nur der Anfang einer eingehenden existentiellen und moralischen Diskussion der harten Fakten sein, die niemand wegwischen kann, daß nämlich als Ergebnis der jüdischen Ansiedlung in Israel in den letzten hundert Jahren die Palästinenser ihr Land und ihre Häuser verloren haben.

Die Frage ist, wie wir unsere Aggressionen gegen die Palästinenser verarbeiten, die uns Schuldgefühle verursachen. So wie wir den schon früh eingewanderten Aschkenasim sagen, daß sie eine Verantwortung haben, über die traumatische Integration der später gekommenen Mizrahi-Juden zu diskutieren, sich mit ihrer Lebensart und ihren Erfahrungen auseinanderzusetzen, um Verständnis für sie zu entwickeln, so haben wir alle die Pflicht, uns Gedanken darüber zu machen, was den Palästinensern zugestoßen ist, die von hier geflohen sind. Es ist eine Reise zu den Wurzeln. Denn nur wenn wir uns mit dem Schicksal der Palästinenser befassen, die einst hier gelebt haben, werden wir in der Lage sein, unser Trauma zu verarbeiten, was wir ihnen angetan haben, weil wir in Not waren und keine andere Wahl hatten. Es ist eine Trauerarbeit, bei der wir schrittweise unsere bequeme Haltung der Selbstgerechtigkeit aufgeben werden müssen, und die anderen werden nicht länger nur zornig sein. Es ist ein emotionaler Prozeß, bei dem wir damit in Kontakt kommen, was wir anderen angetan haben. Das ist ein sehr wichtiger Prozeß, ohne den wir keine wirkliche Aussöhnung erreichen können. Wir müssen daran arbeiten, den ungeheuren emotionalen Kräften entgegenzuwirken, die das verdrängt haben, was hier jahrelang geschehen ist. Es ist an der Zeit, daß wir mit diesem Prozeß beginnen, denn es ist vor allem in unserem eigenen Interesse.

Die Lösung des Problems liegt in der Umwandlung unserer Gefühle von Bedrohtsein und Haß gegen die Palästinenser zu einer Haltung des Verständnis und der Zuneigung. Das kann nur geschehen, wenn wir mit der Verdrängung aufhören und uns zu fragen beginnen, was hier geschehen ist. Wir sind tatsächlich in Sünde geboren worden. In unseren Schulen wird die schwierige Vergangenheit nicht besprochen. Aus Angst vor politischer Beeinflussung und unbequemen Fragen werden politische Themen dort ausgeklammert. Wo können unsere Schüler dann andere Meinungen kennenlernen? Das Problem der emotionalen Komplexität des Friedensprozesses muß als zentraler Punkt in die Lehrpläne aufgenommen werden. Würden solche Gesten bedeuten, daß wir uns zu unserer Verantwortung für ihr Leid bekennen?

Die Antwort lautet ja. Wir haben unseren Teil zu dieser Tragödie beigetragen und erkennen das an. Bedeutet das, daß sie in ihrer Häuser zurückkehren oder Wiedergutmachungen erhalten werden, die wir uns nicht leisten können? Die Antwort lautet nein. In Amerika lernen die Schüler heutzutage über die Indianer, und es werden Bücher über ihr Schicksal veröffentlicht. Die Amerikaner haben ein Stadium erreicht, in dem sie Verständnis für das Leid der Indianer aufbringen können. Dahin müssen wir in unserer Entwicklung als Nation früher oder später ebenfalls kommen – besser früher als später. Ich weiß, daß es viele Unterschiede zwischen unserer Geschichte und der der Amerikaner gibt, aber ich möchte mit dem Vergleich auf die Fähigkeit hinweisen, Verantwortung für das Leid anderer zu übernehmen. Wir dürfen die Bedeutung unserer moralischen und emotionalen Verantwortung für den Schmerz der Palästinenser für den Friedensprozeß nicht unterschätzen. Unsere Verpflichtung, ihnen beim Aufbau ihres Staates zu helfen, wäre eine Konsequenz dieser Verantwortung. Wir werden jedoch nicht ihren Terrorismus akzeptieren, selbst wenn wir ihnen Leid zugefügt haben. Unsere Hilfe sollte aus Verantwortung und vor allem aus einem Gefühl der Zuneigung und Liebe heraus erfolgen, denn diese Gefühle fehlten in den langen Jahren des Hasses, und gerade sie sind für den Friedensprozeß so wichtig.

Diese Gefühle bedeuten allerdings nicht, daß wir Konzessionen machen müssen. Vielleicht haben wir, wenn auch unbewußt, Angst davor, daß wir auf Grund unserer Schuldgefühle den Palästinensern gegenüber nicht standhaft bleiben können. Das passiert manchen Eltern, deren Schuldgefühle sie daran hindern, ihren Kindern klare Grenzen zu setzen. Werden die Palästinenser unser Eingeständnis der Schuld nicht als Freibrief für Terroranschläge und überzogene Forderungen auffassen? Wie können wir unser seelisches Gleichgewicht bewahren, angesichts dieser schrecklichen Vergangenheit, die unsere Gedanken und Taten bestimmt und uns oft in eine unerwünschte Richtung führt? Der Friedensprozeß benötigt tatsächlich dringend eine Psychotherapie, wie ein Kind mit einer traumatischen Kindheit, und er benötigt Menschen, die emotionale Prozesse verstehen und zu diesem Prozeß beitragen, der im wesentlichen ein emotionaler ist. Führt das Verständnis für andere und das Eingeständnis von Verantwortung für das Geschehene notwendigerweise zu Zugeständnissen bei Streitpunkten, die für uns nicht verhandelbar sind, zum Beispiel unsere Sicherheit? Die Antwort ist nein, denn solche Zugeständnisse würden sowohl uns als auch ihnen schaden.

Nur wenn wir uns die Schuldgefühle bewußt machen, so ist unsere Erfahrung aus der therapeutischen Praxis, kann ihnen ihr Stachel genommen werden, und sie werden uns nicht mehr zu unerwünschten Handlungen verleiten. Erst dann werden wir in der Lage sein, den Palästinensern von ganzem Herzen zu helfen, bei allem, was ihre Unabhängigkeit von uns fördert und so dazu beitragen, daß sie ihr Trauma von der Vertreibung überwinden können. Dann können wir ihnen gegenüber auch standhafter bei Forderungen sein, die nicht den Frieden fördern, sondern eine Rückkehr zur Gewalt bedeuten. Unsere nicht aufgearbeiteten Schuldgefühle schaden uns in zweierlei Hinsicht. Als Abwehrreaktion auf unsere Schuld und Verantwortung an ihrem Leid bringen wir ihnen Gefühle der Ablehnung entgegen, obwohl wir ihnen eigentlich in jeder Hinsicht helfen sollten. Zum anderen sind wir aus unseren Schuldgefühlen heraus nicht in der Lage, ihren Aggressionen klare Grenzen zu setzen, obwohl es wichtig wäre, gerade dabei keine Zugeständnisse zu machen.

10. Ein Palästinenserstaat

Das Problem Jerusalem erinnert uns erneut daran, daß der Friedensprozeß im wesentlichen ein emotionaler Prozeß ist, und daß er auch als solcher behandelt werden und mit therapeutischen Methoden gelöst werden muß. Die Schwierigkeit, anzuerkennen, daß Jerusalem die Hauptstadt zweier Staaten sein kann, wurzelt in einer tiefen religiösen Verletztheit, die in ihrer Tiefe der Anerkennung eines anderen Gottes gleichkommt.

Im Wahlkampf von 1996 wurde dem Kandidaten Schimon Peres vorgeworfen, er beabsichtige die Teilung Jerusalems. Peres ging in die Defensive, entschuldigte sich und versprach, er werde Jerusalem nicht teilen, aber es hatte keinen Zweck. Die Rechte hatte an die Wurzeln des jüdischen Narzißmus gerührt und den Geist aus der Flasche gelassen. Das war nicht die einzige Zurschaustellung unserer Seelen, bei der man sehen konnte, was uns wirklich antreibt und wie unsere politischen Positionen unbewußt von ursprünglichen Trieben und Impulsen bestimmt werden. Jerusalem wird oft als das Herz der Nation bezeichnet, und wer könnte schon ein Herz auseinanderreißen? Oder nehmen wir das Gerücht, das einmal verbreitet worden war, daß Peres' Mutter eine Araberin sei. Oder der Siedler, der im Fernsehen gesagt hat, daß der Boden wie eine Frau sei, die nicht zwei Männern treu sein kann. Es bedarf keines weiteren Beweises für das, was uns wirklich antreibt und warum wir eine Psychotherapie benötigen. Der Konflikt zwischen uns und den Arabern im allgemeinen und der Streit um Jerusalem im besonderen wird in Bildern der tiefgreifendsten Konflikte des Gefühlslebens übersetzt: Loyalität zur Familie, Treuebruch, Verrat, Inzest, Mord und so weiter. Ein Begriff wie Treuebruch wird von uns für politische wie für familiäre Angelegenheiten verwandt: Wir sagen gleichermaßen „die Ehre einer Frau" und „die Ehre Jerusalems beflecken". Die Vorstellung vom Boden als einer Frau – Mutter Erde – ist eine alte und bekannte Vorstellung, die bereits erwähnt wurde. Das Volk Israels wird in der Bibel häufig als Hure beschrieben, die Gott untreu ist.

Die Erkenntnis, daß Spiritualität, so wie unser altes Sehnen nach Jerusalem, nichts anderes als eine Sublimierung von Trieben ist, ist aus der Bibel klar ersichtlich. In diesem Buch wird die ursprüngliche sexuelle und aggressive Triebhaftigkeit von einem großen, autoritären Vater im Zaum gehalten, der die Ordnung aufrecht erhält. Der Glauben an Gott und seine Gebote kann den Menschen helfen, unter dem großen Druck der Triebe nicht zu zerbrechen. Es ist offensichtlich, daß in unserer Gesellschaft sich der impulsivere Teil der Bevölkerung, nämlich Rechte und Religiöse, mehr Sorgen um Jerusalem macht. Im Wahlkampf von 1999 war Ehud Barak auf der Hut vor dem Feuer der Leidenschaften, die in vielen von uns schwelen, und so versprach er, Jerusalems Einheit zu bewahren. Es mag noch zu früh sein, um an diese Gefühle des jüdischen Volkes zu rühren. Jeder Politiker, der anders denkt, läuft Gefahr, die Unterstützung der Bevölkerung zu verlieren. Im schlimmsten Fall wird er als Verräter betrachtet, der seine Familie auseinanderreißt und seine Frau verkauft. Der Likud wußte diese Stimmung gegen Peres zu nutzen, und Barak hatte sich vor solchen Angriffen so gut wie möglich geschützt. Die Rechte wie die Linke verkünden übereinstimmend, daß Jerusalem stets ungeteilt und unter israelischer Herrschaft bleiben wird.

Die Rolle, die die Religion in unserem Konflikt mit den Palästinensern spielt, ist offensichtlich. Die unnachgiebige Haltung im Falle Jerusalems und die Schwierigkeit, sich von Gebieten in Judäa und Samaria zu trennen, sind eng mit religiösen Gefühlen verbunden. Es ist kein Zufall, daß der größte Teil der religiösen Bevölkerung keine Zugeständnisse beim Westjordanland machen will und dazu tendiert, die Rechte zu wählen – oft die extreme Rechte. Ich habe bereits erwähnt, daß es hier keine großen Unterschiede zwischen den nationalistischen religiösen Gruppen und den nicht-nationalistischen religiösen Gruppen gibt. Die gleichen religiösen Gefühle und der gleiche religiöse Persönlichkeitstypus bestimmen ihre Haltungen, und daher fällt es ihnen allen schwer, den anderen anzuerkennen. Das ist das grundlegende, historische Wesen der Religion (mit Ausnahme progressiverer Strömungen, die leider selten sind), sie ist impulsiv, ursprünglich und primitiv. Gemäß der religiösen Gefühle, die keine Grenzen kennen – auch Gott ist grenzenlos – kann es keine Zugeständnisse in der Frage eines Großisraels geben. Es ist eine Sache von Ganzheit und Reinheit. Das ist die Essenz der religiösen Botschaften. Die Begrenzungen der Realität und der Demokratie werden zu Gunsten der religiösen Sache vollständig ausgelöscht.

Der Blick in die religiöse Seele ist sehr wichtig, denn er kann uns helfen, die Probleme zu verstehen, die wir alle bei der mühseligen Reise von der Religion zum Staat haben. Die Religion ist die Wurzel der fehlenden Kompromißbereitschaft in unserer Welt und der autoritären Vaterfigur, die stets recht hat und alles bestimmt, und die wir geschaffen haben, um unsere emotionalen Bedürfnisse zu befriedigen. Diese geschaffene Vaterfigur sagt uns, was die Gläubigen brauchen. Für sie ist es sehr hart, die moderne Welt der letzten hundert Jahre zu akzeptieren. Eine Welt des relativierenden Denkens, sowohl in der Wissenschaft als auch in der Kunst, eine Welt, die den anderen anerkennt, in der weniger Projektionen existieren, dafür mehr Abgrenzungen. Die infantile religiöse Haltung hält die Gläubigen abhängig, wie ein Kind mit dem Wunsch nach Omnipotenz, das von seinen Eltern abhängig ist, die es davor schützen müssen, sich so zu verhalten, als ob alles möglich sei. Die Haredim, die nicht beim Militär dienen oder für ihren Unterhalt arbeiten, sind von uns abhängig. Die Siedler sind von uns abhängig, und davon, daß wir sie im Zaum halten. Was würde passieren, wenn wir sie nicht zurückhielten? Dasselbe, was einem Kind passiert, das keine Eltern hat, die für es sorgen – wir würden alle sterben. Das ist es, was jedem widerfahren wird, der in einer imaginären Welt lebt, die von der Realität losgelöst ist. In der Psychologie wird das paranoide-größenwahnsinnige Psychose genannt, und wenn wir nicht auf den Patienten achtgeben, dann wird er böse enden.

Wenn ich behaupte, daß der Konflikt wesentliche religiöse Züge trägt, dann meine ich damit, daß er von paranoiden Persönlichkeitsstrukturen getragen wird, die in der Menschheitsgeschichte vornehmlich von den Religionen vertreten wurden. Die Persönlichkeit eines Menschen, der sich aus Sicherheitsgründen gegen die Rückgabe von Gebieten wehrt, gleicht der eines Menschen, der religiös argumentiert. Beide werden nicht von rationalen Argumenten geleitet, obwohl das Argument der Sicherheit als solches hingestellt wird, sondern von ihren Impulsen. Den Beweis dafür liefert die Auseinandersetzung um Jerusalem, die kein Sicherheitsproblem darstellt, sondern ein rein emotionales. Wenn ich also sage, daß der Konflikt im Grunde religiöser Natur sei, dann beziehe ich mich auf die von den Trieben bestimmte Natur des Konfliktes. Das schließt auch Leute mit ein, die sich selbst nicht als religiös betrachten, deren extreme Positionen aber deutliche religiöse Merkmale besitzen.

Da ich mir aber der immensen Macht der religiösen Persönlichkeitsstrukturen bewußt bin, und wir noch einen weiten Weg bis zur Trennung von Religion und Staat vor uns haben, die den religiösen Einfluß schwächen wird, müssen wir uns mit dem religösen Standpunkt auseinandersetzen.

Frieden von Grund auf

Es war von Ehud Barak nicht klug gewesen, zu versuchen, eine endgültige Übereinkunft mit den Palästinensern zu erzielen. Der Entwicklungsprozeß ist noch nicht abgeschlossen und braucht noch Zeit. Man kann ihn weder abkürzen noch beschleunigen. *Unser Konflikt mit den Palästinensern unterscheidet sich von unseren Konflikten mit den benachbarten arabischen Staaten, denn es ist ein Streit zwischen Familienmitgliedern, die im selben Haus wohnen.* Die anderen Araber sind eher wie entfernte Verwandte, die man nicht jeden Tag sieht. Ein Streit innerhalb der engeren Familie, mit den Eltern, den Partnern oder den Geschwistern weckt immer starke Emotionen, denn er geht sehr tief. Wir und die Palästinenser sind wie impulsive Kinder in der Maske von Erwachsenen, die einen geregelten

Tagesablauf brauchen. Sie sind auf die Struktur des alltäglichen Lebens angewiesen, die ihnen von ihren Eltern vorgegeben wird, um ihre innere triebhafte und chaotische Welt auszugleichen, in der sie leben. Daher müssen wir in unserem Konflikt mit den Palästinensern, der in seinen Inhalten und von seiner Emotionalität her im wesentlichen ein religiöser Konflikt ist, zuerst den gesunden Menschenverstand in unserer Realität verankern. Der Frieden muß von Grund auf wachsen, aus den konkreten alltäglichen Handlungen, die oft stärker sind als die Triebe. Wir nennen diese Kräfte die Kräfte des Egos, die die Verbindung zur Realität herstellen, die Triebe zügeln und sehr wichtig fürs Überleben sind. Die Eltern, die sich um den Unterhalt ihrer Familie kümmern, stehen mit der Realität in Verbindung.

Auf der anderen Seite sind die religiösen Kräfte von der Realität losgelöst und repräsentieren die Welt der ursprünglichen Instinkte. Wenn ich sage, daß der Konflikt zwischen uns und den Palästinensern hauptsächlich religiöser Natur ist, dann meine ich damit die ursprünglichen, primitiven Triebe, die uns alle überwältigen, und die von der Religion mit ihrer infantilen Ichbezogenheit repräsentiert werden. Die Palästinenser müssen genau wie wir einen langen und schwierigen Prozeß der Trennung von Religion und Staat durchlaufen. Ihre verschiedenen religiösen Strömungen sind sogar mächtiger als unsere. Auch ihre Religion spiegelt eine impulsive, primitive Welt wider, die ihre Gläubigen im Namen Gottes in eine Regression hineinzieht. In Hinsicht auf unsere innere Struktur ähneln wir ihnen sehr, mit dem Unterschied, daß wir auch eine große entwickelte Bevölkerungsgruppe haben. Es besteht kein Zweifel daran, daß wir ihnen dabei helfen müssen, einen möglichst weit entwickelten Staat aufzubauen. Ein stabiler Palästinenserstaat ist für uns die beste Garantie für einen Frieden. Es wurde oft gesagt, daß Verbitterung und Frustration die Väter des Terrorismus sind. Frieden kann man nur mit jemandem schließen, der etwas zu verlieren hat. Menschen, die nichts zu verlieren haben, neigen dazu, im Namen Gottes Selbstmord zu begehen und ihren Zorn und Haß auf jene zu richten, die ihnen schuldig erscheinen.

Wir müssen von Grund auf beginnen und langsam die Vernunft in der zerbrechlichen Realität verankern und den Palästinensern gegenüber Wohlwollen entwickeln. Ich sage nichts Neues damit, daß alles, was gut für sie ist, auch gut für uns ist. Die wirtschaftliche Entwicklungshilfe, von der Schimon Peres gesprochen hat, ist solch ein Anker gegen die Religion. Unser Erwachsenenleben hängt von den Kräften des Egos ab, die sich an der Realität orientieren und sich gegen die impulsive und chaotische Welt stemmen. Wir sind vertraut mit den Leuten, die nicht arbeiten, nicht zur Armee gehen und nur die Thora studieren. Für sie stellt die Thora eine spirituelle Welt dar, aber wir wissen, daß sie tatsächlich in einer Welt der impulsiven Leidenschaften leben, in der keine realistischen Grenzen existieren und die durch religiöse Beschränkungen im Gleichgewicht gehalten wird. Wenn die ultraorthodoxen Juden arbeiten würden und eine stärkere Bindung zur Realität besäßen, würden ihre politischen Ansichten zweifellos entsprechend moderater sein. Wenn wir von den Extremisten auf beiden Seiten reden, die den Friedensprozeß behindern, dann reden wir von der Religion. Tatsächlich ist die Religion und alles wofür sie steht – absolute Gerechtigkeit, absolute Wahrheit, absoluter Narzißmus, ein einziger wahrer Gott – das Haupthindernis für den Frieden im nahen Osten.

Ehud Baraks Sprung ans Ende des Weges, nämlich zu einer endgültigen Vereinbarung, rührt von einem Unverständnis der Tiefe und des Ausmaßes des Konfliktes. Wenn Partner heiraten, dann fragen sie sich nicht jeden Tag: „Wird es auch immer wie heute bleiben?" Diese Frage ist beängstigend und bedrohlich. Sie werden vielmehr eine Beziehung im hier und jetzt aufbauen, auf den Kleinigkeiten des Alltags, und Verallgemeinerungen meiden. Man kann sich vom Besonderen zum Allgemeinen bewegen. Im Falle der Friedensabkommen könnten wir zum Beispiel mit einem sicheren Transitweg vom Gaza-Streifen zum Westjordanland beginnen. Oder mit einem Seehafen im Gaza-Streifen, mit der Verbesserung der wirtschaftlichen Situation, mit vertrauensbildenden Maßnahmen, mit einem Stop des Siedlungsbaus, der bei den Palästinensern das Trauma ihrer Vertreibung wachhält. Die Palästinenser ihrerseits können nicht im gleichen Atemzug über den Frieden und den Heiligen Krieg reden. Ihre Schulbücher dürfen nicht zum Krieg anstacheln. Sie müssen bei der Bekämpfung des Terrorismus zu ihrer Verantwortung stehen und dürfen gegenüber der Gewalt von ihrer Seite nicht gleichgültig sein. Ihr Verhalten zeigt, wie gespalten die Palästinenser in diesem Friedensprozeß sind. Wir müssen ihnen dabei helfen, diese verschiedenen Teile von sich zu integrieren. Durch die Integration verankert sich das Kind in der Realität gegen alle Impulse, die es mit sich fortreißen wollen. Wenn wir ihre kriegstreiberischen Erklärungen ignorieren, dann würden wir damit ihre emotionale Spaltung akzeptieren und ihnen kein Wachstum zu wirklichem Frieden abverlangen.

Es ist unmöglich den Grenzverlauf bereits endgültig festlegen, denn die inneren Konflikte sind auf beiden Seiten viel zu groß. Wir müssen uns erst unter uns einig werden, wo die Grenzen verlaufen sollen. Es muß ein Minimum an innerer Integration der widerstreitenden Kräfte unseres Landes verhanden sein. Das gilt sowohl für uns als auch für die Palästinenser. Wir können es auch anders ausdrücken: Auf Grund unserer inneren Spaltungen befinden wir uns in einem Zustand der Unreife, wir gleichen Eltern, die die Abhängigkeit ihrer Kinder fördern. Es ist offensichtlich, daß wir Schwierigkeiten haben, die Palästinenser sich entwickeln und ihren eigenen, unabhängigen Staat aufbauen zu lassen. Unser emotionaler Zustand als Nation erlaubt es uns nicht, einer anderen Nation bei ihrer Entwicklung zu helfen. Die Religion, die die Welt klar und unverrückbar in gut und böse unterteilt, repräsentiert auf beiden Seiten die spaltenden und extremistischen Kräfte. Der Staat bietet auf beiden Seiten eine Alternative zur Religion. Die Entwicklung der gesamten Region von der Religion zum Staat, oder auf der emotionalen Ebene von den Triebkräften zur Anerkennung des anderen, ist die wichtigste Aufgabe. Sie wird noch einige Zeit benötigen. Bis dahin muß der Friedensprozeß von Grund auf im Alltag verankert werden.

Positive Erfahrungen und Erfolge spielen in Wachstumsprozessen eine wichtige Rolle. Daher müssen wir mit Dingen beginnen, die auch funktionieren. In einer Prüfung beginnt man auch erst mit den Fragen, die man beantworten kann, und läßt sich nicht gleich zu Anfang von den schwer lösbaren frustrieren.

Wenn wir unsere Beziehungen mit den Palästinensern schrittweise aufbauen, können wir eine entspanntere und herzlichere Atmosphäre schaffen, die es später leichter macht, sich über den Grenzverlauf zu einigen. Ist es für uns dringlicher, sofort die Grenzen festzulegen, oder unsere Beziehungen zu den Palästinensern zu verbessern und ihnen beim Aufbau ihres Staates zu helfen? Der Grenzverlauf ist natürlich nicht die wichtigste Sache, die es zu klären gilt, sondern es sind die Beziehungen, die wir zu unseren Nachbarn unterhalten. Die Palästinenser und wir verhalten uns wie Kleinkinder, die assoziative Spiele spielen, die keine festgelegten Regeln haben. Man kann ihnen nicht die Regeln der Spiele älterer Kinder beibringen. In der ödipalen Phase ist das Spiel noch assoziativ und impulsiv und kennt keine Grenzen. Während des Spielens kommuniziert jedes Kind mehr mit sich selbst als mit den Mitspielern. Die Kinder spielen nicht miteinander, sondern nebeneinander.

So geht es heute den Palästinensern und uns. Die religiösen Positionen sprechen nur über sich selber und kümmern sich nicht um die anderen. Das ist personifizierte Ichbezogenheit. Die Menschen müssen verstehen lernen, daß wir nicht alle Probleme jetzt sofort lösen können und manche Dinge für die Zukunft offen bleiben müssen. Wir müssen Vertrauen in unsere Kinder haben und ihnen einen Teil der Arbeit überlassen. Warum auch nicht? Die Menschen müssen einsehen, daß man bei diesem Prozeß nicht einfach aus Ungeduld ans Ende springen kann.

Daher ist es auch zu früh, um über das endgültige Schicksal der Siedlungen zu sprechen. Dieses Problem sollte für die Zukunft offen gehalten werden und in das Netzwerk freundschaftlicher Beziehungen eingebunden werden, das in dieser Region geschaffen werden sollte. Dann wird alles viel einfacher sein, als wenn wir versuchten, die Dinge vor ihrer Zeit zu ordnen.

Am Ende der ödipalen Phase versucht der Sohn nicht mehr, seinen Vater zu attackieren oder ihm die Frau wegzunehmen. Er verbindet sich mit ihm durch den Akt der Identifikation, durch Liebe und männliche Verbrüderung. Der Sohn verehrt den Vater, sehnt sich nach seiner Freundschaft und möchte sein wie er. Das Gefühl der Liebe, das er seinem Vater entgegenbringt, spielt in dieser männlichen Brüderlichkeit eine wichtige Rolle. Wir kennen das aus anderen Männerfreundschaften, zum Beispiel in der Armee. Der Frieden zwischen Vater und Sohn ist der Frieden zwischen Tapferen oder zwischen Helden. Daher ist Arafats Begriff vom „Frieden der Tapferen", den auch Barak manchmal benutzt hat, in Bezug auf unsere Beziehung mit den Palästinensern so zutreffend. Dieser Frieden erfordert Mut, denn man muß ihn mit dem Vater schließen, gegen den man sich aufgelehnt hatte, und man darf keine Angst vor ihm haben. Dieser Frieden erfordert noch aus einem anderen Grunde Mut. Das Kind muß etwas aufgeben, von dem es denkt, daß es darauf nicht verzichten kann: den Wunsch, seine Mutter als Partnerin zu besitzen.

Dasselbe gilt für Mädchen, die sich in der ödipalen Phase romantischen Phantasien darüber hingeben, daß sie ihren Vater heiraten, und die sich dann schrittweise mit ihren Müttern identifizieren. Diese romantischen Phantasien werden dann später während der Schulzeit unterdrückt, und es verursacht den Mädchen Schamgefühle, wenn sie sich daran erinnern. So durchlaufen auch die Töchter einen tiefgreifenden unbewußten Prozeß von Rivalität und Haß gegen ihre Mutter zu dem Wunsch, sich mit ihr zu identifizieren und ihr nah zu sein. Also kennen auch die Mädchen diese Umkehrung, die wir erörtern, aber ich möchte mich in diesem Kapitel auf den Entwicklungsprozeß der Jungen beschränken, weil er besser die notwendige Umwandlung von den mächtigen aggressiven Trieben zu Brüderlichkeit und Frieden repräsentiert. Die ödipale Phase der Jungen entspricht unserer Beziehung zu den Palästinensern.

Wenn einer unserer Politiker voller Gefühl und mit Tränen

in den Augen erklärt, daß es keine Unterschiede zwischen einem arabischen und einem jüdischen Kind gibt, dann darf diese Äußerung nicht mit der abstrakten Menschenrechtshaltung der Linken erfolgen, sondern muß aus einer tiefen Emotionalität heraus kommen, mit der sich die Bevölkerung identifizieren kann. Sie muß aus der Fähigkeit heraus kommen, Haß in Liebe zu verwandeln, so wie ein Kind seinen ersten Krieg in einen Sieg der Brüderlichkeit und Liebe verwandelt. Auch wir brauchen das Mittel der männlichen Identifikation, um dieses Problem zu lösen. Die Palästinenser würden diese Annährung durch Liebe akzeptieren. Es ist wahr, sie hassen uns heute noch und sie haben gute Gründe dafür, aber eine tatsächliche Veränderung im Lauf der Geschichte kann nur durch eine andere emotionale Haltung erzielt werden, mit einer liebenden Haltung. Wie kann das erreicht werden?

Wir können von den Kindern lernen. Wir alle haben das in Bezug auf unsere Väter schon einmal durchgemacht. Wir haben Bedrohung und Krieg in Identifikation und Liebe umgewandelt. Die Palästinenser brauchen uns sehr, und wenn wir ihnen gegenüber eine von Liebe bestimmte Haltung entwickeln können, können wird die Geschichte ändern. Ein israelischer Politiker muß den israelisch-arabischen Konflikt mit Liebe beilegen. Durch emotionale Äußerungen, die die Botschaft der Partnerschaft, der Zusammengehörigkeit, der Brüderlichkeit und des Friedens der Tapferen vermittelt. Wir müssen wirklich bewegt sein, wenn wir sagen: „Es gibt keinen Unterschied zwischen arabischen und jüdischen Kindern", oder: „Wir müssen die Rechte und die Würde der palästinensischen Arbeiter schützen, die bei uns arbeiten", oder: „Die israelischen Araber sollen die gleichen Rechte erhalten." Nur diese emotionale Bewegung der Identifikation und des Verständnisses kann Krieg in Vertrautheit und Liebe verwandeln. Ohne diese emotionale Bewegung, das weiß jedes Kind, kann keine Beziehung geknüpft werden. Die Palästinenser und wir sind tatsächlich Brüder, die auf demselben Grund und Boden leben, ein gemeinsames Schicksal teilen und die eine gemeinsame Geschichte verbindet. Wir wissen beide, was es heißt, heimatlose Flüchtlinge zu sein, und wir versuchen beide, uns eine Heimat aufzubauen, auch wenn wir in dieser Beziehung schon weiter sind als sie. Wir können sie besser verstehen als alle anderen. Wie zwei Heranwachsende oder wie Vater und Sohn, die sich ähnlich sind und sich gegenseitig verstehen, nur daß der eine älter ist und schon mehr erlebt hat. Warum nutzen wir nicht unsere eigenen Erfahrungen mit der männlichen Brüderlichkeit, warum nutzen wir nicht unser psychologisches Wissen und warum nutzen wir nicht unsere Gefühle, um das Wesen dieses emotionalen Prozesses namens Frieden zu verstehen?

Die grundlegende Eigenschaft des Prozesses muß sich von einer Geschäftsverhandlung über einzelne Gebiete zu einem Verständnis der emotionalen Dimension des Bedürfnisses ändern, daß zwei Brüder gemeinsam in diesem Land leben. Wie unter Freunden sollten wir uns einfach „Bruder" nennen, so wie Arafat Peres genannt hat. Die Lösung kann nur durch gegenseitige Identifikation erfolgen, durch gegenseitige Rücksichtnahme, durch Liebe und den Wunsch nach Nähe. Die Frage ist, ob wir die emotionale Logik des Prozesses verstehen, eine Logik, die eine Erklärung zu unserer historischen Verpflichtung erfordert, den Palästinensern zu helfen, in Würde zu leben. Eine Erklärung, die von Herzen kommen muß.

Große Staatsmänner haben sich durch ihre Emotionalität ausgezeichnet. Schwere Konflikte sind mehr in der emotionalen als in der rationalen Ebene verwurzelt. Unser Konflikt mit den Arabern kann nicht durch irgendein Abkommen gelöst werden, das keine emotionale Tiefe besitzt. Das Modell der Familie, das ich öfter herangezogen habe, weist auf die richtige emotionale Haltung. Die Beziehungen innerhalb einer Familie sind hauptsächlich emotionale Beziehungen. Als solche sollte man sie auch behandeln und lösen. Die Palästinenser und wir haben das gleiche Problem. Wir sind beide heimatlose Flüchtlinge, die ihre Unabhängigkeit und Frieden möchten.

Ein Kind muß große Kräfte mobilisieren, um Krieg und Haß in Liebe zu verwandeln. Es hat keine andere Wahl, denn es wird immer eine emotionale Beziehung zu seinem Vater haben. Der Sohn kann ihn hassen oder lieben, aber er kann einer so wichtigen Person in seinem Leben gegenüber nicht gleichgültig sein. Und wenn ein Kind sagt, daß ihm sein Vater gleichgültig sei, dann entspringt das einem Schmerz. Und genauso wird es immer eine emotionale Beziehung zwischen uns und den Palästinensern geben. Man kann sich nur schwer eine Gleichgültigkeit und das Fehlen von Emotionen zwischen zwei Brüdern vorstellen, die im selben Land leben. In diesem Fall würde eine kühle und befremdliche Beziehung herrschen, die eine emotionale Distanz kennzeichnet. Das ist das Modell unseres kalten Friedens mit den Ägyptern, der möglich ist, weil es eine klare Abgrenzung von ihnen gibt und auch eine räumliche Distanz vorhanden ist. Aber bei zwei Brüdern, die im selben Haus leben, so wie die Palästinenser und wir, mit den israelischen Arabern innerhalb der eigenen Grenzen und den jüdischen Siedlern im Gaza-Streifen und im Westjordanland, bei so einer räumlichen und emotionalen Nähe würde ein kalter Frieden einem Krieg gleichkommen. Wenn Emotionen im Spiel sind, dann sollte es besser die Liebe und nicht Haß und Krieg sein. *Zwischen den Palästinensern und uns kann es wie in einer Familie kein emotionales Vakuum geben.* Das ist im wesentlichen der Unterschied unserer Beziehungen zu den anderen arabischen Staaten.

Wir benötigen die führenden Politiker, die uns diesen Weg weisen. Die Bevölkerung muß sich mit ihnen und der emotionalen Lösung, die sie anbieten, identifizieren können. Es ist sicher einfacher für die Rechte, den Feind zu einem Freund zu machen, denn sie ist emotionaler. Es ist interessant, daß das Schlagwort vom „Frieden der Tapferen", das die emotionale Lösung für unseren Konflikt mit den Palästinensern beinhaltet, von Arafat geprägt wurde. Er war es auch, der Peres „meinen Bruder" genannt hat. Die Palästinenser stehen tatsächlich in engerer Verbindung zu ihren Gefühlen als wir. Daher sind sie auch in der Lage, das komplexe Problem in solch einfachen Äußerungen zusammenzufassen.

Wenn wir das Dilemma der Entwicklung eines Kindes auf die politische Ebene übertragen, dann wird uns klar, daß wir eine Aussöhnung zwischen Judentum und Islam brauchen. Eine Aussöhnung, die die gegenseitigen Verletzungen in einen gemeinsamen Sieg verwandeln, die die trennenden Leidenschaften („Jerusalem gehört allein uns") in eine gemeinsame Richtung lenkt („Jerusalem ist ein Symbol des Friedens"). Dieser Prozeß der Identifikation kann sich ungemein positiv auf den Friedensprozeß auswirken. Der wichtigste Teil dieser Umwandlung von Haß in Liebe besteht darin, daß die Angst verschwindet und an ihre Stelle Zuneigung und Rücksichtnahme tritt. Ein Kind ersetzt seine Furcht vor dem Vater durch die Erfahrung von Vertrautheit und Zusammengehörigkeit. Es fürchtet sich nicht länger vor seiner Existenz. Der Frieden braucht genauso wie der Krieg seine Symbole. Jerusalem bietet uns die Möglichkeit, eines der größten Probleme des Konfliktes in ein Symbol des Friedens zu verwandeln.

Jerusalem ist die narzißtische Wunde des jüdischen Volkes. Es ist die Essenz seines Anspruches, daß ihr Gott größer als alle anderen ist. Aber so wie ein Kind seine Schwächen in Stärken verwandeln kann, wie wir alle Niederlagen im Leben dazu nutzen können, einen neuen Anfang zu machen, wie der Patient im Laufe der Therapie seine Verletzlichkeit zu Sensibilität und Macht umformen kann, und so wie der Sohn den Krieg gegen den Vater in einen herzlichen Frieden mit ihm verwandelt, so kann Jerusalem zu einer historischen Aussöhnung führen.

Mit derselben emotionalen Überzeugung, mit der wir sagen: „Ein ungeteiltes Jerusalem für immer unter israelischer Herrschaft", sollten wir sagen: „Jerusalem, die Hauptstadt des Friedens", oder: „Das Symbol für den Frieden zwischen Juden und Muslimen", oder: „Das Symbol für Brüderlichkeit in der ganzen Welt." Wir müssen der Bevölkerung helfen, ihre tiefen Verletztheiten in emotionale Handlungen umzusetzen, die konstruktiv für den Frieden wirken. So starke Gefühle wie „Ein ungeteiltes Jerusalem für immer unter israelischer Herrschaft" können nicht einfach ausgelöscht werden, man muß sie in eine andere emotionale Richtung lenken. Daher muß die religiöse Aussöhnung dramatisch sein, sie kann kein romantischer Frieden sein. Aus diesem Grund brauchen wir dramatische Politiker, die die Aussöhnung der beiden Religionen betreiben.

Ein Kind benötigt für seinen Wachstumsprozeß einen Rahmen, der ihm Halt gibt, denn die Sozialisation der Triebe ist nicht einfach. Es sind durch die Realität festgesteckte Grenzen notwendig, in deren Rahmen die Impulse in die richtige Richtung gelenkt werden können. Wir müssen unsere Haltung den Palästinensern gegenüber grundlegend ändern, von Feindschaft und Haß zu Zuneigung und Verantwortung für ihr Schicksal und ihre Zukunft. Wir müssen dazu über unseren Schatten springen, aber wir haben die Kraft dazu.

Die Sprache im Nahen Osten ist dramatisch und leidenschaftlich. Die Beziehungen mit all unseren Nachbarn basieren auf dieser Impulsivität: Der Frieden zwischen Menachem Begin und Anwar al-Sadat war ein dramatischer Frieden, der von den Persönlichkeiten der beiden Präsidenten geprägt war; unser warmer Frieden mit dem vorigen jordanischen König Hussein (eine extrovertierte Wärme ist leidenschaftlich, genau wie Haß und Krieg); der Austausch von Komplimenten der letzten Präsidenten Assad und Barak, Assad hatte Barak „vertrauenswürdig" genannt, und Barak Assad einen „großen Politiker"; der kalte Frieden mit Ägyptens Hosni Mubarak, der uns häufig mit Zorn und Beleidigungen überschüttet; und schließlich auch Arafats „Frieden der Tapferen". Wir sehen, daß im Nahen Osten jeder Schritt Richtung Frieden – und auch in Richtung Krieg – über eine leidenschaftliche, dramatische Sprache vollzogen wird. Wir sind hier nicht in Europa, einer Welt der unterdrückten Triebe. Wir tragen unser Herz auf der Zunge.

Ein führender israelischer Politiker muß ein dramatischer Politiker sein, denn ein Großteil unserer Bevölkerung spricht eine dramatische Sprache. Ihre starken Emotionen müssen in die richtige Richtung gelenkt werden. Die Inhalte müssen romantisch, aber die Sprache muß dramatisch sein, denn die

Linken achten mehr auf die Inhalte, während die Rechten mehr auf den Tonfall achten. Wir benötigen also auch eine Aussöhnung zwischen der Linken und der Rechten, aber eine leidenschaftliche. Der Geist, der Stil und die Gefühlsäußerungen müssen dramatischer Art sein, die Inhalte und Ziele dagegen romantisch. In dieser Hinsicht gleichen sich alle Länder des Nahen Ostens, und wir gehören auch dazu.

Wir müssen den religiösen Gruppen auf beiden Seiten dabei helfen, die Religion und all ihre Werte in Begriffen des Friedens und der Versöhnung Ausdruck zu geben. Das ist der einzige Weg, zum Frieden zu gelangen, oder um zumindest die Spannungen mit den extremistischen islamischen Ländern abzubauen. Eine Erklärung in dramatischer Sprache, die dem Islam Respekt entgegenbringt und seine Bedeutung anerkennt, ist unbedingt notwendig. Was würden wir Juden empfinden, wenn ein arabischer Politiker unserer Religion die Ehre erweist und aus ihren Schriften zitiert? Wir wären stolz und würden ihm ein Gefühl der Liebe entgegenbringen. Und wenn ein arabischer Politiker von den Errungenschaften spräche, die das Judentum der Welt gebracht hat, was würden wir von ihm halten? Es wäre nicht auszudenken. Daher sollten wir mit derselben libidinösen Energie, mit der wir „Ein ungeteiltes Jerusalem als ewige Hauptstadt Israels“ proklamieren und damit die Palästinenser verletzen, erklären: „Jerusalem wird für immer die Hauptstadt des Friedens sein.“ Damit bringen wir den Palästinensern und dem Islam Respekt entgegen. Wenn die Liebe zur treibenden Kraft wird, werden wir auf einmal nicht mehr verstehen, warum wir uns um unser Überleben geängstigt haben und wie sehr wir von der Frage besessen waren, ob sie in Ostjerusalem ein Parlament haben werden oder nicht. Unser ganzes Denken wird sich ändern. Das ist es, was ich anstrebe, einen tiefen Wandel unseres Denkens.

Es ist ein schwieriges Problem, denn es gibt keine größere Beleidigung für eine Religion, als die Existenz einer anderen anzuerkennen. Religionen haben in der Menscheitsgeschichte einander nie Zugeständnisse gemacht. Gott ist per Definition nur einer und er gehört mir, da gibt es keinen Kompromiß. Es gibt nichts absoluteres als eine Religion, die mit anderen Religionen per Definition nur einen Kampf auf Leben und Tod zuläßt. Ein Gott kann anderen Göttern gegenüber nicht tolerant sein. Aber vielleicht ist es zu Beginn des 21. Jahrhunderts an der Zeit, die Idee zu verbreiten, daß die beiden Hauptreligionen des Nahen Ostens miteinander leben können. Wenn wir von einer wirklichen Aussöhnung sprechen, dann können wir die religiösen Gefühle, die eine Rolle im Konflikt spielen, nicht außer acht lassen. Wir müssen in religiösen Begriffen denken und die Sprache sprechen, die im Nahen Osten verstanden wird.

Ein dramatischer Aufruf zur Versöhnung zwischen Judentum und Islam kann von einem religiösen Dialog unterstützt werden, der nicht Politik zum Thema haben wird, sondern in dem jede Religion sich selbst vorstellen wird, ihren Glauben und ihre Haltung gegenüber den Andersgläubigen, die bei ihnen leben. Es geht um ein gegenseitiges Kennenlernen. Der psychologische Effekt ist nicht zu unterschätzen, denn die damit verbundenen Gefühle wären die der Liebe und nicht die des Hasses. Ein Aufruf zu einem Treffen zwischen den Ayatollahs und Rabbinern würde unser Denken ändern und einen Samen einpflanzen, der in der Zukunft reiche Früchte bringen wird. Daher ist es sehr wichtig, die religiösen Würdenträger zu ermutigen, am Friedensprozeß teilzunehmen. Wir sollten sie dazu auffordern, Verantwortung zu übernehmen, statt sie als extremistische Minderheit auszuschließen. Kinder ändern sich, wenn sie Verantwortung übernehmen müssen und selbst zu Eltern werden. Wir konnten das bei einigen unserer Politiker sehen, die von der Opposition zur Regierungskoalition gewechselt sind. Durch die Verantwortung, die sie für unser Land übernommen haben, sind ihre Ansichten moderater geworden. Wir sollten also die religiöse Perspektive in die Friedensgespräche mit einbinden und die religiösen Gruppen am Prozeß beteiligen, damit sie Verantwortung übernehmen. Das wäre für sehr viele Menschen auf beiden Seiten von großer Bedeutung, die keine religiösen Extremisten sind, denen ihre Religion aber wichtig ist.

Bei dem religiös-emotionalen Zustand, in dem wir uns heute befinden, ist es kein Wunder, daß wir bei jedem Zugeständnis denken, wir würden damit alles aufgeben. Wir sind vor Angst wie gelähmt. Auf diese Art und Weise können Partner nicht miteinander in Frieden leben. Solch ein Schwarzweißdenken – wir geben ihnen entweder alles oder nichts – bedarf einer langen Therapie, damit der Patient erkennen kann, was ihm viel und was ihm weniger bedeutet und wo er Zugeständnisse machen kann. Der Patient muß seine Wahrheit erkennen, und wir die unsere. Hinter dem Meer unsrer Ängste liegt die Wahrheit. Sie wird für uns klarer und zugänglicher, wenn wir uns mit den Palästinensern identifizieren und ihnen Zuneigung entgegenbringen. Sobald wir uns nicht mehr bedroht fühlen, werden die Dinge klarer werden. Das ist aus anderen Wachstumsprozessen bekannt. Partner wissen aus Erfahrung, wie sich Bezugspunkte und Denkweisen ändern können, wenn ihre Beziehung vom Krieg in Liebe verwandelt wird. Dieselbe Realität und dieselben Tatsachen können völlig anders wahrgenommen werden.

In der Therapie machen wir oft die Erfahrung, daß das Problem nicht in der technischen Machbarkeit besteht, und es ist kein Zufall, daß der Patient diese technischen Lösungen nicht erkennt. Seine emotionale Haltung schränkt sein Denken ein und läßt ihn viele Möglichkeiten übersehen. Es fällt uns schwer, das Wort „Souveränität" zu relativieren und zu erkennen, daß es viele Aspekte beinhaltet, die für uns keine Bedeutung mehr haben. Zum Beispiel die Kontrolle der palästinensischen Bevölkerung in Ostjerusalem in Hinsicht auf Bildung, Gesundheit, und Wohlfahrt. Was bleibt also von dem Slogan des ungeteilten Jerusalems unter israelischer Souveränität? In erster Linie ein Gefühl, das sich in der Tat schwer relativieren läßt. Vielleicht brauchen wir die Stadt auch gar nicht zu teilen, sondern schaffen es, sie gemeinsam als eine Stadt mit gemischter arabischer und jüdischer Bevölkerung anzusehen. Und warum können nicht zwei Bürgermeister zusammenarbeiten? Ist ein palästinensisches Parlament im Ostteil der Stadt eine Beleidigung unserer Gefühle, oder kann es nicht auch ein Symbol für Koexistenz und Frieden sein? Es ist nicht schwierig, technische Lösungen zu finden, die beiden Seiten gerecht werden, wenn die emotionale Einstellung sie zuläßt.

Man könnte einen Rat mit jüdischen, christlichen und muslimischen Würdenträgern einrichten, der ein Abkommen über eine friedliche Koexistenz unterzeichnet und versucht, für die religiösen Probleme in Jerusalem eine Lösung zu finden. Eine derartige Zusammenarbeit kann große emotionalen Auswirkungen haben. Und zwei Parlamente in derselben Stadt wären wirklich ein Symbol des Friedens. Jerusalem muß zum Symbol unseres veränderten Denkens werden. Damit wüde deutlich, daß es Platz für beide gibt, und nicht nur für einen von uns.

Wir sollten nicht den Fehler der Intifada wiederholen. Wir sollten uns daran erinnern, daß die Palästinenser einen langen Atem haben und viel motivierter sind, für ihre Hauptstadt in Jerusalem zu kämpfen. Unser Motiv dafür, Jerusalem unter Kontrolle zu behalten, ist narzißtischer Natur, während sie den Wunsch nach einer Hauptstadt noch nicht verwirklicht haben. Wir kämpfen aus der Angst heraus, daß man uns etwas wegnehmen will, das wir bereits besitzen. Sie kämpfen um ihr Leben und um ihre Unabhängigkeit. Die Intifada ist wie die Rebellion eines Heranwachsenden, sie sind stärker und ihre Sache ist gerechter als unsere, denn sie besitzen nichts. Das sollten wir besser bald erkennen. Würden wir unsere Hauptstadt aufgeben? Die Frage mag banal klingen, aber ihre Botschaft trifft den Kern des Problems. Jerusalem ist der größte Stolperstein im Friedensprozeß, denn es rührt an unsere tiefsten emotionalen Ängste. Und darin liegt auch die einzigartige Möglichkeit, den Krieg in Frieden zu verwandeln.

Wir sollten uns erinnern, wie sich dieser Prozeß entwickelt hat. Einst waren wir der Überzeugung, daß die Aufgabe des Sinai unsere Sicherheit gefährden würde. Wir hatten einen eigenen Palästinenserstaat für eine existentielle Bedrohung gehalten. Ein Rückzug von den Golanhöhen war für uns unvorstellbar gewesen. Niemand von uns hätte gedacht, daß wir uns ohne Bedingungen aus dem Libanon zurückziehen werden. Wir haben gelernt, mit all diesen Verletzungen unseres Narzißmus zu leben, so wie ein Kind in einem langen und schmerzvollen Prozeß die Existenz des anderen anerzuerkennen lernt. Es ist kein Prozeß ohne Ende, wie manche von uns fürchten. Es ist die Suche nach unserer inneren Wahrheit, nach dem, was wir aufgeben können, und dem, was wir nicht aufgeben können. Die Suche nach einer Möglichkeit, mit dem anderen zu leben. Wenn wir uns aber aus Zuneigung mit ihnen identifizieren wollen, dann müssen wir uns aus unserem jetzigen Zustand befreien, der uns zwingt, auf eine von ihnen geschaffene Realität zu reagieren. Wir müssen den Prozeß anführen. Wir sollten den Wachstumsprozeß der Palästinenser befürworten und unterstützen. Das mag heute noch absurd klingen, aber wir müssen nicht voller Angst unsere Augen verschließen und zu Gott beten, daß sie klein und schwach bleiben. Wir sollten wie Eltern sein, die die Entwicklung ihrer Kinder fördern und sich mit ihnen identifizieren, und nicht wie Eltern, die Angst haben, daß ihre Kinder erwachsen werden und ihnen drohen.

Ein israelischer Politiker, der erklärt, wie sehr er Jassir Arafat für seine jahrelange Standhaftigkeit im Kampf für die Rechte der Palästinenser respektiert, wird von ihnen sehr geschätzt werden, und er wird in der Lage sein, den Friedensprozeß voranzubringen. Wir würden es ebenso schätzen, wenn ein arabischer Politiker unsere Politiker lobt oder Verständnis für unsere Existenzängste äußert. So ein israelischer Politiker könnte die Tatsache ansprechen, daß auch wir in unserem Unabhängigkeitskampf das Mittel des Terrorismus angewandt haben. Er könnte sagen, daß wir nicht fragen, wer mehr recht hat, sondern wie das Leid, das wir alle erleben, gelindert werden kann. Unsere Politiker könnten zu den Palästinensern wie zu Gleichen reden, über das gemeinsame Schicksal von zwei Völkern, in einem Land zu leben. Er könnte eingestehen, daß wir die Palästinenser aus ihrer Heimat vertrieben und ihnen viel Leid zugefügt haben. Aber auch wir wollen leben und können für sie nicht unsere Existenz aufgeben oder uns dafür entschuldigen. Daher können wir nicht alle Flüchtlinge heimkehren lassen, aber Entschädigungen sind sicher möglich. Unsere Politiker könnten unsere moralische Verantwortung für das Schicksal der Flüchtlinge anerkennen und den ernsthaften Wunsch äußern, ihnen so gut wie möglich zu helfen. Dennoch werden wir uns nicht mit dem Terrorismus abfinden. Eine derartige emotionale Erklärung könnte das Bild im Nahen Osten vollständig verändern. Ich habe hier nichts Neues gesagt, außer, daß so eine Äußerung nur von jemanden abgegeben werden kann, der nicht länger in einer Abwehrhaltung verharrt.

Es wird der Tag kommen, an dem Staat und Religion vollständig getrennt sein werden. Dann verliert die Religion an Einfluß und die ursprünglichen Triebe werden unterdrückt. Wenn wir diesen emotionalen Zustand erreicht haben, dann können wir gegenseitig Verständnis füreinander aufbringen. Bei einem Kind entwickelt sich Verständnis erst in einem fortgeschrittenen Stadium, es besitzt es nicht von Anfang an. Das Kind muß erst die beiden Pole von Liebe und Haß erfahren, von Distanz und Identifikation, bevor es seinen Platz findet, der nicht zu weit weg und nicht zu nah ist, und bevor es sich teilweise mit dem anderen identifizieren kann und versteht, was er sagt. Das Kind muß lernen, daß es genug Platz für beide gibt. Das ist die Entwicklungsstufe, auf der sich die europäischen Staaten befinden. Aber solange Religion und Staat noch nicht getrennt sind, und die Religion noch immer Macht besitzt, müssen wir von Grund auf mit kleinen Schritten beginnen, die Realität zu verändern. Und auf der obersten politischen Ebene müssen wir mit der dramatischen Sprache des Nahen Ostens arbeiten.

11. Die israelischen Araber

Versuchen wir einmal, einen Blick in die Seele der Palästinenser zu werfen und die unterschiedlichen Emotionen von denen zu verstehen, die geflohen sind, und von denen, die geblieben sind. Ich werde mit der Gefühlslage der palästinensischen Flüchtlinge beginnen, die uns später helfen werden, die israelischen Araber zu verstehen.

Bis zur Gründung des Staates Israels im Jahre 1948 lebten die Palästinenser hier mit ihren Familien in relativer Ruhe. Sie wohnten in ihren Häusern, bestellten das Land ihrer Vorväter und lebten in einer Umgebung, die ihnen seit Generationen vertraut war. Plötzlich brach unser Unabhängigkeitskrieg los, und die meisten Palästinenser flohen aus Angst vor den zionistischen Eroberern. Sie ließen alles zurück. Vielleicht dachten sie, die arabischen Staaten würden bald den Sieg erringen und sie könnten bald wieder in ihre Häuser heimkehren und der zionistische Alptraum wäre damit vorbei. Viele wurden von uns aktiv vertrieben und über das gesamte Nahostgebiet zerstreut. Es gab aber einige, die nicht flohen. Eine Minderheit der Palästinenser blieb und ihnen ist nichts geschehen. Die zionistischen Eroberer taten ihnen nichts. Die Palästinenser hatten eine größere Demütigung und Unterdrückung erwartet, vielleicht weil sie als Sieger so gehandelt hätten. Aber sie wurden erstaunlich schnell zu Bürgern des Staates Israel, die sogar an den Wahlen zur Knesset teilnehmen können. Ihre Brüder, die geflohen waren, bedauerten ihre Flucht und begriffen erst zu spät, in welche Katastrophe sie aus Angst geraten waren. Sie hätten bleiben können, ohne sich einschüchtern zu lassen und ohne mit den Eroberern kollaborieren zu müssen, und in den meisten Fällen wäre ihnen nichts Schlimmes passiert. Blicken wir einen Moment in die Seelen der Palästinenser, die aus ihrem Land geflohen sind, und fragen uns, wie sie über die Katastrophe denken, die sie durch unbegründete

Ängste über sich gebracht haben. Sie haben ihr Land aus Angst vor dem eingebildeten zionistischen Teufel verloren. Bei wem können sie sich jetzt beschweren? Um zu verstehen, warum die Palästinenser so lange gebraucht haben, um gegen die zionistische Besetzung ihres Landes zu rebellieren – vom Sechstagekrieg bis zur Intifada sind 20 Jahre vergangen –, muß man wissen, daß diese palästinensischen Flüchtlinge starke Schuldgefühle überwinden mußten, daß sie die Katastrophe selbst herbeigeführt hatten und niemand anderes dafür verantwortlich ist. Es ist eine masochistische Falle, wenn man für die eigenen Leiden verantwortlich ist. Ein Volk, daß von einem anderen erobert wurde, kann rebellieren, wenn es sich im Recht fühlt und nicht selbst die Verantwortung dafür trägt. Die Gerechtigkeit, die im Herzen des Rebellen brennt, und das Unrecht, das er erlitt, beides treibt einen Aufstand voran. Die masochistischen Gefühle der Palästinenser, die den Ausbruch der Rebellion verzögert haben, wuchsen natürlich auf dem fruchtbaren Boden der passiven palästinensischen Mentalität und der Tatsache, daß sie über Jahre hinweg von verschiedenen Mächten besetzt waren. Die Schwierigkeiten der Palästinenser, ihr Leben neu einzurichten, ist ein weiterer Ausdruck dafür, daß sie in Mutlosigkeit und Depression versunken sind. Der Grund dafür liegt in ihren Selbstbezichtigungen. Sie sehen, wie ihre Brüder in Israel leben und ihre Felder bestellen und einen weit höheren Lebensstandard haben als sie, und die Schuld dafür geben sie sich selbst.

Es ist wahr, daß die Araber, die in den ersten Tagen des Zionismus in diesem Land gelebt haben, uns als gefährliche Monster wahrgenommen haben, vor denen man besser flieht. Für uns Juden ist die Macht der magischen Angst vor den Zionisten nur schwer zu verstehen, die aus der Ferne kamen und das Land eingenommen haben, es Schritt für Schritt aufbauten, wie es sie, die Palästinenser, niemals vermocht hatten. Diese Juden, die in ihrem Denken und ihren Fähigkeiten so anders waren, machten ihnen große Angst. Dann waren sie geflohen und betrachteten neidvoll diejenigen, die geblieben waren, und dachten: „Wie dumm war es, davonzulaufen." Und die arabischen Länder hießen sie nicht willkommen und vergrößerten so noch die Schmach ihrer eiligen Flucht. Auf wen können sie also bei dieser Geschichte zornig sein? Denn sie sind voller Zorn. Sind sie zornig auf die arabischen Staaten, die ihnen versprochen hatten, Israel zu besiegen und ihnen ihr Land zurückzugeben? Oder sind sie auf die arabischen Staaten zornig, weil diese sie nicht mit offenen Armen empfangen haben? Auf jeden Fall sind sie zornig auf die Juden. Und natürlich auf ihre zurückgebliebenen Brüder, die sie als „Verräter" bezeichnen, weil sie mit den Zionisten zusammenarbeiten, statt sich gegen sie zu erheben. Den meisten Zorn richten sie aber gegen sich selbst, und die meisten von ihnen sind in Mutlosigkeit und Depression und Passivität versunken, und sie bauen ihr Leben nicht neu auf. So funktioniert die Depression: Aggressionen, Zorn und Kritik werden gegen sich selbst gerichtet.

Wir Juden haben als Flüchtlinge immer versucht, unser Leben neu aufzubauen. Dieser Unterschied liegt in der unterschiedlichen Mentalität von Juden und Arabern begründet. Unsere Fluchten aus den verschiedenen Ländern waren gerechtfertigt, weil es Verfolgungen und Pogrome gegeben hat. Unser Zorn richtete sich nicht gegen uns selbst, sondern gegen die Länder, die uns Leid bereitet hatten. Der Zorn äußerte sich in der Verspottung der Nichtjuden, und damit wurde unsere paranoide Haltung verstärkt. Tatsächlich haben wir einen hohen Preis dafür gezahlt, daß wir die gegen uns gerichteten Aggressionen ignoriert hatten, daß wir zögerten aus Nazi-Deutschland zu fliehen und dachten, es wird nicht zum Schlimmsten kommen. Die Palästinenser aber, die 1948 aus Israel geflohen sind, haben die Wirklichkeit verzerrt, indem sie die gegen sie gerichteten Aggressionen übertrieben wahrgenommen haben. Das konnte geschehen, weil sie ihre eigenen Aggressionen auf uns projiziert haben. Und dafür haben sie, anders als wir, als Preis den Eintritt in den depressiven Teufelskreis von Selbstbezichtigung, Passivität und Unfähigkeit, die eigene Lage zu verbessern, gezahlt. In diesem Fall bedarf es eines langen emotionalen Prozesses, um einen Aufstand herbeizuführen. Es brauchte Zeit, bis durch die Intifada die Rebellion im Bewußtsein der Palästinenser Eingang gefunden hatte. Ihr Wunsch nach Unabhängigkeit und nach einem Staat war keineswegs von Anfang an vorhanden, denn sie gaben sich selbst die Schuld an ihrem Schicksal, also hatten sie beides nicht verdient. Paradoxerweise hat die Besetzung von 1967 die Ehre der Palästinenser im Westjordanland und im Gaza-Streifen wiederhergestellt und so die Voraussetzungen für einen Aufstand geschaffen. Denn jetzt waren sie ein Volk wie alle anderen, die von Fremden beherrscht wurden und sich dagegen wehrten. Das ist die Situation, die es einem Jugendlichen erlaubt, zu rebellieren. Der Jugendliche spürt die Unterdrückung, er fühlt sich im Recht und hat keine Schuldgefühle. Die Flüchtlinge von 1948 wurden 1967 zum unterdrückten palästinensischen Volk, das für seine Freiheit kämpfen wollte. So ist es schließlich unter der jüngeren Generation, die keine Schuldgefühle hatte, zur Intifada gekommen.

Was geschah aber mit ihren Brüdern, den israelischen Arabern, die in ihrem Land geblieben waren? Sie erfreuten sich weiterhin des Reichtums eines entwickelten und demokratischen Staates wie Israel, aber sie fühlten sich auch schuldig gegenüber den palästinensischen Flüchtlingen. Sie, die israelischen Araber, saßen an den Fleischtöpfen, während ihre Brüder, die Flüchtlinge, leiden mußten. Diese versuchten zu rebellieren und gegen den zionistischen Besatzer zu kämpfen, zuerst mit Terrorismus, später dann durch die Intifada. Dieselben Gefühle hegen die amerikanischen Juden uns gegenüber. Sie fühlen sich schuldig, weil wir den jüdischen Staat aufgebaut haben und die Flamme des Judentums hüten, daß wir allen Juden der Welt eine Heimat bieten und den Antisemitismus bekämpfen, und vor allem, weil wir uns für alle Juden opfern, während sie dort drüben in Amerika ein feines Leben genießen. Die Flüchtlinge fingen an, die israelischen Araber als Verräter zu bezeichnen, die mit dem zionistischen Feind zusammenarbeiten, statt ihn zu bekämpfen. Wie fühlt sich jemand, den ein besseres Schicksal ereilt hat als seine Brüder, dem es gutgeht, während sie leiden? Er fühlt sich tatsächlich als Verräter.

Wie ist die Gefühlslage eines Kollaborateurs? Er hat sein Volk und sein Land verraten und sich einen anderen Vater gesucht. Er hat jemand anderes um Schutz gebeten und identifiziert sich nicht mit seinem Heimatland. Das ist die Lage der israelischen Araber. Sie haben das Gefühl, ihr Volk verraten und bei uns Schutz gesucht zu haben. Sie wollen sich in keiner Regierung als Koalitionspartner oder als Minister beteiligen. Sie denken, daß sie es nicht verdient haben. Sie fühlen sich gedemütigt, schwach und schuldig. Es fällt ihnen schwer, sich mit dem zu identifizieren, was hier vorgeht. Sie bleiben lieber eine unterdrückte Minderheit, die ihre Rechte nicht einfordert, weil sie sich selbst als Verräter fühlen. Dabei wissen wir, wie sehr die israelischen Araber auf fast jedem Gebiet des alltäglichen Lebens diskriminiert werden. Sie sind in der „masochistischen Falle" gefangen. Sie geben sich selbst die Schuld an ihrem Leiden, weil sie Verrat begangen haben, und daher verlangen sie keine gleichen Rechte in diesem Land. Sie sind das Gegenteil der Terroristen und der stolzen Kinder der Intifada, die für ihre Freiheit kämpfen. Das gehört ebenfalls zur Emotionalität eines Kollaborateurs, das Gefühl, sich in einer Zwickmühle zu befinden, zwischen den Schuldgefühlen gegenüber ihren Brüdern und der Verachtung von uns. Die israelischen Araber, die sich als Kollaborateure fühlen, bitten uns um Schutz vor ihren Brüdern, die ihnen Böses wollen, und akzeptieren unsere Verachtung mit einer Unterwürfigkeit, als ob sie sie verdienten.

Es geht um die Schuld derer, die das bequeme Leben dem Leiden ihrer Brüder vorgezogen haben, die Schuld derer, die in Israel leben und bei allen Kriegen zwischen Israel und den Arabern stillgehalten haben. Sie haben sich nicht den Arabern angeschlossen, nicht im Inneren Israels rebelliert. Daher bleiben die israelischen Araber stumm, als ob sie nicht existierten, als ob sie nicht sagen dürften: „Wir sind hier, wir müssen auch einen Platz zum Leben haben." Und wir behandeln sie, als ob sie nicht existierten und verstärken so ihre Gefühle. Wir arbeiten unbewußt mit ihren inneren Erfahrungen zusammen, indem wir sie ignorieren und ihnen gleiche Rechte vorenthalten. Aus dieser Gefühlslage heraus ist es für die israelischen Araber wirklich schwer, zu rebellieren, ihre eigene Identität zu finden und gleiche Rechte einzufordern. Diejenigen, die geflohen sind, bereuen ihren Fehler, daß sie ihr Leid selbst verschuldet haben. Aber die Wunde derjenigen, die hier in diesem Land leben, ist immer noch offen. Ihre Schuld lag nicht in einem einmaligen Fehler. Ihre Zusammenarbeit mit dem zionistischen Feind geht jeden Tag weiter, hält die Schuld gegenüber ihren palästinensischen Brüdern aufrecht, und auch ihr demütigendes Verhältnis mit den Juden. In ähnlicher Weise fühlen sich amerikanische Juden häufig uns gegenüber schuldig, weil sie nicht nach Israel kommen. Sie bewundern dabei auch unsere Standfestigkeit. Genau das sind die Gefühle der israelischen Araber gegenüber den Palästinensern, die geflohen sind und rebellieren, eine Mischung aus Schuld und Bewunderung. Da zwischen uns und den USA aber kein Krieg herrscht, empfinden die amerikanischen Juden sich nicht als Kollaborateure und Verräter am jüdischen Volk. Sie geraten nicht in die masochistische Falle, die sie daran hindern würde, in den USA die vollständige Rechtsgleicheit zu genießen.

Die israelischen Araber sagen dagegen, wir verdienen es nicht, Teil des Staates Israel zu sein und uns hier wohlzufühlen, wir haben kein Recht, eigene Siedlungen und gerechte Behandlung zu fordern, wir verdienen nicht die gleichen Rechte wie die jüdischen Bürger dieses Staates. Wir dürfen von beiden Seiten nichts erwarten, von den Arabern nicht, weil wir unser Volk verraten haben, und von den Juden nicht, die uns demütigen und unterdrücken, als gerechte Strafe für unsere Vergehen. Daher haben sie über all die Jahre geschwiegen, besaßen keine ausreichende Versorgung mit Elektrizität und Wasser und keine Kanalisation. Und jetzt brauchen die Kollaborateure, die tatsächlich mit uns zusammengearbeitet haben (im Unterschied zu den israelischen Arabern, die nur in ihrer Einbildung mit uns kollaborieren, denn sie hatten ja wirklich keinen Grund zu flüchten), unseren Schutz. Wir sind jedoch nicht allzu eifrig, ihnen zu helfen, ihnen in unserem Land einen Platz zu geben. Und die israelischen Araber weigern sich, sie aufzunehmen. Natürlich weigern sie sich, wie könnten sie jemanden akzeptieren, der sie so sehr an das erinnert, was sie an sich selbst nicht mögen?

All die Jahre wollten die israelischen Araber weder ihr Land noch ihre Häuser aufgeben und sich den Palästinensern anschließen, die geflohen waren. Sie wollten ihre materiellen Güter nicht aufgeben und haben den Preis dafür gezahlt. Sie bleiben mit dem Gefühl zurück, daß die Seele des Volkes, das spirituelle Leben der Freiheit ihren rebellierenden Brüdern in den besetzten Gebieten gehört, und nicht ihnen. Sie spüren, daß etwas tief in ihrer Seele unterdrückt und kastriert wurde. Sie bewundern Arafat und seinen Kampf für die Unabhängigkeit. Sie fühlen sich wie Kollaborateure, die sich wünschen, entweder Israelis oder Terroristen zu sein, alles andere außer in dieser Position zu sein, die sie ehrlos dastehen läßt.

Es ist möglich, daß die israelischen Araber weniger Schuld gegenüber ihren Brüdern empfinden, wenn ein palästinensischer Staat gegründet wird, und daß sie sich dann erheben werden. Vielleicht verlieren sie auch schon eher die Geduld. Es ist nur eine Frage der Zeit, aber es wird ganz sicher dazu kommen. Die Erkenntnisse über emotionale Prozesse lehren uns, daß es besser ist, je eher es geschieht. Wenn wir ihnen nicht die gleichen Rechte zugestehen, dann werden wir denselben Preis zahlen, den wir mit der Intifada gezahlt haben. *Hätten wir die Bedürfnisse der Palästinenser in den seit 1967 besetzten Gebieten erkannt, hätten wir schon längst einen palästinensischen Staat mit weniger Terrorismus und Bedrohung und vor allem mit mehr Frieden, denn wir hätten ihnen bei der Gründung und beim Aufbau geholfen.* Aber wir haben aus dieser Erfahrung nichts gelernt. Wenn die israelischen Araber zionistische Parteien wählen, dann ist das Masochismus. Sie identifizieren sich mit dem Aggressor, der sie unterdrückt. Wir wissen aus der therapeutischen Praxis, daß Schuldgefühle die Rebellion eines Heranwachsenden blockieren können. Er bleibt dann jahrelang in einer Position gefangen, die ihm keine Selbstverwirklichung und keinen Kampf für seine Unabhängigkeit erlaubt. Er ist festgefahren, aber wir wissen auch, daß er nicht für immer feststecken wird. Diese emotionalen Konflikte werden irgendwann mit Macht hervorbrechen.

Ich bin überzeugt, daß man mit nur ein bißchen Kreativität

gute Ideen umsetzen kann, die allen Vorteile bringen. Die israelischen Araber könnten dazu angehalten werden, für den Staat in den besetzten Gebieten Dienste zu leisten, durch die sie dort zur Entwicklung der Palästinenser beitragen; zum Beispiel als Lehrer, Ärzte und Ingenieure. Diese wichtigen Dienste in den „Friedenskorps" wird ihnen die vollständigen Bürgerrechte in Israel eintragen. So könnten wir einerseits den Palästinensern helfen und würden andererseits gleichzeitig den israelischen Arabern die gleichen Rechte gewähren. Es wäre ein Angebot, das beide Seiten schlecht ablehnen könnten. Wir würden dadurch doppelt gewinnen. Zum einen würden wir durch die Integration der israelischen Araber eine tickende Zeitbombe entschärfen, und zum anderen wäre das ein tiefer und bedeutungsvoller Wandel unserer emotionalen Haltung gegenüber den Palästinensern.

Würde es nicht die gesamte Lage verändern, wenn es zu Friedensverhandlungen käme, an denen die israelischen Araber als gleichberechtigte Staatsbürger beteiligt wären? Die emotionalen und moralischen Auswirkungen einer solchen Kooperation sind nur schwer zu ermessen. Einerseits wird die Bindung der israelischen Araber an den Staat, in dem sie leben, gestärkt, und zum anderen wäre es ein Beispiel und ein Symbol für die Machbarkeit guter nachbarschaftlicher Beziehungen zwischen Arabern und Juden. Eine vollständige und aktive Einbindung der israelischen Araber in den Friedensprozeß ist das fehlende emotionale Bindeglied des Friedensprozesses. Die israelischen Araber müssen sich auch mit ihren palästinensischen Brüdern aussöhnen, die sie als Verräter betrachten. Wenn wir das Gesamtbild betrachten, dann stehen nicht mehr nur wir allein im Scheinwerferlicht. Die Existenz der israelischen Araber, ganz zu schweigen von ihrem Wunsch, Israel gegenüber loyal zu bleiben, wird von den Arabern im allgemeinen und von den Palästinensern im besonderen ignoriert, und das ist kein Zufall. Es liegt daran, daß diejenigen Palästinenser, die wir israelische Araber nennen, sich nicht nur mit der Existenz des Staates Israel abgefunden haben, sondern auch ein loyaler Teil davon sein möchten. Wir aber arbeiten mit den Arabern zusammen und ignorieren ihre

Existenz. Dabei sprechen wir von einer Bevölkerungsgruppe von einer Millionen Menschen, die im allgemeinen in Eintracht mit den Juden lebt, und die, genau wie wir, ein Interesse an einem starken Staate Israel haben. Warum haben sie also Angst, ihre Stimme zu erheben? Und warum helfen wir ihren arabischen Brüdern, sie zum Schweigen zu bringen? Man kann sich gar nicht ausmalen, wie anders der Friedensprozeß verlaufen würde, wenn wir vereint mit einer Millionen Palästinensern kämen. Vielleicht sogar mit einem palästinensischen Außenminister. Ich weiß, diese Vorstellung läßt manche Leute erschaudern, aber warum eigentlich? Wir würden ein anderes Bild abgeben, uns selbst gegenüber, aber auch für die Araber und den Rest der Welt. Was wir heute als unsere größte Schwäche empfinden und was wir zu verstecken versuchen, kann und sollte zu unserer größten Stärke werden, und diese Stärke trägt den Namen israelische Araber.

12. Syrien und der Libanon

Die Verhandlungen mit Syrien bieten uns die Möglichkeit, unsere paranoide Haltung näher zu betrachten: das Gefühl, daß wir die armen Opfer von Angriffen von außen sind. Die Forderung der Syrer bei den Verhandlungen mit dem damaligen Ministerpräsidenten Itzhak Rabin nach Frühwarnanlagen auf den Golanhöhen, damit sie vor Angriffen von uns geschützt sind, erschien vielen von uns als bizarr oder als taktische Finte. Denken die wirklich, daß wir sie angreifen wollen? Wir konnten uns das einfach nicht vorstellen, wo wir uns doch als Opfer betrachteten, die von den anderen verletzt worden waren. Paranoide Patienten benötigen lange Jahre der Therapie, um ihre eigenen Aggressionen zu erkennen. Es fällt ihnen schwer, ihre Pose des Märtyrers oder des Opfers aufzugeben. Die Fähigkeit eines Menschen, seine eigenen Aggressionen zu erkennen, ist ein bedeutender Entwicklungsschritt, der zu Schuldgefühlen und dem Wunsch nach Wiedergutmachung führen kann. An diesem Punkt verläßt der Patient das egozentrische Stadium, in dem nur er wichtig und der Mittelpunkt der Welt ist. Dann kann er den anderen und sein Leiden erkennen.

Ich möchte, daß wir die Fähigkeit entwickeln, uns selbst zuzuhören. Der seltsame Klang der syrischen Forderung paßt nicht zu unserem Verständnis und zu unserer Wahrnehmung. Das bedarf der Klärung. Sie wird dazu beitragen, daß wir schrittweise unsere Wahrnehmung der Realität verändern können. Sie glauben, wir wollten sie angreifen? Seltsam – wie kommen sie auf diesen Gedanken? Wenn jemand über uns sagt, wir seien nicht nett, sondern aggressiv, dann stellt sich nicht die Frage, ob er damit recht hat. Gefühle sind nicht richtig oder falsch. Derjenige schätzt uns so ein, und die Frage ist, wie wir damit umgehen. Können wir verstehen, warum er so denkt, und wissen wir, was wir gesagt oder getan haben, daß er zu diesem Urteil gekommen ist? Die Fähigkeit, zu verstehen, was andere uns mitteilen, kann uns bereichern. Unsere emotionalen Schutzmechanismen haben eine überraschte Reaktion hervorgerufen, wir verstehen nicht, wie die Syrer diese Forderung stellen können. Was wollen die Syrer damit wirklich sagen?

Sie sprechen über die von Krieg gezeichnete Geschichte, die sie mit uns verbindet, in der wir gesiegt und erobert haben: der Unabhängigkeitskrieg, der Sechstagekrieg, der Jom-Kippur-Krieg und der Krieg im Libanon. Sie sprechen auch über die Tatsache, daß wir die Palästinenser vertrieben haben und einige von ihnen heute in Syrien leben. Welche Gefühle haben die Juden in ihrer Geschichte den Völkern entgegengebracht, die ihr Land erobert und besetzt haben? In einem sehr guten Film eines syrischen Journalisten über die Golanhöhen, der vom israelischen Fernsehen ausgestrahlt wurde, konnten wir sehen, wie sehr die Syrer die Golanhöhen vermissen. Sie sprechen mit einem Verlangen und einer Sehnsucht davon, wie wir von Zion geredet haben.

Um die Tiefe des emotionalen Grabens zwischen uns und den Syrern zu verstehen, müssen wir dem syrischen Außenminister Farouk al-Schara mit den Ohren eines Therapeuten zuhören. Er hat gesagt, die israelische Regierung müsse ihre Bevölkerung zu einem wirklichen Frieden erziehen, in dem man nicht das Land anderer besetzt. Uns erziehen? Ist das nicht eine Beleidigung? Wissen wir denn nicht, was wirklicher Frieden ist? Aus seinem Mund spricht die Verletztheit der Syrer. Es ist eine ehrliche Aussage, die tiefen Schmerz zum Ausdruck bringt. Aber wir verstehen einfach die emotionale Bedeutung nicht, die die Syrer mit den Golanhöhen verbinden, die unter unserer Kontrolle sind. Für sie ist es ein schreiendes Unrecht. Für uns ist es eine moralische Errungenschaft. Auch wir haben den arabischen Politkern oft gesagt, sie müßten ihr Volk zum Frieden erziehen. Damit haben wir zum Ausdruck gebracht, daß die Araber ungebildet sind und die Bedeutung von Frieden nicht verstehen. Wir haben sie herablassend behandelt, als ob unsere Gefühle berechtigter seien als ihre. Die Syrer haben sich dadurch sehr verletzt gefühlt. Sie wollten uns lange Zeit vernichten und hatten dabei keine Skrupel, denn für sie waren wir grausame Eroberer. Ihre Bereitschaft, uns anzuerkennen, ist mit den Gefühlen des Versagens und der Demütigung verbunden. Sie haben sich geändert, weil sie dazu gezwungen waren.

Auch wir haben uns geändert – wer hätte vor einigen Jahren daran gedacht, die Golanhöhen zur Disposition zu stellen? –, aber wir sind noch immer weit davon entfernt, die Gefühle der Syrer zu verstehen. Daher hat al-Schara nicht unrecht, wenn er die israelische Regierung auffordert, die Bevölkerung dafür zu sensibilisieren, was die Syrer eigentlich möchten. Wir müssen verstehen, wie es zu ihren Gefühlen gekommen ist, und dürfen sie nicht als bloße Verhandlungstaktik abtun.

Für die Syrer würde es eine Demütigung bedeuten, die Friedensbeziehungen auszubauen, um mehr Land zurückzuerhalten. Rabins Formel „Land gegen Frieden" empfinden sie als demütigend. Für sie klang es wie: „Wenn ihr brav seid, bekommt ihr mehr Land." Deshalb haben sie auch nach Rabins Ermordung keine Beileidsbezeugungen übermittelt und nicht an den Beerdigungsfeierlichkeiten teilgenommen. Sie sind ebenso der Konferenz über den Terrorismus in Scharm el-Schaikh ferngeblieben. Für sie stellt der Terrorismus ein legitimes Mittel dar, weil er der Widerstand gegen eine Besatzungmacht ist. Sie haben oft gesagt, daß sie sich von Israel nicht so demütigen lassen werden wie Arafat. Sie fühlen sich, als würden sie zum Frieden gezwungen. Ihre Gefühle sollen im Austausch für die Rückgabe von Teilen ihres Heimatlandes gekauft werden. Sie wollen Frieden schließen, aber aus einer freien Entscheidung heraus. Man kann ihre Gefühle verstehen, denn man kann niemanden dazu zwingen, einen anderen zu lieben. Daher können wir in den kommenden Jahren nicht mit einem warmen Frieden rechnen. Das gilt ebenso für Ägypten und Jordanien.

Unglücklicherweise lernen wir nur durch Zwang, in diesem Fall wie in anderen, daß wir auch andere berücksichtigen müssen. Wenn wir uns vom Golan zurückziehen, dann nur, weil uns klargeworden ist, daß unser Stärke nicht länger von

Vorteil für uns ist. Der Rückzug wird nicht erfolgen, weil wir die Position der Syrer wirklich verstanden hätten, wie sie uns wahrnehmen, was der Golan für sie bedeutet, und daß sie ihn als untrennbaren Bestandteil ihrer Heimat betrachten. Es ist eine Schande, denn wenn wir Zugeständnisse machen, dann sollten wir zumindest verstehen warum, und was die eigentlichen Bedürfnisse der anderen Seite sind. Wir werden diese emotionalen Einsichten während des gesamten Friedensprozesses brauchen. Das sind die typischen Fehler des militärischen Denkens, denn was kann die Armee mit Emotionen anfangen?

Wir müssen den Syrern anders zuhören, mit Verständnis und Aufmerksamkeit. Wir müssen ihre Sichtweise der Dinge verstehen, darauf kommt es an. Nur wenn es einen Teil von uns gibt, der die Syrer verstehen kann, werden wir mit ihnen in Frieden leben können. Ohne dieses Element, dem Einfühlungsvermögen, wird es keinen Frieden geben. Nur wenn man sich in den anderen einzufühlen vermag, kann man herausfinden, ob seine Absichten wirklich aufrichtig sind. So gehen Eltern mit ihren Kindern um, so verhalten sich auch Partner untereinander. Daher ist Einfühlungsvermögen für alle, die militärisch denken, ein wichtiges Mittel, denn es ermöglicht uns, den Feind zu verstehen.

Wir haben aber große Schwierigkeiten, uns in die Araber einzufühlen, besonders bei den Syrern. Die Tatsache, daß die arabischen Intellektuellen in der Regel gegen uns eingestellt sind, zeigt, daß sie das gleiche Problem haben. In der ganzen Welt neigen die Intellektuellen zur Linken, zu Versöhnung und Kompromiß, nur in den arabischen Ländern ist es umgekehrt. Das enthüllt die emotionale Tiefe des israelisch-arabischen Konflikts. Hier gibt es kein richtig oder falsch, sondern zwei Nationen, die leben wollen. Die Intellektuellen werden in den emotionalen Strudel gerissen und können sich nicht daraus befreien. Die arabischen Intellektuellen haben noch nicht völlig akzeptiert, daß wir ein Recht haben, hier zu leben. Es ist ein emotionaler Prozeß, der noch viele Jahre benötigen wird.

Die emotionale Dynamik der gegenseitigen Verletztheit

offenbarte sich, als der damalige Präsident Ezer Weizman sagte: „Wenn Assad nicht will, muß er keinen Frieden machen." Das heißt, wir werden auf ihn warten, ihm aber nicht hinterherlaufen. Ezer Weizman hat die Verletztheit zum Ausdruck gebracht, die wir alle fühlen. Die Syrer sagen, gebt uns erst zurück, was ihr uns weggenommen habt, dann können wir über Frieden reden. Sie möchten von uns erst eine Zusicherung, daß wir uns von den gesamten Golanhöhen zurückziehen, bevor sie Verhandlungen aufnehmen und einem Treffen der Staatsoberhäupter zustimmen. Da es sich hier um einen emotionalen Dialog handelt, kann man die politischen Beziehungen gut mit der Gefühlswelt von Kindern vergleichen. Ein Kind sagt: „Erst gibst du zurück, was du mir weggenommen hast, dann spielen wir miteinander"; das andere antwortet: „Erst spielst du mit mir, dann geb ich dir deine Sachen zurück." Es ist wahr, daß Assad und Barak gegenseitig Komplimente ausgetauscht haben, beide Seiten wissen, wie wichtig es ist, ihre emotionale Einstellung zu ändern, aber das war nur ein erster Anfang. Dieselben grausamen Syrer, die unsere Gefangenen gefoltert haben und die wir stets als schlimmsten Feind betrachtet haben, diese Syrer haben sich immer bis ins Detail an alle Verträge gehalten. Sie haben auch nie von ihrem Territorium aus terroristische Aktionen gestartet. Daher kann man sie schlecht des Taktierens bezichtigen.

Um die Tiefe und die Komplexität des notwendigen emotionalen Prozesses zu beschreiben, können wir den Umstand heranziehen, daß Faruk al-Schara geleugnet hat, daß die Syrer vor dem Sechstagekrieg von den Golanhöhen herab israelische Siedlungen beschossen haben. Diese Lüge trifft uns tief, und wir täten gut daran, sie richtig einzuordnen. Den Syrern fällt es schwer zuzugeben, daß sie uns vernichten wollten. In der Vergangenheit hatten sie den Wunsch offener geäußert. Heute verschweigen sie es lieber. Diese offensichtliche Lüge zeigt uns, daß sie sich nicht einmal selbst ihre veränderte Einstellung eingestehen können und auch die Aggressionen verdrängen, die sie uns in der Vergangenheit entgegengebracht haben. Die emotionale Anerkennung der Tatsache, daß sie wegen unserer Stärke Zugeständnisse machen müssen, daß sie Friedensgespräche mit uns führen und uns um die Rückgabe ihrer Gebiete bitten, ist für sie eine schmerzvolle und schwierige Erfahrung. Wir sollten uns daran erinnern, wie schwer es uns fällt, einzugestehen, daß wir nur die Sprache der Gewalt verstehen! Wir haben einem Palästinenserstaat nur unter Druck zugestimmt, wir haben den Sinai nur verlassen, weil wir es mußten, und so wird es auch beim Golan sein. Es fällt einem Kind schwer, einzusehen, daß seine Eltern, die ihn zu etwas gezwungen haben, recht damit hatten. Das geht nur über die Identifikation mit dem Aggressor. Wir erkennen die Bedürfnisse des anderen nur an, weil er uns dazu zwingt. Was mit einer Identifikation mit dem Aggressor beginnt, kann natürlich noch zu einer wirklichen Anerkennung des anderen führen.

Sowohl wir als auch die Syrer müssen diese schwierigen emotionalen Konflikte noch in einem langen Prozeß aufarbeiten und lernen, wie wir damit leben können. Die Syrer erklären, daß ihre Entscheidung für den Frieden strategischer Natur sei, keine Taktiererei, sondern der Ausdruck einer neuen Denkungsart. Wir wissen, daß es nicht nur ein bewußter Akt ist, sondern auch ein unbewußter emotionaler Prozeß, bei dem man sich Informationen bewußt machen und verarbeiten muß. Die Syrer müssen sich fragen: In welcher Art und Weise haben wir uns verändert? Und warum? Nur solch eine aufrichtige und ehrliche Prüfung wird es ihnen ermöglichen, uns wirklich zu akzeptieren. Wir durchlaufen einen ähnlichen Prozeß wie die Syrer. Sagen wir die Wahrheit über die Geschehnisse von 1948, als wir die Palästinenser mit Gewalt vertrieben haben? Und was für eine emotionale Bedeutung haben die Lügen, die wir uns und anderen erzählen?

Für den Friedensprozeß ist die emotionale Aufarbeitung dieser Lügen der Syrer und von uns wichtiger als ihre Unterdrückung. Nur durch diese schmerzhafte Selbstprüfung können wir verstehen, was die andere Seite sagt und fühlt. Diese Frage, was der andere fühlt, ist die Grundlage für seine Anerkennung, und gerade sie wird heute im Friedensprozeß so schmerzlich vermißt. Aber erst danach können wir uns fragen, wie weit wir ihren Forderungen entsprechen möchten. In einer Therapie ist es sehr wichtig, daß man die Veränderungsprozesse begreift und von ihnen lernt, und sich nicht von ihnen davontragen läßt.

Die Syrer fürchten, in einem Friedensprozeß verloren zu gehen, der sie schutzlos zurückläßt. Ein Grund dafür ist, daß wir entwickelter und stärker sind als sie. Aus einer Abwehrhaltung heraus verlangen sie deshalb, daß wir vor der Aufnahme von offiziellen Verhandlungen zusichern, daß wir uns auf die Grenzen vom 4. Juni 1967 zurückziehen. Solange verweigern sie auch Kontakte auf höchster Ebene. Das ist der Ausdruck ihrer Angst, in einen Friedensprozeß hineingezogen zu werden, in dem sie ihre Macht und Verteidigungsfähigkeit verlieren werden. Diese Haltung ähnelt der unserer Rechten, die der Linken vorwirft, sich für den Friedensprozeß auf eine tödliche Umarmung einzulassen.

Wir konzentrieren uns auf unwichtige Details statt auf den Kern des Problems, auf die Grenzziehungen und nicht auf den Friedensprozeß selbst. Wir erleben es häufig in einer Therapie, daß ein Patient aus Angst von irgendeinem kleinen Detail besessen ist und daher nicht das Gesamtbild erkennt. Warum fällt es uns so schwer, die Forderung der Syrer zu erfüllen? Wir könnten es mit der Erfüllung all unserer anderen Forderungen verknüpfen – Wasserrechte, Sicherheitsgarantien, die Zukunft der Siedlungen. Diese Punkte haben letztlich eine weit größere Bedeutung für einen zukünftigen Frieden als irgendwelche Gebietsstreitigkeiten. In einigen Jahren werden wir uns gar nicht mehr genau daran erinnern, wieviel Land wir wofür zurückgegeben haben, sondern wir werden uns nur mit dem Friedensprozeß mit den Syrern befassen und darauf achten, ob er in den richtigen Bahnen verläuft. Was ist heute von Bedeutung: der Sinai oder der Frieden mit Ägypten? Der Friedensprozeß wird an dem emotionalen Wandel gemessen werden, den er bewirkt, und nicht an dem ein oder anderen Detail.

Wo liegen also unsere emotionalen Schwierigkeiten? Wir haben Schwierigkeiten, die Syrer zu verstehen und ihr Leid anzuerkennen. Das fällt uns sehr schwer. Wir wollen nicht glauben, daß ihre Forderung nach Rückzug in die Grenzen von 1967 kein Taktieren ist. Aber es ist eine aufrichtige Forderung ihrerseits, die sie nicht aufgeben können – zumindest heute noch nicht. Es ist kein Zufall, daß jemand das Gerücht verbreitet hat, die Syrer wollten auch den Kibbuz Ein Gev. Das Gerücht wurde später von den Syrern dementiert. Unser Schaudern, das ich vorher erörtert habe, bestimmt unser Handeln wie nichts anderes. Wer könnte den Ort aufgeben, den wir unsere „Augen" nennen?

Ein anderes Zeugnis für unsere große Empfindlichkeit sind die öffentlichen Reaktionen auf Umfragen mit unterschiedlichem Wortlaut. Fragen wie: „Sind Sie für oder gegen einen Rückzug vom See Genezareth?" oder „Sind Sie für oder gegen einen Rückzug von den Golanhöhen?" werden widersprüchlich beantwortet, obwohl die Unterschiede oft nicht klar sind. Wir werden von unseren Existenzängsten überflutet und versinken darin. Es fällt uns immer noch schwer, Zugeständnisse zu machen, was so sehr gegen den emotionalen Gehalt einer jeden Religion ist. An den Taten kann man den seelischen Zustand eines Menschen ablesen: in welchem Ausmaß sein Ego von der überheblichen und unnachgiebigen Haltung einer Religion geprägt ist, die die Ängste verbirgt, oder inwieweit er einem flexibleren Denken zugänglich ist, das den anderen sehen kann, ohne sich existentiell bedroht zu fühlen. Es stellt sich auch die Frage, ob wir für den Prozeß der Trauer reif genug sind, der es uns ermöglichen wird, als kleineres Land mit all unseren inneren Problemen zu leben, ohne daß wir jemand anderem die Schuld dafür geben.

Als Volk pendeln wir noch immer zwischen den beiden Extremen, alles oder nichts, ohne einen Mittelweg zu haben. Unsere beiden möglichen emotionalen Zustände sind Überheblichkeit oder Existenzangst, die sich gegenseitig bedingen. Es ist also kein Wunder, daß wir uns in dieser mentalen Lage an Details klammern und das Gesamtbild aus den Augen verlieren und nicht einmal in der Lage sind, uns über Grenzen zu einigen.

Der Libanon

Dieses Kapitel wurde in drei verschiedenen zeitlichen Phasen verfaßt. Den ersten Teil habe ich Ende 1999 geschrieben, als die Frage nach einem einseitigen Rückzug aus dem Libanon aufgeworfen wurde. Barak hatte versprochen, unsere Truppen aus dem Südlibanon abzuziehen. Den zweiten Teil habe ich in in den ersten vier Monaten des Jahres 2000 geschrieben, als die Debatte über den Rückzug ihren hitzigen Höhepunkt erreicht hatte. Und diese Einleitung wurde im Juni 2000 verfaßt, einen Monat nach dem Rückzug und ohne daß es an den Grenzen zu den befürchteten Unruhen gekommen war. Das gibt uns die Gelegenheit, zwei verschiedene Bewußtseinszustände zu betrachten, die nur selten übereinstimmen: vorher und nachher: vor dem Rückzug und nach dem Rückzug.

Diese Erkundung der Gefühle ist wichtig, damit wir die emotionalen Prozesse besser verstehen lernen. Sie können helfen, zukünftige Entwicklungen vorherzusehen. Wenn sie vielleicht auch nicht exakt eintreffen, so stimmt doch zumeist die Richtung, denn Wachstumsprozesse unterliegen universellen emotionalen Gesetzmäßigkeiten. Die Feststellung, daß an der Grenze Ruhe herrscht, reicht nicht aus. Wir müssen die emotionale Dynamik untersuchen, die stattgefunden hat, und unser Verständnis davon zur Lösung zukünftiger Probleme anwenden, die auf uns zukommen werden. Wenn wir die richtige Richtung des Wachstums verfolgen, dann bedeutet das nicht, daß wir in Zukunft nur Erfolge haben werden. Es wird sicher weiterhin Probleme an der Grenze zum Libanon geben, aber es ist wichtig, daß die Entwicklung die richtige Richtung nimmt, und manchmal ist es die einzig mögliche.

Erster Teil

Die Frage, ob wir uns ohne weitere Forderungen aus dem Libanon zurückziehen sollen, ist eine Frage, die es wert ist, im Lichte eines emotionalen Wachstumsprozeß zu betrachten. Es gibt zwei unterschiedliche Arten zu denken, die zu gegensätzlichen Ergebnissen führen: Kriegsdenken und Friedensdenken. Das Kriegsdenken wird durch ein Gefühl der Bedrohung bestimmt. Das militärische Denken legt uns nahe, daß wir uns nicht zurückziehen sollten, ohne einen Vertrag unterzeichnet zu haben, in dem sich die andere Seite verpflichtet, an der Grenze für Ruhe zu sorgen. Ein solches Denken scheut sich, Risiken einzugehen, denn es geht davon aus, daß beide Seiten bis zum Ende um ihr Leben kämpfen. Das einzige Ziel des Feindes ist demnach unsere Vernichtung. Wenn wir davon überzeugt sind, dann würden wir ihm durch einen Rückzug bei seinen Plänen unterstützen.

Diese Art zu denken verrät eine ängstliche Haltung von jemanden, der sich nur durch Gewalt auszudrücken vermag und niemanden zum Reden hat. Unser Staat wurde auf dieser Art zu Denken gegründet und hat nur so überlebt – weil wir stark waren. Dieses Denken hat zu unserem Versuch geführt, die Terroristen durch einen Krieg im Libanon zu vernichten. Die dahinterstehende Logik lautet: „Wenn sich jemand anschickt, dich zu töten, töte ihn zuerst." Diese emotionale Haltung hat die menschliche Geschichte bestimmt und wurde von verschiedenen Religionen, Königen und totalitären Regimen vertreten. Religionen haben in der Geschichte stets für Kompromißlosigkeit untereinander gestanden. Sie haben sich bekämpft und versucht, ihre Lehre anderen Menschen aufzuzwingen. Das Leben der Menschen hat sich jedoch verändert, und auch das Leben der Nationen und der westlichen Kultur im allgemeinen. Das heranwachsende Kind gelangt von der paranoiden zu der depressiven Phase. In der ersten Phase nimmt es die Welt als sehr bedrohlich wahr und kämpft stets auf Leben und Tod. In einer späteren Phase wird auch anderen das Recht auf Leben zugestanden und es kann sich ein Dialog entwickeln.

Die Welt hat sich ebenfalls weiterentwickelt und die internationalen Beziehungen sind heute andere als in der Vergangenheit. Als die Könige und Religionen noch wie Diktatoren regierten, war das kriegerische Denken gerechtfertigt, denn es sicherte das Überleben. Aber selbst damals lohnte sich der Dialog. Ich möchte behaupten, daß es auch in der bedrängtesten Situation lohnend ist, wenn man die Möglichkeit des Austauschs mit den anderen offen läßt. Das ist der Keim für zukünftige emotionale Entwicklungen und Wachstum. Auch wir haben uns während der 17 Jahre unserer Besetzung des südlichen Libanon geändert. Der Friedensprozeß ist vorangeschritten und wir haben weitere Abkommen mit Jordanien und den Palästinensern geschlossen. Betrachten wir uns einen Moment lang selbst und bedenken die Entwicklung, die wir genommen haben. Wer hätte vor ein paar Jahren gedacht, daß ein einseitiger Rückzug ohne Bedingungen möglich wäre? Die vorherrschende Strategie lautete, den Terrorismus durch Krieg zu besiegen. Diese militärische Sichtweise hat im Libanonkrieg ihren Höhepunkt erreicht, in der Vorstellung, daß wir den Libanon erobern könnten, um dann mit ihm Frieden zu schließen. Und jetzt sind wir soweit, daß wir die Möglichkeit in Betracht ziehen, als erste Zugeständnisse zu machen, als eine Geste für Versöhnung und Frieden.

Was ist also mit uns geschehen? Wenn ich mich selbst frage, dann merke ich, daß ich mir früher auch keinen bedingungslosen Abzug habe vorstellen können und die einzige Chance darin sah, den Terrorismus mit Gewalt zu besiegen. Was hat sich in mir geändert? Ich denke, früher war ich ängstlicher als heute. Das trifft sicher auf uns alle zu, und das ist die Veränderung. Dieser Wandel hat zwei Aspekte. Einerseits haben wir gelernt, daß Gewalt nicht alle Probleme löst. Zum anderen war es eine Veränderung von einer militärischen zu einer friedlichen und emotionalen Art des Denkens. Der Friedensprozeß hat sich an mehreren Fronten gleichzeitig weiterentwickelt, und gerade das ermöglicht es einem Kind, von der paranoiden zur depressiven Phase fortzuschreiten. Die Mutter ist stark, daß Kind kann sie nicht besiegen, aber es kann mit ihr reden und sie kann Verständnis aufbringen. Auf diese Art verliert das Kind seine Ängste.

Plötzlich wird uns bewußt, daß wir tatsächlich Abkommen mit der Hisbollah geschlossen haben, was wir leicht vergessen. Es ist kein Zufall, daß wir diese Abkommen aus unserem Bewußtsein verdrängen. Es gibt ein nur selten verletztes Abkommen, daß sie keine Zivilisten von uns töten und wir keine von ihnen. Da war dann der Groschen gefallen, wie man sagt, und was einst vielen von uns bizarr vorkam, nämlich ein Abkommen mit einem Feind zu schließen, der sagt, daß er uns vernichten will, ist Wirklichkeit geworden. Wir unterdrücken alles, was nicht zu unseren Gefühlen paßt, zu der Angst, daß sie uns auslöschen werden. Dann stellt jemand fest, daß sie noch nie den Versuch gemacht haben, die Grenze zu überschreiten. Also hat auch die Hisbollah rote Linien, die sie nicht überschreitet. Sie richten sich gegen unsere Besatzung des Südlibanons, aber sie wissen genau, wenn sie Galiläa angreifen, dann bleibt uns keine andere Wahl, als mit aller Härte gegen sie und den Libanon vorzugehen.

Durch den Vertragsabschluß mit der Hisbollah haben wir, wenn es uns auch nicht gänzlich bewußt war, eingestanden, daß unsere Anwesenheit im Süden des Libanons problematisch ist, daß wir den Widerstand der Hisbollah akzeptieren und daß wir bereit sind, den Preis unserer gefallenen Soldaten zu zahlen, ohne daß wir deshalb den Krieg eskalieren. Sie mögen uns bis heute für unseren Rückzug keine Gegenleistung versprochen haben, aber ihr Verhalten sagt mehr als alle Versprechen. Dann kam Nelson Mandela nach Israel und sagte uns, daß der Iran Frieden mit uns wolle. Auch das kam uns wieder merkwürdig vor, wenn man alle Äußerungen des Irans in Betracht zog, die unsere Zerstörung wünschten. Könnte das heißen, daß selbst beim erbittertsten Feind verschiedene Meinungen existieren? Heißt das, daß der Iran mehr als nur ein Ziel hat – uns zu zerstören? Sind die Iraner vielleicht wie alle anderen Menschen auch, und gibt es vielleicht sogar in ihrer kompromißlosen Religion verschiedene Auffassungen? Ihre Äußerungen sind nicht einheitlich und ändern sich mit der Zeit. Aber auch die Art unseres Zuhörens ändert sich mit der Zeit, und heute sind wir in der Lage, Zwischentöne wahrzunehmen, die wir in der Vergangenheit nicht gehört haben. Das bedeutet, daß wir unser Schicksal beeinflussen können, und wir sollten die Chance nicht verspielen.

Wir waren alle davon ausgegangen, daß unsere Armee nur zeitweilig und nur zu unserer Verteidigung in den Libanon einrückt. Was bedeutet es also für unsere emotionalen Beziehungen zu den Arabern, wenn wir verkünden, daß wir uns ohne Bedingungen auf die international anerkannten Grenzen zurückziehen, daß wir kein fremdes Land besetzt halten wollen, wohl aber zu unserer Verteidigung bereit sind? Dadurch wird die emotionale Botschaft der klaren Abgrenzung übermittelt. Es ist die Botschaft von jemandem, der weiß, was ihm gehört und was nicht. Wenn Eltern einem aggressiven Kind diese Botschaft vermitteln, dann wird sie schließlich ihr Ziel erreichen, auch wenn das Kind sich zunächst weigert, irgendetwas anzuerkennen. Wir wissen auch, daß das Kind nicht nur aggressiv ist, sondern sich auch sehr verletzt fühlt und leidet. Das ist die Situation der palästinensischen Flüchtlinge und ihrer Nachkommen.

Eine Botschaft der Abgrenzung, die einer gewissen Reife entspringt, wird nicht immer positiv aufgenommen, aber sie wird in der Zukunft Früchte tragen. Früher oder später wird auch der Gegner an Reife gewinnen. Eine klare Abgrenzung der einen Seite ermuntert die andere Seite, sich ebenfalls abzugrenzen. Das Verschmelzen und die Abhängigkeit einer Seite ermuntert die andere Seite ebenfalls zu Verschmelzung und Abhängigkeit. Selbst im Krieg kann es eine emotionale Abhängigkeit vom Feind geben. Wie ein Kind, das meint, es müsse auf jede Provokation sofort reagieren. Der Provokateur zwingt diesem Kind seine Handlungen auf, es hat keine freie Wahl.

Während der letzten Jahre unserer Präsenz im Libanon haben wir nach Anschlägen öfters gesagt, daß wir zu der Zeit und an dem Ort reagieren werden, den wir wählen, weil wir unabhängig sind. Da wir den Süden Libanons nun seit 17 Jahren besetzt halten und bisher nicht versucht haben, diese reife Haltung auch umzusetzen – sondern wir haben im Gegenteil eine andere Botschaft vermittelt: Wir bleiben, bis der Terrorismus besiegt ist –, ist es nun an der Zeit, es zu versuchen. Aus rein militärischen Überlegungen heraus gibt es keinen Grund für einen Rückzug, wenn wir keine Sicherheitsgarantien bekommen. Es spräche nichts dafür, dieses Risiko einzugehen. Aber auf Grund unseres Verständnisses für emotionale Prozesse wissen wir, daß nur eine Position der Reife und der klaren Abgrenzung die andere Seite ermuntern wird, ebenfalls ihrer Verantwortung gerecht zu werden. Die Lösung der libanesischen Frage muß aus einem Verständnis der emotionalen Dynamik heraus erfolgen, und nicht so sehr aus militärischen Erwägungen.

Die Analogie zur Eltern-Kind-Beziehung ist offensichtlich. Denn bei allem Schmerz, den die Terroristen uns zugefügt haben, sie bedrohen nicht wirklich unsere Existenz. Wenn ein Kind die Eltern schlägt, dann sind sie gehalten, nicht zurückzuschlagen, sondern die Hand des Kindes festzuhalten und angemessen zu reagieren. In dieser Art und Weise vermitteln die Eltern dem Kind die Botschaft der Zurückhaltung, und sie wird zu allererst ins Bewußtsein des Kindes einsickern. Wenn ein Kind sehr aggressiv ist, ist es wichtig, daß die Eltern in der Lage sind, in die Zukunft zu blicken und zu erkennen, daß sich das Kind ändern kann. Wenn sich die Eltern so verhalten wie das Kind und sich auf sein Niveau begeben, dann wird das zu einem Problem. Der Vorteil der Eltern besteht darin, daß sie sich nicht vom Kind bedroht fühlen und friedlich reagieren können. Das macht den Unterschied. Ihr Land zu besetzen und nicht wieder abzurücken, bis sie versprochen haben, sich friedlich zu benehmen, ist als ob man ein Kind im voraus bestraft. Das ist keine Reaktion auf ihre Angriffe. Dieses Kind ist noch nicht in der Lage, Zusicherungen zu machen. Wenn wir die Hand des Kindes loslassen und es uns angreift, werden wir mit Bestimmtheit und Härte reagieren. Dann wird es seinen Fehler mit unserer Reaktion in Verbindung bringen, aber so werden wir als aggressiv wahrgenommen. Das Kind hat sich in unserem Fall sehr verletzt gefühlt, als wir ihm seine Heimat genommen haben. Dann hat es versucht, uns zu töten, und ist dabei wieder schwer verletzt worden. Wenn wir aber die ganze Zeit die Hand des Kindes festhalten und es so fortwährend bestrafen, dann hat es nicht die Möglichkeit und den Raum, seine Haltung zu ändern. Es hat dann außerdem einen Grund, uns ständig zu bekämpfen. Wenn wir die Hand des Kindes loslassen, dann gehen wir sicherlich ein Risiko ein, wir erhalten aber auch die Möglichkeit, zu erfahren, daß es uns auch mit ungebundenen Händen nicht angreifen will. Nach all den Jahren sollten wir unseren Griff lockern.

Nicht zufällig ist die Organisation der „Vier Mütter", deren Mitglieder Frauen sind, in dieser Entwicklung zum Frieden führend. Frauen besitzen ein tiefes Verständnis von der Erziehung von Kindern und ihnen fällt es leicht, Kontakt aufzunehmen, wenn der Partner verletzt ist. Unglücklicherweise gibt es nicht mehr Frauen und weibliches Denken in der Politik, denn wenn der Friedensprozeß ein Prozeß emotionalen Wachstums ist, und ich bin davon überzeugt, wo sind dann die Mütter?

Betrachten wir uns einmal die emotionalen Veränderungen näher, die wir seit unserer Besetzung des Libanons durchgemacht haben. In der Vergangenheit haben wir geglaubt, daß wir das Problem mit Gewalt lösen können. Beide, Linke wie Rechte, haben gedacht, wir könnten den Terrorismus im offenen Krieg im Libanon besiegen. Die „Operation Litani" während der Regierung der Arbeitspartei und die Operation „Frieden für Galiläa" des Likud waren Beispiele für diese Art des Denkens. Wir haben die kriegerische Operation „Frieden für Galiläa" (schon der Name verrät, wie schwer es uns fällt, an die andere Seite zu denken) gestartet, um den Terrorismus zu besiegen, die Syrer aus dem Libanon zu treiben und dann ein Friedensabkommen mit den Libanesen zu schließen. Das waren die drei Ziele, die vom damaligen Verteidigungsminister Ariel Scharon und dem Ministerpräsidenten Menachem Begin verkündet wurden. Alle drei sind nicht erreicht worden.

In diesem Falle war die Äußerung, daß die Araber nur Gewalt verstehen würden, eine Projektion, die in erster Linie auf uns selbst zutrifft. Wir verstehen nur die Sprache der Gewalt, weil wir die Sprache des Friedens nicht verstehen. Erst nachdem wir schwere Verluste erlitten haben, ist uns in der folgenden depressiven Phase klargeworden, daß wir mit Syrien Frieden schließen oder uns ohne Bedingungen zurückziehen müssen, um das libanesische Problem zu lösen. Erst die Gewalt der Araber hat uns dazu gebracht, die Palästinenser anzuerkennen und die Forderungen der Ägypter und Syrer als legitim anzusehen. Wie alle paranoiden Persönlichkeiten sind wir erst dann ehrlich zu uns selbst und können uns ändern, wenn wir auf ein unüberwindbares Hindernis treffen. Wir befinden uns als Nation aber tatsächlich in einem emotionalen Wachstumsprozeß, in dem verschiedenen Teile unseres Wesens in unser Bewußtsein gelangen und schließlich integriert werden.

Denken wir zurück an unsere Reaktionen zu Beginn des Krieges im Libanon. Nach jedem traumatischen Ereignis, wie dem Tod von Soldaten, haben wir sofort Vergeltungsaktionen gestartet. Unsere durch Wort und Tat vermittelte Botschaft lautete „unverzügliches Handeln". Diese sofortigen Reaktionen hatten etwas beruhigendes, denn nach dem Tod eines Soldaten wäre es uns schwer gefallen, die Gefühle der Trauer zu ertragen, ohne zu handeln. Wenn jemand unter großem Druck steht, verspürt er die Neigung, sich durch Taten Luft zu verschaffen. Wenn ein Kind sich verletzt fühlt, fällt es ihm schwer, sich zurückzuhalten. In der Therapie sprechen wir vom Ausleben der Gefühle durch Taten, die nach außen gerichtet sind. Der Patient kann seine Gefühle nicht beherrschen und seine Reaktion überdenken. In der damaligen Zeit haben wir gedacht, wir werden ihnen jetzt eine Lektion erteilen und damit dem Terrorismus ein für alle Mal ein Ende setzen. Nur langsam hat sich ein Wechsel vollzogen. Politiker und Bevölkerung schenkten den endlos wiederholten Parolen keinen Glauben mehr und unser Motto änderte sich zu „Wir reagieren zu der Zeit und an dem Ort, den wir wählen". Das waren die ersten Anzeichen für unsere Fähigkeit, uns abzugrenzen und unsere Reaktionen abzuwägen. Wir gelangten in die depressive Phase, in der wir unsere Machtlosigkeit erkennen konnten. Wir waren nicht länger vom Feind abhängig und konnten unsere eigenen Spielregeln aufstellen, statt stets automatisch zu reagieren.

Wir wissen, daß das Warten auf Strafe manchmal schlimmer sein kann als die Strafe selbst. Darüberhinaus ist die Fähigkeit, seine eigene Reaktion zurückzuhalten und aufzuschieben ein großer Fortschritt in der Entwicklung. Es zeigt, daß jemand seine Gefühle kontrollieren kann, statt von ihnen kontrolliert zu werden. Die Zurückhaltung hat sich immer mehr durchgesetzt und die Politiker scheuen sich nicht länger zu sagen, daß nur eine Friedensabkommen das Problem des Terrorismus lösen kann. Sie gestehen ein, daß es keine andere angemessene Reaktion gibt als den Dialog. Es ist ein eindrucksvoller Entwicklungsfortschritt, zu sagen, daß nur der Frieden die Lösung bringt, nachdem einer unserer Soldaten getötet wurde. Eine Entwicklung, die wir gemeinsam als Nation vollzogen haben. So gibt es heute ein neues Denken, daß auch einen bedingungslosen Abzug nicht ausschließt.

Der Golfkrieg bot ein gutes Beispiel der Macht der Zurückhaltung und zeigte, daß wir nicht immer reagieren müssen. Unsere ausbleibende Reaktion hat eine Eskalation verhindert. Sie hat gleichzeitig die Botschaft von Selbstbeherrschung, Abgrenzung und Weisheit vermittelt.

Die Terroristen der Hisbollah sind vielleicht noch nicht für einen Frieden bereit, und vielleicht werden sie uns weiterhin angreifen. Dann müssen wir entsprechend mit Gewalt darauf antworten. Aber es besteht kein Zweifel, daß ein bedingungsloser Rückzug eine klare Ermutigung zu einem Friedensprozeß ist, bei dem wir den ersten Schritt gemacht haben, so wie Sadat 1977, ohne daß wir sicher sein können, eine positive Antwort zu bekommen. Unsere Friedensbotschaft wird ihre Wirkung haben, wenn vielleicht nicht sofort, dann aber längerfristig, als Beweis dafür, daß Israel tatsächlich Frieden will. Es wäre moralisch und emotional ein eminent wichtiger Schritt. Nach innen würden wir den Soldaten die Botschaft vermitteln, daß wir uns um ihr Leben sorgen, und nach außen würden wir den Arabern und der Welt signalisieren, daß wir Frieden wünschen.

Die historische Umkehrung, daß der französische Außenminister und Nelson Mandela uns jetzt, wo wir den Rückzug ernsthaft in Erwägung ziehen, raten, uns nicht ohne ein Friedensabkommen zurückzuziehen, weil es töricht wäre, ist einer näheren Betrachtung wert. Diese Haltung ist nicht neu, aber eine zeitlang hatte die internationale Gemeinschaft verstanden, daß wir keinen Druck brauchen, da wir den Frieden dringender wollen als sie. Wir sind bereit, für den Frieden Risiken auf uns zu nehmen, die sie uns nicht auferlegen würden. Ich denke, daß eine Person oder ein Staat normalerweise besser als andere weiß, was gut für ihn ist; insbesondere in einem Wachstumsprozeß, in dem Emotionen verarbeitet werden. Aber darüberhinaus ist es auch eine neue Botschaft an die arabische Welt, daß wir so gut wie jedes andere Land Verständnis für ihre Probleme aufbringen können. Wir sind nicht nur der grausame Feind, der die Palästinenser vertrieben hat, sondern wir verstehen auch ihren Schmerz. Wenn wir uns also zurückziehen, dann ist es wichtig, zu verstehen, warum wir das tun. Dieses Verständnis wird uns für den weiteren Friedensprozeß hilfreich sein. Es ist wahr, daß der Hauptgrund das vergossene Blut unserer Soldaten ist, aber das schmälert nicht die Tatsache, daß es auch ein indirektes Eingeständnis ist, daß wir seit Jahren Land besetzt halten, das nicht unseres ist.

Dieser Schritt wird die Hisbollah verwirren, und es wird ihr nicht leicht fallen, ihn zu begrüßen. Ihre Kämpfer verspüren einen tiefen Haß auf uns und können nicht glauben, daß wir etwas im Vertrauen auf sie unternehmen. Aber nur wenn wir ihnen auch die Möglichkeit dazu geben, können sie ihrer Verantwortung gerecht werden. Die Hisbollah greift Israel an, weil sie sich durch den Zionismus emotional verletzt fühlt. Als ob es noch nicht genug wäre, daß wir so viele Palästinenser aus ihrer Heimat vertrieben haben, besetzen wir jetzt auch noch libanesischen Boden. Unser bedingungsloser Rückzug wird ihnen dabei helfen, ihre Verletzheiten zu verarbeiten und zu erkennen, daß wir nicht so schlimm sind. Falls unser Rückzug sie dazu verleitet, uns weiterhin zu attackieren, dann sind sie offensichtlich kein Verhandlungspartner. Das wäre der Beweis, daß sie ihren Wunsch, uns zu vernichten, noch immer nicht aufgegeben haben. Ich denke aber nicht, daß das der Fall ist. In der Vergangenheit war es so, aber es ist an der Zeit zu prüfen, ob eine Veränderung stattgefunden hat. Vielleicht werden sie sich nach unserem Rückzug noch mehr zurückhalten. Das wäre ein weiteres Zeichen, zusammen mit den bereits erwähnten, daß es für uns Ansprechpartner in der Hisbollah gibt.

Es ist keine Schande, daß die Hisbollah uns aus dem Südlibanon vertreibt. In ähnlicher Weise ist der palästinensische

Staat ein Ergebnis der Intifada. Das Gefühl, uns im Libanon besiegt und zum Rückzug bewogen zu haben, ist für die Hisbollah und die Palästinenser sehr wichtig, die von uns so gedemütigt worden waren. Ihr Siegesgefühl kann in einen zukünftigen Frieden verwandelt werden. Wir kennen das von Sadat, der erst nach dem Jom-Kippur-Krieg, als die Ehre des ägyptischen Volkes wiederhergestellt war, den Friedensprozeß einleiten konnte. Für die Palästinenser ist es genauso wichtig, sich siegreich, stolz und unabhängig zu fühlen wie für alle anderen auch. Wir müssen den Kämpfern der Hisbollah den Respekt entgegenbringen, den sie verdienen. Ohne diesen Sieg für sie wird es keinen Frieden geben. Wir dürfen den Syrern nicht so viel Macht über uns gewähren, daß sie sich um unser Wohlergehen im Südlibanon kümmern. Vielleicht gibt es keine andere Wahl als ein vorläufiges Friedensabkommen mit den Mächten zu schließen, die den Libanon de facto beherrschen – Syrien und die Hisbollah. Das eigentliche Ziel muß aber die Förderung des Wachstumsprozesses der Unabhängigkeit und der Abgrenzung aller Parteien in der Region sein: Libanon, Syrien und Hisbollah. Wenn es nicht dazu kommt, wird sich eine exoplosive pathologische Situation entwickeln. Aus der Perspektive eines emotionalen Prozesses wäre es nicht korrekt, die Syrer zu bitten, unsere Angelegenheiten im Libanon zu regeln. Und wenn sie es täten, würden sie einen hohen Preis dafür zahlen. In der Vergangenheit haben wir darauf gewartet, daß Jordanien sich für uns um die Palästinenser kümmern und das Westjordanland kontrollieren wird. Wir haben von den Ägypter erwartet, daß sie im Gaza-Streifen für Ordnung sorgen werden. Und heute wollen wir, daß die Syrer unsere Probleme im Libanon lösen.

Die Hisbollah repräsentiert den Iran, den Islam und die wachsende iranische Rüstungsindustrie, die Atomwaffen entwickelt. Wir haben keine andere Wahl, als mit ihnen zu einer Vereinbarung zu kommen. Wir dürfen uns diese Möglichkeit nicht verbauen, auch wenn sie heute noch phantastisch anmutet. Es gibt, emotional gesehen, keinen Grund, warum wir in der Zukunft eine solche Vereinbarung nicht unterzeichnen sollten.

Zweiter Teil

Ein Nachtrag aus den ersten vier Monaten des Jahres 2000

Als Therapeuten sind wir es gewohnt, den seltsamen, ungewöhnlichen und dissonanten Tönen Aufmerksamkeit zu schenken und zu versuchen, sie dem Patienten verständlich zu machen. Im Friedensprozeß mit Syrien und Libanon gibt es davon mehr als genug, und das verlangt von uns, daß wir ihnen wie ein Therapeut zuhören. Wir haben beschlossen, uns ohne Bedingungen aus dem Libanon zurückzuziehen, und erstaunlicherweise lehnen die arabischen Staaten so einen Rückzug ab, zumindest anfänglich. Was hat das zu bedeuten?

Sicher, einige von ihnen haben sich später korrigiert und ganz richtig festgestellt, daß sie sich einem Abzug unserer Truppen aus einem arabischen Land natürlich nicht entgegenstellen können. Aber die Hisbollah hat alles getan, um den Truppenabzug zu verhindern. Sie hat verkündet, daß sie für nichts garantieren könne und sich zu keiner Gegenleistung verpflichten würde. Dann haben sie Forderungen in Hinsicht auf die palästinensischen Flüchtlinge und Jerusalem gestellt, um klarzustellen, daß der Abzug keinen Frieden bedeutet. Syrien reagierte ähnlich. Zuerst lehnten sie einen einseitigen israelischen Rückzug völlig ab und drohten, daß sie ihn als Kriegserklärung auffassen würden. Sie wollten natürlich nicht ihr strategisches Unterpfand namens Libanon verlieren. So wurde ihre pathologische Haltung sichtbar. Unser Rückzug wäre eine Kriegserklärung für sie? Das ist nun sicherlich absurd. Wie können wir uns die Äußerungen der libanesischen Regierung erklären, daß sie gegen den Truppenabzug und die Rückgabe des Gebietes sind, von dem die ganze Welt der Auffassung vertritt, daß es ihres ist? Sie wollen, daß wir weiter an ihrem pathologischen Zustand teilhaben. Dasselbe gilt für die anderen arabischen Länder, die gegen den Rückzug sind.

Auf eine gewisse Art und Weise hat uns die Hisbollah zu verstehen gegeben, daß es ihr lieber ist, wenn wir arabisches Land besetzt halten, wo sie uns bekämpfen kann. Sie sagt, komm, greif mich an, dann werde ich zurückschlagen. Das ist ein Kennzeichen sadomasochistischer Persönlichkeiten. Sie können nur zwei Haltungen einnehmen, Opfer oder Aggressor, und es fällt ihnen sehr schwer, sich von anderen abzugrenzen. Sie neigen dazu, andere in ihre inneren Konflikte mit hineinzuziehen.

Der gesunde Menschenverstand sagt uns, daß jeder Araber über den israelischen Rückzug aus einem arabischen Land froh sein könnte. Es ist aber ein Akt der Abgrenzung, der die Araber verwirrt. Die arabische Mentalität neigt zur Verschmelzung mit dem anderen und läßt eine klare Abgrenzung vermissen. Die Struktur ihrer Familien und ihrer Politik enthalten Elemente intensiver Durchdringung, Wärme und Intimität. Aber es fehlen ihnen klare Abgrenzungen, die persönlichen Grenzen verwischen. Ein von Angst geprägter Gehorsam gegenüber Autoritäten, sowohl in der Familie als auch im Staat, fördert die Abhängigkeit und behindert die Entwicklung einer eigenen, individuellen Identität. Ein Blick auf die Struktur der arabischen Clans zeigt, wie schwer es in einer derartigen Sozialstruktur ist, sich gegen die Autoritäten aufzulehnen und eine eigene Identität zu entwickeln, so wie es in der westlichen Kultur der Fall ist. Es kann so gesehen also nicht überraschen, daß die Araber mit dem einseitigen Schritt eines Rückzuges Schwierigkeiten haben, weil das die Reife eines Zustandes klarer Abgrenzung bedarf.

Kehren wir einen Augenblick zu den Syrern zurück. Ihr Gedanke, daß wir die Ruhe im Libanon von ihnen als Geschenk erhalten müssen und uns nicht selber nehmen können, gleicht der pathologischen Haltung von jemanden, der das Spiel von jemand anderem spielt. Es hieße, daß wir ihre Kontrolle des Libanons akzeptierten. Die Syrer sagen: „Wir sind die Herren im Libanon, ohne unsere Zustimmung könnt ihr dort nichts erreichen. Da der Libanon uns gehört, werdet ihr euch dort so benehmen, wie wir es sagen. Und wenn wir wollen, daß ihr die Besatzung fortsetzt, dann habt ihr das zu tun." Das klingt sehr nach der Pathologie einer sadomasochistischen Beziehung. Es erinnert an bestimmte Gesellschaften, in denen bis heute der Vater darüber entscheidet, wen die Tochter heiraten wird. Die Syrer sagen: „Ohne unsere Erlaubnis dürft ihr nicht aufhören, den Libanon zu schlagen. Das wäre ein Bruch der Spielregeln und würde unsere Beziehung in Frage stellen." Es ist für uns sehr wichtig, in dieser pathologischen Beziehung nicht die zugedachte Rolle des Partners anzunehmen. Es existiert nicht nur eine sadomasochistische Beziehung zwischen Syrien und Libanon, in der die Syrer den Libanon für ihre Zwecke benutzen und die Libanesen sich das gefallen lassen, sondern auch zwischen den Syrern und uns, indem sie uns zu einer militanten Beziehung einladen: „Wenn ihr unser Geschenk nicht akzeptiert, dann wird es Krieg geben!" In einer sadomasochistischen Beziehung fallen Zuneigung und Schläge zusammen. Die sadomasochistische Persönlichkeit kennt keine andere Art von Beziehung und neigt dazu, jeden in Reichweite in denselben endlosen Konflikt mit hineinzuziehen. Daher ist eine gereifte Haltung der klaren Abgrenzung unerläßlich für uns.

Es ist gut, daß sich die Dinge so entwickelt haben, daß wir uns ohne Bedingungen aus dem Libanon zurückziehen, statt daß die Syrer uns dort Frieden und Sicherheit garantieren. Auf diese Art unterstützen wir nicht die pathologische Annahme, daß der Libanon nicht auf eigenen Füßen stehen kann. Sein Stillhalten wurde nicht für ein Abkommen mit den Syrern erkauft.

Der Verteidigungspakt zwischen den Libanesen und den Syrern ist ebenfalls pathologischer Natur, in dem Sinne, daß die Libanesen die Syrer bitten, in ihrem Land für Ordnung zu sorgen, als ob sie dazu selbst nicht in der Lage wären. Wir dürfen uns dort nicht einmischen, zumindest noch nicht jetzt, obwohl wir indirekt einen Preis dafür zahlen, nämlich die Unmöglichkeit, mit dem Libanon einen seperaten Frieden zu schließen. Wir sollten natürlich zum Ausdruck bringen, daß wir auf den Moment hoffen und warten, in dem der Libanon unabhängig und ohne syrische Präsenz im Lande lebensfähig ist. Aber es wäre verfehlt, das jetzt schon erreichen zu wollen.

Unsere Situation im Libanon gleicht der eines Kindes, das im Kino sitzt und plötzlich von hinten einen Schlag erhält. Es dreht sich um, kann den Schläger aber nicht ausmachen und weiß nicht, wem es die Schuld geben soll. Die Syrer, die vielen unterschiedlichen Fraktionen der Libanesen, die Hisbollah, alle sind ohne klare Abgrenzungen vermischt, wer hat dort also das Sagen und mit wem sollen wir verhandeln? Das Ziel sollte ein souveräner Libanon sein, aber manchmal hat man keine andere Wahl, wenn man nicht mit dem Kind sprechen kann, dann muß man mit den Eltern reden, und das sind Syrien und die Hisbollah. Dennoch sollten wir unsere eigentliches Ziel nicht aus den Augen verlieren, ein Friedensabkommen mit dem Libanon, das auch von ihnen eingehalten werden kann. Die Hisbollah benutzt den Libanon für ihre pathologischen Zwecke, nämlich für die Erfüllung ihres Bedürfnisses nach ständiger Konfrontation. Unsere Forderung nach einem Friedensabkommen mit dem Libanon unter der Bedingung, daß die Syrer und die Hisbollah sich aus dem Land zurückziehen, mag vernünftig und korrekt sein, aber angesichts des derzeitigen Entwicklungsstadiums der Beteiligten ist es dafür noch zu früh.

Teil III
Innerisraelische Probleme

13. Von der Religion zum Staat

Wir alle kennen die Geschichten von Heranwachsenden, die gegen ihre Eltern rebellieren, ihr Zuhause physisch und emotional verlassen und für lange Zeit nicht zurückkehren. Diese Jugendlichen müssen gegen ihre Eltern rebellieren, um eine eigene, neue Identität zu entwickeln, um ihren eigenen Weg zu finden und um ihr „Ego" zu festigen. Es ist eine alte Geschichte. Vielleicht kehrt der Jugendliche eines Tages zu seinen Eltern zurück, lernt sie verstehen und schließlich schätzen, was sie ihm mitgegeben haben. Nur wenn er spürt, daß sich die Bedrohung seiner neu entwickelten Identität gelegt hat, nur wenn er sich nicht länger davor fürchtet, die elterliche Welt der Vergangenheit in die Welt zu integrieren, die er sich geschaffen hat, nur dann wird sein Widerstand nachlassen, und er wird die guten Dinge anerkennen können, die er von ihnen erhalten hat. Das ist die Geschichte von vielen von uns, die Geschichte der säkularen Juden. Was ist mit der Beziehung zu unserem ursprünglichen Zuhause, dem Judentum, geschehen, in dem wir alle geboren wurden und auch mehr oder weniger großgeworden sind? Die Anhänger des Säkularismus haben eine andere Identität gesucht, eine universelle, westliche, die etwas mit der Welt draußen zu tun hatte. Und um eine neue Identität zu erlangen verspürten sie das starke Bedürfnis, gegen alles zu rebellieren, was dem Judentum heilig war. Sie wählten eine andere Art des Denkens, gemäßigter und weniger emotional, universeller und weniger religiös, romantischer und weniger dramatisch. Auf dieses System von Denken und Sprache werde ich in den nächsten Kapiteln über die Positionen der Rechten und Linken noch näher eingehen. Tatsächlich gibt es eine große Übereinstimmung zwischen rechten politischen Standpunkten und der Religiosität. Ebenso stehen Nationalismus und Religion für die gleichen Aspekte des emotionalen Lebens (eine paranoide Haltung) im

Unterschied zur säkularen Linken, die die komplementäre emotionale Haltung repräsentiert (eine depressive Haltung; es ist mir wichtig, darauf hinzuweisen, daß ich eher von emotionalen Haltungen spreche, weniger von pathologischen, das heißt, von emotionalen Neigungen, die in jedem von uns existieren).

Wenn wir säkulare Menschen über das Konzept von Religion frei assoziieren lassen, wie es in der Therapie üblich ist, dann fallen häufig Begriffe wie: kindisch, konservativ, Zwang, begrenztes Denken und ähnliches. Tatsächlich ist Gott eine Schöpfung der Menschen, eine psychologische Linderung ihres Leids, eine Projektion eines Teils der menschlichen Gefühle, und die Schaffung eines Bildes, das ihre regressivsten Bedürfnisse befriedigt. Gott ist ein großer, allmächtiger Vater, der stets recht hat, undemokratisch ist und strengsten Gehorsam unter seiner totalitären Herrschaft fordert, und der jeden hart bestraft, der nicht an ihn glaubt. Mit der Erschaffung Gottes bildete der Mensch eine sado-masochistische Beziehung zu einem autoritären Vater ab, der seinem Kind gegenüber niemals Fehler oder Unwissen eingestand und der stets die absolute Unterordnung verlangte, bei der der Mensch letztlich immer schuldig gesprochen wurde.

Ich möchte, daß die säkularen Juden lernen, dorthin zurückzukehren, woher sie in ihrer persönlichen und nationalen Geschichte gekommen sind, damit sie ihre religiösen Gefühle neu interpretieren können, einen Zugang zu ihnen finden, sie spüren können und ihnen mit Verständnis begegnen. Verständnis und Einfühlungsvermögen sind die Haltungen, die es einem ermöglichen, sich in einen anderen hineinzuversetzen und zu verstehen, was er durchmacht, ohne über ihn zu richten. Die säkular denkenden Menschen müssen eine solche Haltung entwickeln, statt einfach nur kritisch zu sein. Eine verständnisvolle Haltung wird mehr als jede Kritik dazu beitragen, die wichtige Umwandlung von einem jüdischen Staat zum Staat Israel voranzutreiben, und auch die Trennung von Religion und Staat, die für unsere Existenz überlebenswichtig ist. So lade ich die säkularen Juden auf eine Reise in unsere inneren Welten ein, um die religiösen

Elemente in uns zu entdecken, damit wir besser verstehen, was die Religion auf der Gefühlsebene für uns bedeutet.

In unserer Kindheit waren wir wahrscheinlich rechter und religiöser als wir es jetzt sind, denn so sind Kinder in der Regel. Im Kindergarten lernen wir, daß Konflikte häufig durch Zwang gelöst werden. Wenn wir uns fürchten, bitten wir Gott oder einen starken Vater um Hilfe. Wir brauchen eine feste Ordnung, wir wollen wissen, warum Dinge passieren und warum wir bestraft werden. Wir möchten an jemanden glauben, der uns beschützt, wir möchten mit dem Tod nicht ganz ausgelöscht werden, sondern im Himmel weiterleben. Ja, wir wollen, daß dieses Ding namens Leben Sinn und Zweck hat und nicht so unberechenbar und chaotisch ist, wie es uns als Kind erscheint. Wenn wir größere Bedrohungen für die Sicherheit unseres Landes oder der Welt erleben, dann wenden wir uns wieder an eine höhere Macht – Eltern, Lehrer oder Gott –, denn ein Kind kann damit nicht umgehen. Gott ist ohne Zweifel ein gutes Mittel, das die Menschen gegen unser Gefühl der Unvollkommenheit und Endlichkeit geschaffen haben. Ich glaube, die meisten von uns haben die komplexen Verhandlungen verdrängt und vergessen, die wir als Kinder mit Gott geführt haben. Wir haben ihm versprochen, brav zu sein, wenn er uns bei einer Klassenarbeit hilft. Und wenn wir uns nicht gerade an Gott gewandt haben, dann hofften wir, daß die Eltern oder ein Lehrer die Dinge für uns klärten. In unserer Kindheit spielte Gott in den kleinsten Details unseres Lebens eine Rolle. Das ist die Welt des Kindes, voller Ängste und Hoffnungen, Monster und Feen, und das Kind sehnt sich nach einer höheren Macht und Autoritätsperson, die ihm hilft.

Es ist nicht zu übersehen, wie sehr viele Kinder sich nach Ordnung und festen Strukturen sehnen. Zumindest die gesamte Grundschulzeit basiert darauf. Das Kind erwartet von uns, daß wir ihm Aufgaben geben, die es erfüllen kann. Eltern wissen, wie wichtig eine von den Eltern vorgegebene Ordnung für die Kinder ist. Die Eltern sind die erste Gottheit. Sie wissen alles, sie sorgen für alles und wir fragen sie alles. Ihnen überantworten wir die Kontrolle unseres Lebens. So erlebt das Kind seinen ersten Gott.

Dann werden wir älter, und Gott oder die allmächtigen Eltern werden durch andere Dinge abgelöst, durch emotionale Schutzmechanismen, die uns helfen, mit Unsicherheiten und Existenzängsten fertigzuwerden. Erst allmählich wird uns die Welt um uns herum verständlicher, und mit wachsender Kontrolle unserer Umwelt erkennen wir, daß unsere Eltern nicht allmächtig sind. Die Gottheiten schwinden langsam dahin, aber das ist nicht die Hauptsache. Die existentiellen Ängste sind zahlreich, und sie bleiben das ganze Leben bestehen. Wir entwickeln zunehmend Unterdrückungs- und Verdrängungsmechanismen, die für unsere emotionale Existenz lebenswichtig sind. Während religiöse Menschen sagen: „Gott behüte, daß es keinen Krieg gibt!", benutzen wir säkularen Menschen unsere Verdrängungsmechanismen und unterdrücken diese Angst immer wieder. Wenn wir die Hoffnung auf ein gutes neues Jahr äußern, dann möchten wir nicht an all die anderen Möglichkeiten denken. Wir verdrängen auch den Tod und den Gedanken daran, während religiöse Menschen sich an Gott wenden und um Einlaß ins Paradies beten. Religiöse Menschen vertrauen ihre Seele jede Nacht Gott an, und morgens preisen sie ihn, wenn sie sie unbeschadet zurückerhalten. Wir vertrauen unsere Seele unserem Unterbewußtsein an. Die Rolle Gottes besteht also vor allem darin, der Seele Schutz zu bieten, und wer könnte solch einen Schutz nicht brauchen? Manchmal setzen wir uns an Gottes Stelle und sagen, alles liegt in unserer Macht, und hoffen, daß das wahr wäre. Der gläubige Mensch gibt dem Unerwarteten und dem Unbekanntem Raum – Gott.

Aber auch wir Nichtgläubigen begegnen Gott an entscheidenden Stationen im Leben, wo unsere Schutzmechanismen nicht weiterhelfen. Ich meine bei Jom Kippur[8], Geburt, Beschneidung, Bar-Mizwa[9], Hochzeit und Tod. Das sind Situationen, in denen auch wir säkularen Menschen jemanden brauchen, der unsere Ängste lindert. Daher rufen wir in diesen Momenten die Religion zu Hilfe. Auch in anderen dra-

8 „Versöhnungstag", höchster jüdischer Feiertag.

9 Jüdische Entsprechung der christlichen Konfirmation im 13. Lebensjahr eines Kindes.

matischen Situationen, bei tödlichen Krankheiten oder als Soldaten im Krieg, zögern wir nicht, zu Gott zu beten und um seine Hilfe zu bitten. In diesen Momenten werden unsere Schutzmechanismen mit der Intensität unserer Gefühle nicht mehr fertig und wir benötigen die Hilfe Gottes.

Was ist also mit dem Gott unserer Kindheit geschehen? Er wurde ersetzt. Teils durch einen wachsenden Glauben an unsere eigene Kraft, teils durch Verdrängungs- und Unterdrückungsmechanismen, wenn wir unserer Gefühle nicht mehr Herr werden. Und jeder von uns hält in seinem Inneren einen Platz für Gott frei, der uns als letzte Zuflucht dient. Ich sage das, um klarzumachen, daß Gott kein Fremder für uns ist. Er ist ein tatsächlich vorhandenes emotionales Bedürfnis, das wir respektieren müssen, genauso wie jedermans Wünsche, Hoffnungen und Ängste respektiert werden müssen. Wenn wir einen Zettel in die Klagemauer stecken, dann sind wir wie der Jugendliche, der in sein Elternhaus zurückkehrt. Ein Kind braucht einen wirklichen Ansprechpartner, keine imaginären Eltern, und auch wir brauchen einen Platz, an dem wir Gott begegnen können.

So möchte ich in aller Deutlickeit feststellen, daß die Sehnsucht nach Gott verstanden werden kann, indem wir unsere emotionale Wirklichkeit verstehen. Wenn wir dieses emotionale Bedürfnis verstehen, dann ist es weniger bedrohlich, und wir können es besser akzeptieren. Im Grunde sind es emotionale Schutzmechanismen, die jeder von uns hat. Aus der Perspektive der Entwicklung gesehen haben wir alle am selben Punkt begonnen, wo es einen Gott namens Vater oder Mutter gab. Als wir größer wurden, haben religiöse Menschen sie durch ihren Gott ersetzt, und die Nichtgläubigen durch andere Sachen, durch andere Schmerzlinderer und Angstnehmer, und das alles auf der Suche nach Sinn und Zweck. Die säkularen Lösungen sind sicher die reiferen und entwickelteren, aber wir befinden uns alle auf demselben Kontinuum, sowohl auf der persönlichen Ebene als auch auf der Ebene des Volkes, einige weiter fortgeschritten, die anderen weniger weit. Die Frage, die sich dabei stellt, lautet, ob jede Seite sich in die existentiellen Sorgen der anderen einfühlen kann. Einfühlungsvermögen, das sei hier angemerkt, bedeutet nicht Zustimmung, sondern die Fähigkeit, zu verstehen.

Was ist zum Beispiel der emotionale Grund für die umfangreiche Sammlung religiöser Regeln und Gebote, die Nichtgläubige als Fesseln und Beschränkungen ansehen? Diese Regeln spielen eine wichtige Rolle dabei, Ängste und Sorgen zu lindern, die stets das Unbewußte überfluten. Wenn wir Gottes Willen erfüllen, im Moment des Gebets zum Beispiel, wenn wir das ganze Leben lang jeden Tag die gleichen Worte sprechen, dann kämpfen wir gegen unsere Ängste an. Wir kennen solche Schutzmechanismen aus unserer frühen Kindheit, wenn wir strenge Regeln brauchen und sie gerne erfüllen, um ungelöste innere Konflikte zur Ruhe zu bringen. Das Kind verläßt die stürmische ödipale Phase und fängt an, die Umwelt zu erforschen (deshalb ist es ein gutes Alter für den Schulbeginn), und wird dabei von den Schutzmechanismen von Recht und Ordnung unterstützt, die in seinem Alter so wichtig sind. In diesem Sinne verhält sich ein kleines Kind wie ein religiöser Mensch, und während dieser Phase führt es häufig geheime Zwiegespräche mit Gott.

Wir Nichtgläubigen haben uns von derlei konkreten Handlungen gelöst und andere, kompliziertere Schutzmechanismen entwickelt. Wir unterdrücken und sublimieren unsere Ängste und verarbeiten sie auf anderen Gebieten wie Wissenschaft oder Kunst. Religiöse Menschen benutzen dagegen mehr zwanghafte Schutzmechanismen, die viele Rituale des mechanischen Auswendiglernens beinhalten, oder die Regelung jedes freien Augenblicks mit Vorschriften und religiösen Geboten. Uns scheinen diese religiösen Schutzmechanismen streng und restriktiv. Wir säkularen Menschen glauben, daß wir uns davon befreit haben. Wir fühlen uns den Fesseln einer einengenden Religion entkommen, und es fällt uns schwer, einen Standpunkt einzunehmen, auf dem wir uns nicht von ihr bedroht fühlen. Wenn ich über die Gefühle der säkularen Juden spreche, daß Religion als Zwang empfunden wird, dann spreche ich auch von unseren Großeltern, die aus religiösen Familen kamen, ich spreche ebenso über die Welt unserer Kindheit, die von der überlegenen Macht autoritärer Eltern beherrscht war, von der wir uns auch gelöst haben, als wir aufwuchsen. Auch das ist eine Art von Religion. Das ist der Grund, warum Religion und Vergangenheit, oder Religion und die Welt der Kindheit, so eng miteinander verbunden sind.

War im elterlichen Hause alles schlecht und nicht hinnehmbar? Ist alles, was mit Gott zu tun hat, einengend und bedrohlich? Oder können auch Nichtgläubige die Schönheiten der Bibel entdecken und unsere Tradition und Religion mit nüchternen Augen betrachten – eine reiche Kultur, die der Welt viel gegeben hat? Das Judentum hat der Welt, um nur ein Beispiel zu nennen, einen abstrakten Gott anstelle der Götzenbilder geschenkt. In anderen Worten hat das Judentum die menschliche Fähigkeit zur Abstraktion entscheidend weiterentwickelt. Das Judentum hat der Welt universale soziale Gesetze gegeben, nach denen die Menschen miteinander leben können und die bis heute Gültigkeit haben. Das Judentum hat uns gelehrt, zu beobachten und nachzudenken. All das haben wir der universellen westlichen Kultur weitergegeben, die wir säkularen Juden heute verehren. Tatsächlich waren die Juden einst weiter entwickelt als andere Völker, aber die Zeiten haben sich geändert. Die fehlende Trennung von Religion und Staat in Israel, die zu einer Beeinflussung des alltäglichen Lebens durch die Religion führt, stellt heute für uns ein emotionales Problem als Volk dar. Dadurch bleiben wir in der Entwicklung hinter dem Westen zurück und es kommen unangenehme Vergleiche zu islamistischen Staaten auf. Dieselbe Religion, die uns einst vorangebracht hat, verzögert heute unsere Weiterentwicklung. Es sind nicht wenige Dinge, auf die wir im Judentum stolz sein können, aber in dem Stadium, in dem wir uns zur Zeit befinden, in einem Kampf um die Fortentwicklung mit dem Wunsch, uns aus den Klauen einer restriktiven Religion zu befreien, fällt es schwer, sie anzuerkennen. Wir kennen diese Phase der Jugend, wenn die Kinder alles ablehnen, was die Eltern sagen oder tun. Erst nach der Ablösung und Unabhängigkeit des Kindes, wenn es gereift ist und sich nicht länger bedroht fühlt, kann sich die Beziehung wieder bessern. Das ist die Geschichte von uns säkularen Juden und der Religion. Ich schreibe dies, damit wir nicht davor zurückschrecken, dem Lied der Religion zu lauschen, das auf den Saiten des Herzens in jedem von uns gespielt wird. Wir sollten lernen, die Sehnsucht nach Gott zu verstehen, damit er uns nicht fremd bleibt, damit wir ihn und seine Gesetze und Gebote respektieren können. So wie wir unsere menschlichen Beschränkungen und emotionalen Schutzmechanismen respektieren, denn sie sind ein und dasselbe, Gott ist ein Schutzmechanismus wie die anderen.

Demokratie und Religion spiegeln unterschiedliche emotionale Zustände im Leben eines Individuums wider. Demokratie ist eine ausbalancierte emotionale Struktur, die unterschiedlichen Stimmen in uns Raum gibt. Religion besitzt eine hierarchische Struktur, in der eine Stimme sich durchsetzt und alle anderen zum Schweigen bringt. Es ist wichtig, sich daran zu erinnern, daß der Heranwachsende namens Staat Israel sich weiterentwickeln und die totalitären und undemokratischen Elemente in seiner Seele aufgeben muß. Zumindest bis zu dem Grade, daß die Religion nicht mehr vor dem Staat kommt. Psychotherapie ist die Demokratie der Seele, denn wir wollen allen Stimmen Raum geben, die in einem Menschen sind, und nicht einige davon auslöschen. Ich möchte diesem Jugendlichen helfen, mit weniger Haß auf seine Eltern und seine Vergangenheit aufzuwachsen. Haß auf Dinge, die er in sich trägt, die er bekämpft und loswerden möchte. Es besteht die Gefahr, daß er das Gefühl für seine eigene historische Kontinuität verliert. Das passiert vielen Leuten, die auf einmal religiös werden oder die eine Religion verlassen. Sie löschen ihre Vergangenheit aus und fühlen sich, als seien sie gerade geboren worden. Daher haben sie Schwierigkeiten, die verschiedenen Stimmen in ihrem Inneren zu integrieren. Das Gefühl der geschichtlichen Kontinuität ist für die mentale Gesundheit eines Menschen von großer Bedeutung – und ebenso für die mentale Gesundheit einer Nation. Eine Weiterentwicklung darf unter keinen Umständen blockiert werden, man muß aber versuchen, sie ausgewogen zu gestalten, soweit das einem Jugendlichen möglich ist.

Warum fällt es den säkularen Juden – besonders wenn sie

Linke sind – so schwer, sich selbst als Juden zu bezeichnen und Ausdrücke wie „So Gott will" zu verwenden? Weil im Bewußtsein der säkularen Juden das Wort „Jude" mit dem Schimpfwort „Jid", mit der Diaspora, mit der Schwachheit und all den verletzenden Untertönen verbunden ist, und nicht mit der ruhmreichen kulturellen Vergangenheit des jüdischen Volkes. Wenn jemand „So Gott will" sagt, dann gibt er damit seinem Gefühl der Anerkennung der Grenzen seiner Kräfte und Fähigkeiten Ausdruck, das ist alles. Aber da die meisten säkularen Menschen einen Grad der Integration erreicht haben, in dem die Religion als rein individuelle emotionale Erfahrung betrachtet wird, eine Sache, mit der wir nichts zu tun haben wollen, weil wir noch nicht ganz erwachsen sind und unsere Rebellion noch nicht beendet ist, haben sie die Fähigkeit verloren, mit religiösen Menschen einfühlsam zu kommunizieren. Wir haben uns von unseren Wurzeln entfernt, von unserer persönlichen Vergangenheit und der Vergangenheit unseres Volkes, und haben die Bibel der religiösen Rechten als alleiniges Eigentum überlassen. Enthält denn nicht die Bibel viele Verse, die die Sehnsucht nach Frieden und nach einem Neuen Nahen Osten ausdrücken? So wie die Worte beim Propheten Jesaja: „Da werden die Wölfe bei den Lämmern wohnen."[10] und „Da werden sie ihre Schwerter zu Pflugscharen machen."[11] Die Bibel ist ein wichtiges Mittel, das einen großen gemeinsamen Nenner und eine tiefe emotionale Identifikation herstellen kann. Sie kann die Botschaft der Linken an eine rechte Zuhörerschaft und religiöse Kreise in deren eigener dramatischer Sprache vermitteln. Aber wir haben unsere Vergangenheit im Stich gelassen, und mehr noch, wir sind von den Orten in uns selbst fortgegangen, wo uns ein Verständnis der Religion möglich gewesen wäre. Wir zahlen einen hohen Preis dafür. Auf der individuellen Ebene besteht der Preis darin, daß wir eine Verengung unserer Persönlichkeit in Kauf nehmen, und auf der nationalen Ebene zahlen wir mit dem Verlust der Fähigkeit, miteinander zu reden. Die säkulare Rechte ist der Religion näher als die säku-

10 Jes 11,6
11 Jes 2,4

lare Linke, was sich auch im politischen System widerspiegelt, und das ist kein Zufall. Die emotionalen Strukturen der Rechten und der Religiösen sind einander ähnlich. Sie sprechen dieselbe dramatische Sprache und haben dieselbe emotionale Haltung mit ihren paranoid-größenwahnsinnigen Zügen, die ich im nächsten Kapitel näher erörtern werde. Ich denke, es ist an der Zeit, daß die säkularen Juden sich selbst einige unangenehme Fragen über ihre Haltung zur Religion stellen und klären, was sie gegen Gott, das Judentum und die Tradition haben. Sie könnten sich näher zur Rechten und zur Religion hinbewegen und sie mit aufrichtigem Respekt behandeln.

Unsere lange Reise von der Religion zu einem Staat ist tatsächlich ein Wachstumsprozeß, in dem unsere emotionalen Strukturen eine Wandlung durchmachen. An dem religiösen Pol, von dem wir alle kommen, finden wir eine mehr instinktive, militante, dramatische, paranoid-größenwahnsinnige und rechte Struktur vor. Das sind die emotionalen Merkmale jeder Religion. Am säkularen Pol, der für den demokratischen Staat steht, finden wir Charakterzüge, deren Grundlage eher romantisch und depressiv sind und die ihre Impulse unterdrücken. Das ist in etwa die Persönlichkeitsstruktur der Linken. Die Reise vom Irrationalen zum Rationalen, von der beherrschenden subjektiven Erfahrung zu einer mehr objektiven und distanzierten Sichtweise, ereignet sich in unserem nationalen Leben genauso wie im Leben eines heranwachsenden Kindes. Rechte und linke politische Ansichten sind daher eher oberflächliche und begrenzte Aspekte einer tieferen emotionalen Entwicklung, die wir nehmen, von der Unterwerfung unter religiöse Gesetze, was wir jahrelang gewohnt waren, zur Unterwerfung unter die Gesetze des Staates. Religion ist eine Weltanschauung, die in jedem Moment des Lebens eines Individuums Gültigkeit besitzt. Eine (rechte oder linke) politische Weltanschauung ist begrenzter, aber beide entstehen aus emotionalen Strukturen. Ich bin mir der Verallgemeinerung bewußt, die ich mache, wenn ich Vergleiche zwischen emotionalen Strukturen und politischen und religiösen Haltungen ziehe. Es existieren natürlich viele Zwischenstufen und alle möglichen Kombinationen, aber im allgemeinen ist die hohe Übereinstimmung zwischen religiösen und rechten Ansichten und die zwischen säkularen und linken Ansichten auffällig.

Ein Blick auf die politische Landkarte bestätigt uns, das die meisten der religiösen Gruppierungen rechts angesiedelt sind. Bei den Wahlen von 1999 zeigte es sich zum Beispiel, daß viele Wähler des rechten Likud zu der religiösen Schas-Partei abgewandert sind. Dabei wurde wieder deutlich, wie religiös der Likud im Herzen ist, oder auch wie rechts die Schas-Partei. Die nationalistischsten Wähler und die Wähler der ultraorthodoxen Parteien Agudat Yisrael und Schas, von denen einige alles andere als nationalistisch sind, leben vereint unter dem Dach der Rechten. So ist das tiefergehende Merkmal der Rechten ihre emotionale Struktur, und nicht der Nationalismus, der lediglich ein politischer Standpunkt ist. Die Siedlerbewegung Gusch Emunim und die Schas haben zum Beispiel mehr Gemeinsames als Trennendes. Sicher, die Mitglieder von Gusch Emunim sind Nationalisten und dienen in der Armee, während die Haredim[12] unter den Mitgliedern der Schas keine Nationalisten sind und nicht in der Armee dienen, aber ihre emotionale und mentale Struktur scheint ein tieferer gemeinsamer Nenner zu sein und ihr identisches Wahlverhalten zu erklären, über eine bestimmte politische Einstellung hinaus. So haben die säkularen Rechten zum Beispiel eine weitaus dramatischer geprägte mentale Struktur als die säkularen Linken, eine Struktur, die von den paranoid-größenwahnsinnigen Merkmalen geprägt ist, die typisch für Religionen sind. Die religiöse Linke hat eher eine Neigung zu romantischen, depressiven Haltungen als die religiösen Rechte.

Hier seien noch einige Worte zu dem Konzept des Judentums der Sephardim im Vergleich zum Judentum der Aschkenasim angemerkt. Die Religiosität der Sephardim ist nicht notwendigerweise mit einem strengen Befolgen der religiösen

12 Haredim, die „Gottesfürchtigen"; eine große Bevölkerungsgruppe (ca. 10%) in Israel, die den Staat ablehnen und sich nur um die religiösen Gesetze kümmern. Nach ihrer Auffassung kann es erst nach der Wiederkehr des Messias einen jüdischen Staat geben.

Gebote verbunden. Ihr Glauben ist eine sanftere und tolerantere Art von Judentum. Für die Juden aus dem Nahen und Mittleren Osten ist ihr Judentum eine Frage der Identität, während es für Juden aus Osteuropa mehr eine Schutzfunktion hat. Bei den Siedlern finden wir zum Beispiel Gefühle der Allmacht und des Messianismus, die, wie wir aus der therapeutischen Praxis wissen, dazu dienen, starke Ängste, Ohnmachts- und Minderwertigkeitsgefühle zu kompensieren. Die Religion dient bei den Sephardim daher zu anderen Zwecken als bei den Aschkenasim. Sie ist weniger streng, eifernd und bedrohlich, dafür sanfter, wärmer und toleranter. Es ist eine mehr gemeinschaftlich orientierte und offene Religion, die keine so schroffen Abwehrmechanismen benutzt, dafür aber fortschrittlicher ist. Für die Sephardim bedeutet Judentum Zugehörigkeit, während das Judentum der Aschkenasim einen militanteren Charakter besitzt. Ein Judentum, das innere Triebe bekämpft, das Selbst und die Nichtjuden überwindet und nach Ganzheit und spiritueller Erhebung strebt.

Der Wert der Selbstakzeptanz ist im militanten Judentum der Aschkenazim fast ausgelöscht worden. Die nicht-nationalistische religiöse Partei der Aschkenazim, Agudat Yisrael, repräsentiert ebenfalls eine abwehrende, starre Religion. Der extrovertierte und militante Größenwahn der religiösen Rechten wird in ihrem Fall duch religiöse Strenge und große Isolation kanalisiert. Man kann schon bei ihren Fernsehauftritten den Unterschied in Zugänglichkeit und Offenheit zwischen den Parlamentsmitgliedern von Schas und Agudat Yisrael erkennen. Unterschiedliche religiöse Charaktere ähneln sich jedoch mehr als daß sie sich unterscheiden. Sie alle teilen die impulsiven, dramatischen und paranoiden Persönlichkeitsmerkmale.

Ich möchte hier nochmals betonen, daß die säkulare Linke psychologische Blockaden und Tabus hat, von denen sie sich befreien muß, denn auf Grund dieser Blockaden fällt es einer breiten Öffentlichkeit, die sich mit dem Judentum identifiziert, schwer, sich mit der Linken zu identifizieren. Die Linke identifiziert sich eben auch nicht mit ihnen. Nur derjenige, der diese emotionale Aufgabe vollbringt, kann ein politischer Führer für die gesamte Nation sein.

Religiöser Zwang

Es gibt in der Tat einen religiösen Zwang. Es liegt in der Natur der Religion, daß sie Zwang ausübt. Auch hier ist wieder eine einfühlsame Haltung nötig, weil sie es uns ermöglicht, den anderen und seine Gefühle zu verstehen, ohne mit ihm übereinstimmen zu müssen. Enfühlungsvermögen ist die Fähigkeit, sich teilweise zu identifizieren, sie läßt aber auch den notwendigen Raum zwischen Kind und Erwachsenem, so daß das Kind vom Erwachsenen lernen kann. Der Erwachsene muß verstehen, was dem Kind Probleme bereitet, aber er muß auch Abstand haben und ihm voraus sein, um ihm helfen zu können. Ein Politiker muß zum Beispiel in der Lage sein, sich mit dem religiösen Teil der Bevölkerung zu identifizieren, damit dieser sich auch mit ihm identifizieren kann. Er muß ihn aber auch zu einer fortschrittlicheren Haltung bewegen können. Man wird ihm nur dann folgen können, wenn man Zuneigung für ihn empfindet. Und wir wissen, wie eng Zuneigung und Identifikation zusammengehören.

Die religiöse Bedrohung unseres Staates ist eine reale Bedrohung. Die Ermordung Rabins war ein Zeichen für den Versuch der Religion, den Staat zu stürzen. Das Attentat wurde mit der Inspiration und der Ermutigung extremistischer Rabbis ausgeführt, die sich selbst über den demokratischen Staat und seine Gesetze erhoben haben. Eine Bedrohung geht sowohl von den rechten Extremisten aus, die die Grenzen eines Großisraels aus biblischen Zeiten neu ziehen möchten, und von den religiösen Extremisten am anderen Ende des Spektrums, die überhaupt keinen Staat haben wollen, und großen Teilen der Ultraorthodoxen, die nicht in der Armee dienen und, was noch schlimmer ist, denen eine undemokratische Bildung vermittelt wird, die staatliche Gesetze ablehnt und ihre Religion darüber erhebt. Die Bedrohung geht weiter mit der ungeheuren Ignoranz weiter Teile der Religiösen, deren Bildung weit hinter der der aufgeklärten Welt zurückbleibt und sie von den arbeitenden und sich ihr Brot verdienenden Israelis abhängig macht. Und die Bedrohung endet mit der Verletzung der individuellen Rechte von einer Menge Leute, zum Beispiel den Reformjuden in Israel und im Ausland, den Konvertiten, den Homosexuellen, den Mamzerin[13] und anderen. Viele von diesen religiösen Menschen, die ein Viertel der Bevölkerung ausmachen, haben es schwer, etwas zur Gesellschaft beizutragen. Die Religion, wie sie von der Schas-Partei repräsentiert wird, findet ihre Anhänger bei rückständigen Gesellschaftsgruppen, die jahrelang von den israelischen Regierungen vernachlässigt wurden. Auf dieselbe Art und Weise gewinnt der Islam bei den Arabern in Israel und in den besetzten Gebieten an Boden: auf Grund ihres Elends. So verhält es sich mit der Religion. In einem Zustand des Verlustes, der Entbehrung, muß der Mensch ursprüngliche und starke mentale Energien mobilisieren, um den Schmerz zu bekämpfen. Nur Gott kann Armut und Elend einen heroischen Sinn geben. Nur Gott kann diesen fürchterlichen Schmerz lindern, daher florieren religiöse Bewegungen unter dem Mantel der Armut.

Ich denke, daß wir in den meisten Fällen an unseren Positionen festhalten müssen und den Forderungen der Religiösen nicht nachgeben dürfen, aber das muß aus einer Haltung des Verständnisses heraus erfolgen. Wir müssen zum Beispiel die Tatsache anerkennen, daß die Schas-Partei dort Erfolge erzielt, wo die israelischen Regierungen versagt haben: einer breiten Öffentlichkeit einen emotionalen Sinn und ein Gefühl von Wichtigkeit zu geben. Sie versorgen Kinder in ihren Ganztagsschulen mit warmen Mahlzeiten, etwas, das die israelische Regierung nie geschafft hat. Und die Regierung könnte das tun, womit die Schas-Partei Erfolg hat, sowohl auf der materiellen als auch auf der Gefühlsebene. Eltern machen die Beobachtung, daß das liebevolle Setzen von Grenzen völlig anders aufgenommen wird als eines mit Zorn und Streit. Daher muß die Begrenzung des religiösen Zwanges aus einer einfühlsamen Position heraus erfolgen, emotional wie ökonomisch. Dieses Verständnis widerspricht nicht der Tatsache, daß die

13 Nach religiösem Recht unehelich Geborene.

Koalition, die unser Land am besten voranbringen kann, eine aus Rechten und Linken ist, ohne die religiösen Parteien, die bisher Teil jeder israelischen Regierung waren. Nur eine derartige Koalition kann den religiösen Gruppierungen Grenzen setzen und die innere Ordnung herbeiführen, die so wichtig für uns ist. Es sind nicht die Rechten, die die extremste emotionale Haltung einnehmen, sondern die Religiösen, was sich in einer Reihe von Positionen ausdrückt, die die Existenz unseres Staates gefährden: ein undemokratisches Bildungssystem; das Streben nach einem Halacha-Staat[14]; die Aufrechterhaltung der wirtschaftlichen Abhängigkeit und die Unfähigkeit, auf Grund ihrer schlechten Bildung den Lebensunterhalt zu verdienen; das Streben nach einem Großisrael oder die totale Ablehnung eines Staates an sich, die Weigerung, in der Armee zu dienen und vieles andere mehr. Eltern, die ihrem Kind Grenzen setzen, damit es sich nicht selbst schadet, sind sehr einfühlsame Eltern. Ein Kind verlangt schließlich, daß man sich um es sorgt, auch wenn es sich dessen nicht bewußt ist. Und die Ultraorthodoxen verlangen letztlich auch, daß wir uns an ihrer Stelle um den Staat kümmern.

Wie sehen die religiösen Bevölkerungsgruppen die säkularen Juden?

Die Religiösen betrachten die säkulare Welt als eine Welt ohne Regeln und Werte, in der nichts heilig ist. Es ist eine beängstigende Welt, denn sie besitzt keine Ordnung, und, um es zugespitzt zu sagen, jeder kann tun und lassen, was er will. Wir wissen, daß die Abwesenheit von Grenzen eine beängstigende Erfahrung sein kann. Wir wissen, wie sehr Menschen im allgemeinen und Kinder im besonderen Grenzen brauchen, um sich sicher zu fühlen. Damit ein säkular denkender Mensch einen religiösen Menschen und seine Gefühl der säkularen Welt gegenüber verstehen kann, sollte er sich eine Welt

14 Ein Staat, der auf den religiösen jüdischen Gesetzen basiert. Halacha ist das religiöse Gesetz der Juden.

vorstellen, in der alle sozialen Regeln zerstört sind. Eine Welt der Anarchie und Ausschweifungen, wo den Menschen viel mehr erlaubt ist als in unserer Welt. Und genau wie ein säkularer Mensch sich auf Grund der Beschreibung diese Welt nicht wirklich vorzustellen vermag, so bleibt es einem religiösen Menschen unklar, wie man mit der Freiheit leben kann, die in unserer säkularen Welt herrscht. Aber die Vorstellung vermittelt ein Gefühl der Angst.

Für Menschen, die ihre religiöse Heimat verlassen, tauchen die größten Schwierigkeiten jedesmal dann auf, wenn sie eine religiöse Vorschrift oder ein Gebot aufgeben. Jedesmal, wenn eine weitere Grenze überschritten wird, überkommt sie ein starkes Gefühl der Unsicherheit, das schnell in eine Angst vor Bestrafung umschlagen kann: wenn sie die Mezuza[15] am Türpfosten nicht küssen, am Sabbat reisen, die Kippah nicht mehr tragen und so weiter. Wir wissen, wie bedrohlich Freiheit sein kann, und wie beruhigend klare Regeln und Vorschriften sind.

Wie fühlt sich wohl jemand, der die Familie zusammenhalten will, im Angesicht von Deserteuren, Abtrünnigen und Verrätern? Derjenige, der das Feuer am Brennen hält, während andere es austreten wollen? Es ist eine jüdische Tradition, jeden, der das Judentum aufgibt, wie einen Toten zu beklagen. Die gläubigen Juden haben das Gefühl, daß wir, die säkularen Juden, ihnen die alte Tradition des Judentums zerstören und uns fortmachen, um auf fremden Weiden zu grasen und aus fremden Quellen zu trinken. Sie empfinden uns als arrogant, weil wir denken, wir hätten etwas besseres gefunden. Sie haben auch das Gefühl, daß die Säkularen ihnen ihren Lebensstil aufzwingen wollen, gegen ihre Religion und gegen ihr Bewußtsein. Sie spüren, daß die säkularen Juden es nicht verstehen wollen, was es für sie bedeutet, in den Straßen Plakate mit entblößten Frauen zu sehen, nachdem sie in ihren Schulen streng darauf geachtet haben, Jungen und Mädchen voneinander getrennt zu halten. Oder was die archäologischen

15 Bestimmter Abschnitt aus der hebräischen Bibel, der in einer Metallröhre am Eingang einer Wohnung befestigt ist und beim Heraus- oder Hereingehen geküßt werden muß.

Grabungen auf jüdischen Friedhöfen für sie bedeuten, die ihnen heilig sind, und die damit verbundenen Auswirkungen auf ihre Vorstellungen über das Leben nach dem Tode, oder das Autofahren am Sabbat in der Nähe der Synagogen, wenn sich das Dröhnen der Motoren und der Geruch der Auspuffgase mit der Stimme des Kantors und der Heiligkeit des Tages mischt.

Hier liegt eine Asymetrie vor. Wir wären sicher froh, wenn sie zu säkularen Juden würden, aber wir wollen ihnen wirklich nichts aufzwingen. Bei der Religion liegt die Sache naturgemäß anders. Sie besitzt eine Botschaft, und vom Gläubigen wird in der Regel erwartet, daß er sie verbreitet. Das war in der gesamten Geschichte der Fall gewesen. Die bloße Existenz eines Nichtgläubigen stört die Anhänger einer Religion und bedroht ihren Glauben. Ansonsten müßten die Gläubigen nicht so leidenschaftlich für ihre Prinzipien kämpfen, sondern würden ruhig ihr eigenes Leben weiterleben. Das Motto von uns Säkularen, ein jeder möge nach seiner Fasson selig werden, können religiöse Menschen nicht akzeptieren. Gott läßt nicht jeden nach seiner Fasson selig werden, das wäre ein Paradox. Diejenigen, die einer Religion abschwören, wurden stets als Verräter betrachtet, die den Tod verdienen. Das ist, was in der Thora steht und was die Propheten sagen, aber das ist nicht, was die säkularen Juden denken. Sie verspüren kein Bedürfnis, ihren Säkularismus zu verbreiten, und die bloße Existenz einer Religion stellt für sie keine Bedrohung dar.

Die Säkularen können die Religiösen vielleicht verstehen, wenn sie an solche Protestbewegungen wie die Hippies denken. Die Hippies haben die gesellschaftliche Ordnung zerstört und wirkten auf ihre Eltern und das konservative Establishment bedrohlich. So nehmen religiöse Menschen die Säkularen wahr. Die säkularen Juden haben das jüdische Haus verlassen, die traditionelle Ordnung, durch die wir uns definiert haben, und haben ein anderes Leben gewählt. Kinder versuchen im allgemeinen, neue Normen und Werte zu finden, die oft besser und gerechter sind, als die von den Eltern überlieferten. Das empfinden die Eltern aber als Bedrohung und können es nur schwer akzeptieren. Sohn und Tochter sagen,

„jeder nach seiner Fasson", aber die Eltern widersprechen, möchten sich durchsetzen, und gehen manchmal so weit, daß sie einen „Heiligen Krieg" führen, damit die Kinder ihre Ansichten übernehmen. Solche Eltern haben, genau wie die Religiösen, schreckliche Angst vor dem Verfall von Sitten und Grenzen. Die Kinder sehen sich der schwierigen Aufgabe gegenüber, einerseits die Dinge, an die sie glauben, nicht aufzugeben, andererseits aber ihre konservativen Eltern zu akzeptieren, die in einer Welt mit anderen Werten aufgewachsen sind. Das ist nicht einfach. Wir wissen jedoch, daß die Kinder nur dann versöhnt zu den Eltern zurückkehren können, wenn sie mit ihrer Rebellion erfolgreich sind. Wenn sie dagegen scheitern, werden sie ihr Leben lang unter schweren mentalen Störungen leiden, denn niemand kann auf seine Unabhängigkeit verzichten. Unsere Reise als Volk von einer Religion zu einem Staat gleicht dem Entwicklungsprozeß eines Heranwachsenden, der sich von seinem alten Zuhause loslösen und sich ein eigenes Heim bauen möchte. Aber die autoritären Eltern – und diese Rolle spielt Gott im Gefühlsleben – lassen ihn nicht erwachsen werden. Es ist nicht leicht für uns säkulare Juden, den Kindern dieser Religion, eine Brücke zu bauen zwischen dem, was wir jetzt wollen, und der Welt, aus der wir in unserem persönlichen und nationalen Leben kommen. Es wäre zum Wohle aller besser, wenn wir erfolgreich sind. Auch hier ist die Verbindung zwischen der persönlichen Geschichte und der Geschichte unseres Volkes offensichtlich, die auf der emotionalen Ebene identische Konflikte beinhalten. Das kann uns säkularen Juden helfen, die religiösen Juden besser zu verstehen.

Als Rabbi Ovadia Yosef gefragt wurde, „Woher bekommen wir Ingenieure und Ärzte, wenn alle nur die Thora studieren?", hat er geantwortet, daß in der Thora alles geschrieben stünde. „Schaut Rabbi Deri an", fügte er hinzu, „er hat keinerlei weltliche Studien betrieben und weiß doch alles."

Diese Antwort läßt jeden säkular denkenden Menschen erschaudern. Das sollten wir uns genauer betrachten. Ein säkularer Mensch fühlt sich von solchen Aussagen, die ihm den Boden unter den Füßen wegziehen, extrem bedroht. Das ist nicht einfach eine Frage von links oder rechts, das ist eine Frage von gesundem Menschenverstand oder Primitivität, von Mittelalter oder moderner Welt. Der säkulare Mensch sieht in dieser Aussage alles ausgelöscht, was ihm wichtig ist und an das er glaubt.

Wenn wir die Aussage rational untersuchen, werden wir die Wurzel des Problems nicht erfassen, weil solche Aussagen dem Wesen nach bedeutungslos sind. Wenn uns aber klar wird, daß dem das Bedürfnis der Haredim zu Grunde liegt, die säkularen Bevölkerungsgruppen zu verletzen und so zu behandeln, wie die Haredim sich von den Säkularen verletzt und behandelt fühlen, dann können wir auch solche Aussagen verstehen; und sie verlieren dadurch an Bedrohlichkeit.

Auch gläubige Menschen gehen zum Arzt, benutzen von Ingenieuren entwickelte Produkte und leben in Häusern, die von Architekten entworfen wurden. Wie fühlen sich die Haredim, wenn sie bei all dem so sehr auf die säkulare Bevölkerung angewiesen sind, wie ein Baby auf die Mutter, während diese säkulare Mehrheit sie mit Verachtung behandelt? Können sie uns dabei helfen, zu verstehen, wie sie sich fühlen, wenn wir ihre gesamte Kultur und ihren Glauben ablehnen? Die extremistischen Aussagen ihrer Rabbis können uns in dieser Hinsicht weiterhelfen. Die Verneinung, Bedrohung und Ablehnung, die wir als Reaktion auf Rabbi Yosefs Bemerkung in uns spüren, entspricht genau ihren Gefühlen, wenn wir ihnen mit Verachtung begegnen. So können wir erfahren, was sie durchmachen. Auf diese Art versteht auch der Therapeut den Patienten, der ihn angreift und verletzt. Der Patient überträgt seine Erfahrung unbewußt auf den Therapeuten, und genau dasselbe machen auch die Haredim mit uns. Sie fühlen sich in der Tat von der modernen Welt äußerst bedroht, die mit dem Übergang von der Religion zum Staat über sie hereinbricht.

Eine andere Äußerung der Haredim, „Wir brauchen keine Armee, wir müssen bloß zu Gott beten und er wird für uns kämpfen", hat die Ursache in ihren großen Schwierigkeiten, sich von ihrer Vergangenheit und ihren autoritären Vaterfiguren – wie zum Beispiel Gott – zu lösen, und sich der neuen Welt und dem Staat anzupassen. Diese Entwicklungsphase ist für jeden Heranwachsenden schwierig, der strenge Eltern hat, die ihm keine Freiheit lassen. Für sie ist der Staat Israel nicht die wichtigste Sache. Ihr oberstes Anliegen ist die Verehrung ihres autoritären Vaters, und sie haben Angst, sich von ihm zu lösen. Dieser Vater, der Gott ist, ist derjenige, der das jüdische Volk während der langen Jahre des Exils am Leben erhalten hat, und er ist derjenige, der es weiterhin beschützen wird, in Israel und anderswo. Man gibt solch eine Sicherheit nicht ohne weiteres auf. Gemäß ihrer Weltanschauung, die die Religion in den Mittelpunkt des Lebens stellt, haben sie damit recht. Die menschliche Projektion namens Gott hat das jüdische Volk über Jahrhunderte erhalten. Ein Staat stellt nicht so eine starke emotionale Kraft wie Gott dar. Und wir werden schließlich zu einem Staat wie jeder andere werden, das heißt, in erster Linie ein demokratischer Staat in dem Gesetze herrschen, die gänzlich anders als die religiösen sind. Ein Zuhause zu verlassen, in dem strenge Regeln herrschen, die Kinder an einer kurzen Leine gehalten werden und absoluter Gehorsam verlangt wird, um von dort in eine Welt der Freiheit zu wechseln – kann irgendetwas bedrohlicher sein? Die Haredim leben aus Bequemlichkeit in diesem Land, ohne an der Welt des Staates oder der Armee teilzuhaben.

Der emotionale Standpunkt der Religiösen lautet, daß es eine Ordnung in der Welt gibt, der sie verpflichtet sind und die sie nicht auslöschen können: eine religiöse Ordnung. Diese Ordnung hat dem Menschen in allen Phasen seiner Entwicklung einen existentiellen Sinn gegeben, und sie tut es noch immer. Auch heute ist ein Großteil der Menschheit religiös. Wir Säkularen sind nur die Spitze des Eisberges der modernen Ära. Unsere Aufgabe ist es, die Macht der Religion und ihre Bedeutung für das Gefühlsleben der Menschen zu erkennen. Zu verstehen, wie sie eine Ordnung schafft und einen großen Teil der Bevölkerung in Vergangenheit und Gegenwart Stabilität gibt. Wir dürfen das menschliche Bedürfnis nach religiöser Ordnung nicht mißachten.

Die Trennung von Staat und Religion und die Priorität des Staates ist jedoch lebenswichtig. Diese Trennung stellt sicher, daß die irrationalen religiösen Elemente, die wir alle besitzen, auf die innere menschliche Erfahrung beschränkt bleiben, entweder in einem Individuum oder in einer Gruppe, die einen Glauben teilt. Die äußere Realität wird dagegen von den weniger narzißtischen und den entwickelteren Elementen bestimmt, die auch andere anerkennen und ihnen Raum geben. Das macht den demokratischen Staat aus. Das bedeutet die Trennung von Staat und Religion: Es gelten die Gesetze des Staates, aber es steht jedem Bürger frei, seiner Religion nachzugehen. Wir alle haben Träume und Wünsche und einen großen Vorrat an irrationalen Elementen, aber solange wir den Kontakt zur Realität nicht verlieren, kommt es zu keinen größeren Problemen. Es ist aber für uns als Volk oder als Individuum sehr gefährlich, wenn unsere impulsiven, irrationalen Anteile die Realität bestimmen (im Extremfall kommt es zu einer Psychose). Die Trennung in gut und böse, wie sie in der Religion vorkommt, spiegelt sicher die menschliche Natur wieder. Während der gesamten Menschheitsgeschichte haben sich die Leute wegen ihrer Religion gegenseitig umgebracht. Die menschliche Seele ist von ihrem Wesen her fragmentarisch. Integration, oder Demokratie, die sich in der Fähigkeit ausdrückt, den anderen zu erkennen, ihm zuzuhören und ihm Raum zu geben, sind wichtige Errungenschaften einer Entwicklung. Das Ziel der säkularen Bevölkerung auf dieser Entwicklungsstufe muß die Trennung von Religion und Staat sein, die Umwandlung des jüdischen Staates zu einem israelischen Staat, mit so viel Einfühlungsvermögen gegenüber der religiösen Bevölkerung wie möglich.

Der Zionismus ist der Versuch des Heranwachsenden, die schwierigen Konflikte seiner Vergangenheit zu bewältigen: religiöse, impulsive und archaische Konflikte. Die Zionisten wollten einen Staat, der mehr die säkularen und realistischen Aspekte des menschlichen Lebens repräsentiert. Religion sagt nichts über die Wirtschaft, Landesverteidigung oder andere Aspekte der politischen Realität aus, die starke Ich-Kräfte erfordern. Die Religion entspringt mächtigen, irrationalen Es-Kräften. Sie berührt die tiefsten Ängste und Wünsche, das Bedürfnis, etwas Besonderes zu sein, das geliebte Kind des allmächtigen Gottes. Während dieses Wachstumsprozesses haben sich viele Juden assimiliert und ihr Elternhaus, die Religion, verlassen, ohne die Absicht, jemals zum Judentum zurückzukehren oder Verbindung mit ihm zu halten. Andere haben mit Eifer an Vergangenheit und Religion festgehalten. Sie sagen, sie seien nur an der Religion interessiert, und nicht am Staat, der in einer nichtjüdischen Tradition steht. Diese extremistischen Juden glauben, daß sie einen Staat erhalten, wenn der Messias kommt. Viele Juden haben ihr Judentum beibehalten, ohne nach Israel zu ziehen. Damit haben sie gezeigt, daß ihnen der Staat, in dem sie leben, wichtiger als das Judentum ist. Ihre erste Loyalität gilt dem Staat und seinen Gesetzen, und in diesem Staat üben sie ihre Religion aus, wie die Anhänger jeder anderen Religion auch. Die meisten dieser Juden befinden sich auf dem Weg der Assimilation. Und eine relativ kleine Gruppe der Juden schloß sich dem Zionismus an. Sie versuchten, der Religion und ihrer Vergangenheit zu entwachsen und zu einem Staatswesen zu werden. Wir finden also Juden auf allen Zwischenstufen des Weges von der Religion zum Staat. Der Versuch, auf Grundlage der Religion einen Staat zu schaffen, birgt große Schwierigkeiten. Diese Schwierigkeiten setzen vor allem den Menschen zu, die sich einen westlichen, demokratischen und entwickelten Staat wünschen. Es ist ein einzigartiges Experiment in der Welt, und das Problem besteht in der Umwandlung von den religiösen Regeln in demokratische Regeln, denn die Religion ist ihrem Wesen nach nicht demokratisch. Gott und seine Gesetze und Gebote sind eine absolut totalitäre Erfahrung. Andere Staaten wurden auf der Grundlage eines gemeinsamen Territoriums gegründet. Eine Gruppe von Menschen lebte in einem bestimmten Gebiet und bildete eine Nation. In einem solchen Staat gehörte die Mehrheit einer Religion an, aber was die Bevölkerung zusammenhielt, war in erster Linie das gemeinsame Territorium. Bei uns Juden verlief der Prozeß genau umgekehrt. Wir kamen aus aller Welt nach Israel und unsere gemeinsame Basis war das Judentum. Jeder, der nach Israel zog, fühlte sich – mehr oder weniger bewußt – auf irgendeine Art mit dem Judentum verbunden, sonst wäre er nicht gekommen. Daher hält uns in erster Linie die Religion zusammen. Andere Nationen begannen als Staat mit vielen Religionen. Wir begannen als Religion, die über viele Länder verstreut gewesen war. Unsere Nationalhymne, die von der „jüdischen Seele“ spricht, und unsere Unabhängigkeitserklärung, die „den Fels Israel und seinen Erlöser“ erwähnt, erinnern uns daran, daß wir auf die nächste Entwicklungsstufe Richtung Staat vorgerückt sind, ohne die vorherige Stufe völlig bewältigt zu haben, nämlich unsere komplexe Beziehung zu Vergangenheit und Religion.

Der Akt der Staatsgründung war eine Deklaration, daß wir uns von der zentralen Rolle der Religion in unserem Leben befreien wollten, oder zumindest von ihrer Ausschließlichkeit, wie sie in der Diaspora herrschte, und ein stärkeres säkulares Element der Realität in unser Leben bringen wollten. Niemand von uns wollte wirklich ein rückständiges religiöses Land (wie zum Beispiel der Iran), sondern eher einen entwickelten, westlichen Staat. Selbst die Haredim möchten in einem Wohlfahrtsstaat leben, mit dem Gesundheitswesen und der Wirtschaft einer fortschrittlichen Nation, und nicht in einem Entwicklungsland. Aber es befinden sich einige unter uns, hauptsächlich die Haredim, denen es schwerfällt, sich von den irrationalen und restriktiven religiösen Elementen in unseren Seelen freizumachen. Wir wissen aus der therapeutischen Praxis, daß niemand gerne von der Realität abgeschnitten und in sich selbst oder in seiner Gemeinschaft isoliert wird. Wenn jemand diese pathologische Wahl trifft, muß das aus großen Ängsten vor einer bedrohlichen Realität herrühren. Wenn Angst vor dem nächsten Entwicklungsschritt vorhanden ist, kommt es zu Unterbrechungen des Wachstumsprozesses. Niemand möchte von anderen abhängig sein, so wie die Haredim unvermeidlich von den säkularen Juden abhängig sind. Eine Person mit masochistischen Neigungen sagt uns vielleicht, daß sie es in Ordnung findet, aber aus der Psychologie wissen wir, daß sie einfach keinen anderen Weg weiß. Auf diese Art bekommt sie Aufmerksamkeit und ein Gefühl von Wichtigkeit.

Es wäre einfacher gewesen, sich zusammenzusetzen und einen religiösen jüdischen Staat zu gründen. Dazu hätten wir lediglich unseren Wohnort wechseln müssen, statt einen emotionalen Wachstumsprozeß zu durchlaufen und unsere Überzeugungen zu ändern. Aber diese Art von Staat wäre nicht lebensfähig, denn er wäre losgelöst von der Realität. Es gibt Barrieren, zumeist unbewußte, die Ketten der Religion zu zerbrechen. Manche empfinden die Bevorzugung des Staates gegenüber der Religion als „Ende des jüdischen Volkes". Wir sind ein Volk, das sein ganzes Leben darum gekämpft hat, sein Judentum zu erhalten, und plötzlich wird uns gesagt, wir sollen aufhören zu kämpfen und sterben. Wenn wir die Religion als Lebensmittelpunkt aufgeben, dann werden archaische Ängste geweckt, Angst vor Zerstörung und vor dem Vergessenwerden. Welche Vergangenheit und Identität bliebe uns noch? Die Gefühle des Verlustes lösen in unserem kollektiven Unbewußten große Ängste aus. Tief in unserem Herzen sind wir säkularen Juden den religiösen Juden dankbar, daß sie unsere Identität und die Verbindung zur Vergangenheit aufrecht erhalten. Diese Ängste sind nicht notwendigerweise gerechtfertigt. Andere Religionen bestehen unter dem Dach unterschiedlichster Staaten fort. Wir können ein israelischer Staat sein, mit einer jüdischen Mehrheit und Hebräisch als Landessprache, in dem die jüdischen Feiertage offiziell beachtet werden, mehr nicht. Alles andere wäre eine Frage der persönlichen Entscheidung. Es weckt bei vielen von uns Schuldgefühle und die Angst vor Strafe, wenn die Macht der Religion beschnitten wird. Das ist die Reaktion eines Kindes, das Angst hat, sich von den autoritären Eltern zu lösen. Wir sehen also, daß der Grund unserer Existenzangst im Inneren liegt, und nicht nur im Äußeren, in der Angst, die Araber könnten uns vernichten. Wir gleichen einem Menschen, der seine Religion aufgegeben hat und sich noch jahrelang bei jedem religiösen Gebot, das er übertritt, mit Schuldgefühlen und Ängsten quält. Wie wir klammert er sich an den Status quo, er trägt zwar keine Kippah, reist dafür aber nicht am Sabbat, und er fürchtet sich vor jeder Veränderung.

Die Trennung von Staat und Religion kann ein Wachstumsprozeß sein, der es uns ermöglicht, den arabischen Israelis gleiche Rechte zu gewähren. In einem Staat mit religiösem

Charakter kann ein Mitglied einer anderen Religion nicht anders als sich benachteiligt fühlen. Das Gesetz für die Heimkehrer, das Juden aus dem Ausland gegenüber den Arabern in Israel bevorzugt, vermittelt den israelischen Arabern ein starkes Gefühl der Diskriminierung. Sie wissen, daß ihre palästinensischen Brüder vertrieben wurden und keine Möglichkeit haben, in ihre Häuser zurückzukehren. Aber Juden werden in dieses Land geholt und ihnen wird der Platz gegeben, der den vertriebenen Palästinensern zustehen sollte. Es geht meiner Meinung nicht darum, wer hier recht hat. Beide Seiten haben das Recht zu leben.

Die Frage ist, wie wir den israelischen Arabern das Gefühl der Benachteiligung nehmen können. Das Gesetz für die Heimkehrer war in den ersten Jahren nach der Staatsgründung notwendig, aber es ist jetzt an der Zeit, daß wir uns mehr um unsere nächsten Nachbarn als um unsere fernen Brüder kümmern. Wir sind wie Heranwachsende, denen die Verbindung mit der Familie, der sie entstammen, wichtiger ist als die mit ihrer neugegründeten Familie. Wir sehnen uns nach den jüdischen Brüdern und Schwestern, die es seit fünfzig Jahren vorgezogen haben, nicht nach Israel zu kommen, und wir halten einen Platz für sie frei, auf Kosten derer, die hier mit uns leben. Die Juden, die aus dem Ausland kommen, erhalten sofort Hilfe und alle Rechte, während die israelischen Araber auf fast jedem Gebiet des Lebens benachteiligt werden. Wir können das Gesetz für die Heimkehrer sicher in irgendeiner Form beibehalten, denn wir benötigen eine stabile jüdische Mehrheit im Lande, aber dafür brauchen die israelischen Araber einen entsprechenden Ausgleich. Wir wissen, daß es nicht so sehr darauf ankommt, was man macht, sondern vielmehr, wie man es macht und welches Gefühl wir den israelischen Arabern vermitteln.

Wir sollten einmal innehalten und unsere ungesunde emotionale Beziehung zu den Juden in der Diaspora betrachten. Wir haben uns selbst die Rolle der allmächtigen Bewahrer der Existenz der Juden zugeschrieben, die sie in Zeiten der Not beschützen und sich um sie kümmern, ohne daß sie einen Anteil daran haben. Diese emotionale Haltung ruft in uns manchmal unterdrückten Zorn hervor, wenn sie dann gar nicht nach Israel kommen wollen; und bei ihnen ruft es Schuldgefühle hervor. Es ist offensichtlich, daß es heute keine großen Kontingente von Juden mehr gibt, die in Scharen nach Israel kommen wollen. Wir sind jedoch nicht willens, diese großspurige emotionale Haltung als Retter des jüdischen Volkes aufzugeben und halten ihnen weiterhin einen Platz frei. Wir sollten uns den israelischen Arabern näher fühlen als den Juden im Ausland. In Frankreich fühlt sich zum Beispiel ein französischer Christ seinem Nachbarn, einem französischen Juden, näher als einem Christen in einem anderen Land. Das rührt daher, daß in Frankreich der Staat über der Religion steht.

Es gibt eine Gruppierung unter uns, die dem Wesen nach antizionistisch ist. Das ist die Gefahr von der anderen Seite, die von der extremen Linken ausgeht. Es ist eine Gruppe, die der Ansicht ist, daß sie keinen eigenen jüdischen Staat verdient. Sie denken, sie dürfen keinen eigenen Staat haben, weil sie schreckliche Dinge verbrochen haben – sie haben ein Volk mit Gewalt aus ihrem Land vertrieben und es ihnen gestohlen. Diese Gruppe wird von machtvollen Schuldgefühlen angetrieben, und daher von einem Wunsch nach Selbstauslöschung. Hier wird eine depressive Pathologie sichtbar: Man richtet die Aggressionen gegen sich selbst, während der andere rein und unschuldig bleibt. Sie haben vergessen, daß auch sie das Recht haben, zu leben, und daß es auf dieser grundlegenden Ebene kein richtig oder falsch gibt, sondern zwei Völker, die den Wunsch nach sicherer Existenz haben. Als Pathologie und in der Politik führt diese Haltung, in ihrer extremsten Form, zum Selbstmord. Derjenige, der sich schuldig fühlt, meint kein Recht aufs Leben zu haben, daß es nichts gäbe, wofür sich zu leben lohne, und er möchte sich selbst verletzen. Bei Patienten mit Selbstmordtendenzen können in der Therapie folgende Assoziationen auftauchen: die Sehnsucht nach Frieden, die Rückkehr in die Gebärmutter, sich mit Mutter Erde zu vereinen und ähnliches. Die radikale Linke möchte sich mit den Arabern verbrüdern, um von ihnen die Liebe und Zuneigung zu erfahren, die ihrem Leben fehlt. Solch eine Verbrüderung käme dem Selbstmord gleich, der Auslöschung unseres Selbst und unserer Identität als Volk. Auf der persönlichen Ebene ist es eine Frage von Sehnsucht nach einer ursprünglichen Verbindung (die offensichtlich nicht befriedigt ist), die in die Schwierigkeit mündet, für die eigene tägliche Existenz zu kämpfen. Auf der nationalen Ebene sehnen sich einige von uns nach Frieden und Ruhe, nach einem Ort, wo die Kriege und Kämpfe des jüdischen Volkes vorüber sein werden. Die Rechte liegt damit richtig, daß sie die Linke manchmal als zu erschöpft empfindet, als daß sie ihr Terrain verteidigen könnte. Aber die extreme Linke geht noch einen Schritt weiter, wenn sie einen bi-nationalen Staat anstrebt und damit den Verlust der jüdischen Identität.

Die Linke hat den Gott ihrer Vergangenheit durch die westliche Kultur ersetzt, und mit dem Wunsch, sich in ihr zu sublimieren. Die Vergangenheit auslöschen zu wollen und zu versuchen, neu geboren zu werden, ist auch eine Pathologie, die wir aus der therapeutischen Praxis kennen, vornehmlich von Menschen, die eine Religion verlassen oder in eine eingetreten sind. Wenn man die Vergangenheit auslöscht, löscht man Teile seines persönlichen oder nationalen Lebens aus, und zwar die ursprünglicheren und impulsiveren Teile, die wir alle in uns tragen, und die von der Religion repräsentiert werden. Ein Gefühl der ungebrochenen Identität ist für ein Individuum und für eine Nation wichtig, um ein emotionales Gleichgewicht herzustellen. Da dieser linke Flügel seine Vergangenheit und sein Judentum unterdrückt, bleibt er mit – zumeist unbewußten – Schuldgefühlen beladen, was unsere Anwesenheit hier betrifft. Selbst bei einem Kind ist das Gefühl „Ich verdiene es" in den Eltern verwurzelt, die dem Kind diese Erfahrung vermittelt haben. Die Linke, die sich selbst von ihrer Vergangenheit abgeschnitten hat, hat das Gefühl „Ich verdiene es" verloren, das mit der Anerkennung der jüdischen Identität zusammenhängt. Die Linke ignoriert die Tatsache, daß die Araber uns wie Juden behandeln und daß der Umstand, daß wir in Israel leben, uns diese Identität aufzwingt. Daher verleugnet die Linke ihre Vergangenheit und die Haltung, die ihre Umgebung ihnen gegenüber annimmt.

So bleiben sie sowohl von der Vergangenheit als auch von der Realität abgeschnitten.

Bis hierher haben wir erörtert, warum die Umwandlung von einer Religion in einen Staat so wichtig ist. Jetzt ist es an der Zeit zu sagen, was uns an unserer Religion zusagt. Uns scheint es richtig und angemessen, einen demokratischen Staat mit jüdischem Charakter zu haben. Die Verbindung mit unserer Vergangenheit und die Klärung unserer veränderten Gefühle ihr gegenüber ist die Aufgabe, die wir als Nation zu bewältigen haben. Wir dürfen sie weder als Ganzes schlucken, noch sie einfach ausspucken. Wir haben keine andere Vergangenheit und wir müssen mit ihr leben. Das ist der Dialog mit dem Judentum, der für uns so schwer zu führen ist.

Im nächsten Kapitel werden wir uns von der Vergangenheit und unserer Geschichte abwenden und uns auf die gegenwärtige Politik konzentrieren, auf die Linken und die Rechten.

14. Linke und Rechte

Aspekte der frühen Entwicklung von Wählern der Linken und der Rechten

Die meisten Leute in Israel stimmen über Jahre konstant für dieselbe Partei. Die meisten sind entweder religiös oder säkular eingestellt, und sie wechseln während ihres gesamten Lebens nicht die Seiten. Wenn jemand seine religiöse oder politische Haltung ändert, dann ist das meistens mit einer schweren persönlichen Identitätskrise verbunden. Ich spreche von Leuten, die einst leidenschaftlich eine Position vertreten haben, und jetzt genauso leidenschaftlich für das Gegenteil eintreten. Ich spreche nicht von Wechselwählern, die stets auf der Grenze zwischen Religiösen und Säkularen stehen. Der Grund dafür liegt darin, daß es eine Frage der starken Identifikation ist, die in den frühen Lebensjahren als eine Art Gerüst für die entstehende Persönlichkeit dient. Linke und rechte Haltungen sind Gebärden, die Art und Weise, wie man mit Schwächen und mit Ehre umgeht. Das Kind identifiziert sich mit all dem.

Manche behaupten, und das mit gewissem Recht, daß sie jemandem ansehen können, ob er rechte oder linke Parteien wählt. Sie schließen es aus seiner Körperhaltung, seinem Gang und seiner Kleidung. Der Linken fällt es schwer, Macht anzuerkennen, und wie abhängig ihr Überleben von ihr ist. Sie sieht die Welt in schönen Farben, ruhig und friedlich. Der linke Standpunkt besteht im wesentlichen aus der Sehnsucht nach Einheit und Verschmelzung, ohne Gräben, ohne Unterschiede und vor allem ohne Abgetrenntheit. Die Rechten meinen dagegen, daß man sich als erstes stark fühlen muß, denn nur so wird man respektiert und kann überleben. Es gibt eine große Übereinstimmung zwischen den rechten Bevölkerungsgruppen, den Religiösen und den Ethnien im Nahen

Osten, in all den Kategorien, die dieselben emotionalen Inhalte ausdrücken. Rechte und linke Haltungen entwickeln sich schon früh im Leben, zum Beispiel wenn die Eltern ihren Kindern beibringen, wie sie Konflikte auf dem Schulhof austragen können. Wie soll ein Kind sich verhalten, wenn es geschlagen wird? Es kann zurückschlagen, es kann stillhalten, und es kann zu einem Lehrer gehen und um Hilfe bitten. Von Anbeginn der Entwicklung ist es notwendig, Konflikte auszutragen. Jede Art von Konfliktlösung vermittelt eine andere emotionale Erfahrung und Weltsicht. Wenn ein Kind mit einem Schulkameraden Streit hat, dann kann es die Aggression offen ausleben, wie die Rechten, oder sie unterdrücken, wie die Linken. Man kann erwarten, daß das Kind mit rechtem Hintergrund dazu neigt, anzugreifen oder wegzulaufen, während das Kind mit linker Haltung eher dazu neigt, den Konflikt an sich zu leugnen, als ob er ihn nichts anginge. Sowohl dem rechten wie dem linken Kind, sollten sie pathologische Züge haben, wird es schwerfallen, den Lehrer um Hilfe zu bitten. Denn dazu müßte man zu einer komplexen Wahrnehmung fähig sein, man müßte die Aggression wahrnehmen können und gleichzeitig erkennen, daß es jemanden gibt, der helfen kann.

Es lassen sich noch frühere Belege für unterschiedliche rechte und linke Haltungen finden. Wenn ein Kind sich verletzt und weint, weist die „rechte" Mutter es zurecht und wird sagen, daß Jungen nicht weinen, um ihm ein Gefühl der Stärke zu vermitteln. Mit einem Mädchen wird sie vielleicht zum Fenster laufen und rufen „Schau, was für ein schöner Vogel!" Auch hier soll der Schmerz unterdrückt werden, die Botschaft lautet, ihn zu überwinden. Die „linke" Mutter nimmt ihr Kind in den Arm und sagt: „Armes Kleines, ich weiß, es tut weh", sie verbindet sich aus Mitleid mit dem Kind und seinem Schmerz. In der späteren Entwicklung kann die linke Haltung zu einer Sehnsucht nach Verbindung in verzweifelten Situationen führen, zu einer Fähigkeit der Introspektion und zu Schuldgefühlen gegenüber anderen. Jede emotionale Haltung hat ihre Vor- und Nachteile. Die Mutter, die den Schmerz verleugnet, kann ihrem Kind zum Beispiel vermitteln, daß sie an seine Fähigkeit glaubt, den Schmerz zu überwinden, daß es nicht wehleidig ist. Oder aber sie vermittelt ihm umgekehrt, daß der Schmerz nicht auszuhalten ist und verleugnet werden muß. Die linke Mutter, die sich mit dem Schmerz verbindet, kann ihrem Kind die Fähigkeit des Einfühlungsvermögens vermitteln, und daß sie sich nicht scheut, mit ihm und seinem Schmerz zu sein. Oder aber sie vermittelt eine depressive Haltung, die Unfähigkeit, den Schmerz zu überwinden, und vermittelt dem Kind tatsächlich das Gefühl der Wehleidigkeit. So gibt es zwei unterschiedliche emotionale Haltungen, die rechte, die ein dramatisches Element besitzt, und die linke, die ein romantisches Element besitzt.

Es besteht kein Zweifel daran, daß es von Beginn an Unterschiede in der Entwicklung zwischen den Menschen gibt, die später die Linken oder die Rechten wählen werden. Man muß sich natürlich vor zu großen Verallgemeinerungen hüten, wie immer, wenn man versucht, mentale Eigenschaften von breiten Bevölkerungsgruppen zu bestimmen. Es gibt sicherlich Leute, die nicht in die Statistiken oder den Gesamteindruck passen. Aber ich versuche, das auszudrücken, was jeder oft intuitiv spürt. Allein die Tatsache, daß es in Familien rechte oder linke Tendenzen gibt, daß sie stets für dasselbe politische Lager stimmen, weist darauf hin, daß Persönlichkeitsmuster vorhanden sind, die sich von den frühesten Entwicklungsstadien an herausbilden. Es gilt allgemein als sicher, daß die Rechte emotionaler, impulsiver und dramatischer ist, und weniger als die Linke dazu neigt, Aggressionen zu unterdrücken. Daher wird die Zurückweisung eines Kindes in einer Familie mit rechten emotionalen Mustern offener und rückhaltloser sein. Die linken Eltern sind nicht weniger zurückweisend, aber die Zurückweisung wird versteckter sein, vielleicht wird die Verbindung äußerlich aufrecht erhalten, die Zurückweisung ist deshalb auf der emotionalen Ebene aber nicht weniger von Mißachtung und Verstoßen geprägt. Das führt natürlich zur Entwicklung verschiedener Pathologien. Die Mißachtung, die Kälte, die Distanz und die Entfremdung in der linken Haltung macht es schwerer, die Zurückweisung erkennen zu können, als das bei dem rechten emotionalen

Muster der Fall ist, wo sie körperlich sichtbar wird. Ebenso wie die Zurückweisung sind auch Liebe und Wärme im rechten emotionalen Muster offener und klarer. Sie drücken sich unter anderem in einer Körpersprache mit mehr Körperkontakt aus: Umarmen, Küssen, Schulterklopfen und vieles mehr.

Da die Aggressionen in der Linken stärker unterdrückt werden, gibt es dort auch mehr depressive, und auf der Rechten mehr paranoide Tendenzen. Die Unterdrückung von Aggressionen führt zu Depressionen, die durch die Fähigkeit überwunden werden können, Zorn und Ärger offen auszudrücken. In anderen Worten, Depressionen sind gegen sich selbst gerichtete Aggressionen. Eine paranoide Persönlichkeit schiebt die Schuld stets auf andere und denkt, sie wäre nur gut, während die Außenwelt nur schlecht ist. Die depressive Persönlichkeit fühlt sich schuldig, kritisiert und richtet sich die ganze Zeit selbst und plagt sich mit Reue und Gewissensbissen.

Was die Frage der Grenzen angeht, die sich im Wachstumsprozeß stellt, so kann man erwarten, bei den Leuten mit rechten Persönlichkeitsmustern klarere Grenzen und deutlichere Abgrenzungen zu finden. Es werden zum Beispiel deutlichere Unterscheidungen zwischen sich selbst und den anderen getroffen, was die Frage von Macht und Ehre angeht, wie auch zwischen der eigenen Familie und anderen und zwischen der eigenen Nation und anderen. Das rührt daher, daß die familiären Strukturen hierarchischer und autoritärer sind, und so Abgrenzungen und Unterscheidungen gefördert werden. Der rechte Familienverband kann sehr viel Zusammenhalt bieten, aber die Erfahrung des Zusammenseins wird eher dramatisch als romantisch empfunden werden; zusammen wird ein gemeinsames Ziel angestrebt. Daher sind die Grenzen bei den Rechten sehr klar – was erlaubt und was verboten ist. Die Verwischung von Grenzlinien charakterisiert dagegen eher die romantischen Linken, so etwas gibt es bei den Rechten nicht. Die Frauen bei den Rechten ziehen zum Beispiel klarere Grenzen, was den Sex betrifft. Werden diese Grenzen überschritten oder verletzt, kann das einen totalen Zusammenbruch nach sich ziehen. Dasselbe gilt für die Aufteilung der Welt in Freund und Feind. Umgekehrt ist bei den Linken nur schwer die Grenze zwischen Erlaubtem und Verbotenem auszumachen. Das Fehlen klarer Grenzen bürdet dem Individuum natürlich eine größere Verantwortung auf, und mitunter auch schwere Schuldgefühle. Die rechte Mutter, die die Abgrenzung fördert, erlaubt ihrem Kind, ihr gegenüber mehr Ärger und Zorn zu zeigen. Durch die linke Mutter, die eine enge Verbindung fördert, werden diese Aggressionen unterdrückt gehalten, so können beim Kind Schuldgefühle entstehen.

Nach der ödipalen Phase identifiziert sich der Sohn mit dem Vater und möchte wie er sein, und er unterdrückt seine Zuneigung zur Mutter. Die Tochter identifiziert sich mit der Mutter und möchte sein wie sie. Sie unterdrückt ihre Zuneigung zum Vater. Wir finden die stärkeren Indentifikations- und Unterdrückungsprozesse bei den Rechten. Sie sind unklaren und nicht exakt definierten Positionen in Bezug auf die Geschlechterrollen gegenüber intoleranter, sowohl bei Jungen und Mädchen als später auch bei Männern und Frauen. Bei der Linken sind die Geschlechterrollen weniger genau definiert. Sie erlauben eine größere Flexibilität und gewähren der weiblichen Seite der Männer größere Ausdrucksmöglichkeiten, ebenso den männlichen Seiten der Frauen. Der Preis dieser Flexibilität und Komplexität besteht unter anderem in Schuldgefühlen, die so typisch für diese Phase sind, in der das Kind sich wegen der Zuneigung zum andersgeschlechtlichen Elternteil und seiner verbotenen Gefühle schuldig fühlt.

Unterschiedliche Sprachen

Es ist bekannt, daß politische Debatten normalerweise nicht damit enden, daß eine Seite sich überzeugen läßt. Es fragt sich, warum. Schließlich denkt jede Seite, daß sie recht hat und ihre Argumente logisch belegen kann. Der Grund dafür liegt darin, daß jede Partei eine andere Sprache mit verschiedenen emotionalen Codes spricht. Die Debatte findet keineswegs auf einer logischen Ebene statt, sondern auf der emotionalen. Es ist eine Frage von unterschiedlichen emotionalen Positionen, die ich schon bei der Entwicklungphase von linken und rechten Wählern angesprochen habe. Die unterschiedlichen emotionalen Positionen sind für die Entstehung unterschiedlicher Sprachen der Linken und der Rechten verantwortlich. Ist der Unterschied erst einmal erkannt, könnten beide Seiten das Verständnis der emotionalen Position und der Sprache des Gegners dazu nutzen, die anderen besser zu überzeugen. Jede Partei könnte ihre Botschaft vermitteln, ohne sie zu ändern, indem sie sie in die Sprache des Gegners kleidet, die er versteht und akzeptiert. Das würde nicht nur zu einer verbesserten Kommunikation führen, sondern auch der nationalen Aufgabe dienen, den Graben, der mitten durch die Bevölkerung verläuft, zuzuschütten.

Die Unterschiede in der Sprache der Linken und der Rechten werden in vielen Ländern wahrgenommen. Die Adjektive „dramatisch" und „romantisch" wurden von mir gewählt.

Es ist für jeden leicht zu erkennen, daß die Sprecher der Rechten eine entschiedenere und bestimmtere Körpersprache haben, kurze und sichere Gesten ausführen, keinen monotonen sondern einen eher leidenschaftlichen Tonfall besitzen und kürzere Sätze machen. Rechte Redner benutzen eine Sprache, die mit Bildern aufgeladen ist, die starke emotionale Reaktionen hervorrufen: Holocaust, Grundlage unserer Existenz, Sicherheit. Sie legen mehr Gewicht auf die Erscheinung und die Rhetorik. Sie benutzen feierliche, oft paradoxe Phrasen, verwenden den Namen Gottes und biblische Bilder und sprechen den Sinn des Zuhörers für das Dramatische an. In anderen Worten, die tiefe emotionale Identifikation der Rechten erfolgt nicht nur über die politischen Ideen, sondern auch über das Gefühl, das mit der Botschaft vermittelt wird.

Hier erkennen wir eine ruhigere und reserviertere Redeweise, die sich schon in der Körpersprache der Linken zeigt: rundere, weichere Gesten, Kleidung und persönliche Erscheinung. Die Rede enthält längere, monotonere Sätze, die wie beruhigende Musik wirken. Die Begriffe der romantischen Sprache lauten: Neuer Naher Osten, Zukunft, Hoffnung. Die Themen dieser Sprache sind nicht so sehr Angst und Sicherheit, so wie in der dramatischen Sprache, sondern eher Verzweiflung und Hoffnung. Diese Sprache hat nichts dramatisches und befaßt sich nicht mit Existenzängsten. Die romantische Sprache betont eher die Zukunft, und nicht Vergangenheit, Tradition und Religion. In Hinsicht auf unserer Beziehung mit den Arabern benutzt diese Sprache die Begriffe „gemeinsam", und „wir alle", und sie betont die gemeinsamen Interessen aller. Die dramatische Sprache benutzt dagegen Begriffe wie „wir und die". Romantische Sprache betont die Dinge, für die sie ist, die dramatische Sprache betont, wogegen sie ist. Wörter wie „Brüderlichkeit", „Wahrheit" und „Frieden", die eine romantische Beziehung gegenseitigen Verständnisses ausdrücken, stehen gegen Wörter wie „Zusammenhalt", „Macht" und „Sicherheit".

Aus dem Gesagten ließe sich ableiten, daß die Wahlplakate mit dem Slogan „Es gibt Hoffnung mit Barak" besser durch Plakate mit einem dramatischen Slogan wie „Es gibt Sicherheit mit Barak" ersetzt werden sollten. Andererseits war „Netanjahu – ein starker Führer für eine starke Nation" ein Slogan, der die dramatische Sprache der Rechten benutzte und nur die bereits Überzeugten überzeugte, anstatt die Linken anzusprechen. Der Slogan „Netanjahu wird Frieden bringen" oder selbst „Netanjahu wird sicheren Frieden bringen" wären aus der Sicht der Rechten effektiver gewesen. Tatsächlich waren sie mit ihrem Slogan vom „sicheren Frieden" bei der Wahl 1996 erfolgreich, da er eine rechte Position in romantischer Sprache vermittelte.

Da der politische Dialog eher auf der emotionalen statt auf der logischen Ebene geführt wird, ist die Frage, wer recht hat, nicht relevant. Es muß nicht die Botschaft verändert werden, sondern die Sprache in der sie vermittelt wird. Aber die einfache, oberflächliche Übernahme der jeweils anderen Sprache ist nicht möglich. Linke und Rechte müssen Prozesse der Internalisierung und Entwicklung durchlaufen, die denen der Psychotherapie ähneln. Dadurch schärfen sie ihr Bewußtsein für das, was sie fühlen und für das, was andere für sie fühlen. Das ist ein Teil des Prozesses, wenn man eine andere Sprache internalisieren möchte.

Emotionale Gründe, warum linke Kandidaten keine rechten Wähler ansprechen

Normalerweise kommt jemand in die Therapie, wenn die Dinge in seinem Leben nicht mehr in Ordnung sind. Dazu braucht es Zeit, die Leute gehen nicht sofort zum Therapeuten, aber wenn sie kommen, sagen sie für gewöhnlich Sachen wie: „Ich weiß nicht, in meinem Leben klappt es nicht mehr, mit meiner Frau, meinen Kindern und meinen Freunden, und ich weiß nicht warum." Für manche ist die Therapie die letzte Zuflucht. „Wenn ich meine Probleme hier nicht löse, werde ich sie überhaupt nicht lösen", sagen die Leute häufig. Eine der Stärken der Psychotherapie besteht darin, daß die Menschen kommen, nachdem sie jahrelang alle möglichen Wege ausprobiert haben, sich von allen möglichen Leuten haben beraten lassen, nachdem sie tausend gute Ratschläge bekommen haben – und alles nichts genutzt hat. Der Therapeut nimmt den Patienten mit zu einem Ort, den dieser vorher nicht kannte, nämlich die Welt der Emotionen, und er zeigt ihm emotionale Neigungen, derer er sich vorher nicht bewußt gewesen war. Der Therapeut zeigt dem Patienten, daß es in seiner emotionalen Welt Ordnungen und Muster gibt. Er macht ihm bewußt, daß seine Probleme kein Zufall sind, wie sehr sie sich ähneln und wie er den gleichen Fehler immer wiederholt. Mit anderen Worten, das Subjekt ist er, der Patient, und nicht irgendjemand anderes. Das ist auch das Stadium, in dem all die pseudo-logischen Argumente des Patienten in sich zusammenfallen. Plötzlich erkennt er, daß seine Argumente keinen Sinn machen, sondern nur ein Versuch waren, seine problematischen emotionalen Positionen zu verteidigen und sie zu rechtfertigen.

Jahrelang war die Arbeitspartei nicht an der Macht, und wenn es ihr dann gelang, an die Regierung zu kommen, verfügte sie nur über eine hauchdünne Mehrheit, und nicht über eine so deutliche, wie sie es sich gewünscht hätte. Seit 1977 hat die Linke nur zweimal bei Wahlen gewonnen, einmal mit knapper Mehrheit als Rabin 1992 Ministerpräsident wurde; und dann wieder 1999 mit einer Mehrheit von 55 : 45 Prozent und Ehud Barak als Ministerpräsidenten. Jahrelang hat die Linke jede Art von Nabelschau betrieben, ohne irgendeinen Nutzen. Sie konnte einfach nicht in die rechten Hochburgen eindringen. Die Ermordung Rabins 1996 und der Friedensprozeß haben der Linken nicht geholfen, die Gunst der Bevölkerung zu erlangen. 1999 war es nur das schreckliche Versagen von Netanjahu und Baraks erfolgreiche Wahlkampagne, die der Linken den Sieg ermöglichte. Ihr Vorsprung war im Vergleich zur Vergangenheit zwar groß, aber es war keine überwältigende Mehrheit. Man konnte nicht sagen, daß die Linke tatsächlich die Herzen der Rechten erreicht hatte. Die Linke hatte bereits jede mögliche Entschuldigung dafür vorgebracht, warum die Rechten sie nicht wählen. Unter solchen Umständen ist es für ein Individuum an der Zeit für eine Therapie. In diesem Fall ist die Arbeitspartei reif für eine Therapie, denn es ist offensichtlich, daß etwas nicht stimmt, daß etwas Wesentliches falsch läuft. Ihr sind die rationalen, bewußten Lösungen ausgegangen, also nutzen ihnen sämtliche Public-Relation-Fachleute der Welt nichts mehr. Die Lösung befindet sich im Unbewußten, daher war sie bis zum heutigen Tage nicht zugänglich. Dort finden wir die Antwort auf die Frage: „Warum hassen mich alle? Ich habe nichts falsch gemacht. Schließlich habe ich den Mizrahi-Juden[16] so viel gegeben, und unter dem Likud stieg die Arbeitslosigkeit, und trotzdem stimmen sie alle für ihn." Es gibt tatsächlich einen Haß auf die Linke, und sie weiß einfach nicht, warum.

Als Ori Orr[17] in Galiläa war, fragten ihn die Mizrahi: „Warum sagst du in diesem bösen Artikel keine freundlichen Sachen über uns?" Ori Orr war in einem Zeitungsartikel mit unschönen Aussagen über die Mizrahi zitiert worden, über ihre Verletzlichkeit und andere Charaktereigenschaften. Es war sicher kein Zufall, daß Orr, genauso wie der Rest der Linken, keine freundlichen Dinge über sie sagen konnte, denn er denkt tatsächlich nicht sehr freundlich über sie und ihre Kultur. Der Linken fehlt tatsächlich die Fähigkeit, die Kultur

16 Die Juden aus den arabischen Ländern.

17 Ein ehemaliger General, Mitglied der Arbeitspartei, der auf Grund der hier erwähnten Äußerungen alle seine Ämter verlor.

der Mizrahi zu schätzen und zu respektieren. Sie haben kein freundliches Wort und keine Liebe für sie übrig. Die Mitglieder der Mizrahi-Gemeinde spüren das natürlich.

Warum ist es also so schwer für die Linke, einen Draht zu den Rechten zu bekommen? So schwer, daß sie die ganze Zeit damit verbringen, zu diskutieren und sich selbst zu überzeugen, und die Rechten nicht einmal ansprechen? Das Element in der Kultur der Mizrahi, der Rechten und der Religiösen, mit dem die Linken die größten Schwierigkeiten haben, ist ihre Leidenschaft. Die Linke unterdrückt die Leidenschaft im allgemeinen. Leidenschaft beinhaltet Aggressionen, aber ebenso Elemente der Intimität und Wärme. Peres' „Neuer Naher Osten" ist ein Paradies. Und was gibt es im Paradies nicht? Aggressionen. Die Sprache der Linken ist eine romantische Sprache, und die Sprache der Rechten ist dramatisch, und damit auch leidenschaftlicher. Das ist ein Entwicklungsprozeß, der schon in früher Kindheit beginnt, wie wir gesehen haben. In einem langen und mühsamen Entwicklungsprozeß schaffen die Linken es, Elemente der Aggression, Herzlichkeit, Ehre und Autorität erfolgreich aus ihrem Bewußtsein und ihrem Verhalten zu verbannen, obwohl auch sie diese Dinge in ihrer Kindheit im Überfluß besaßen. Die Rechten haben sich mehr von der dramatischen und leidenschaftlichen Sprache der Kindheit bewahrt, die sich in Begriffen der Angst und der Macht ausdrückt. Die Linken haben die Sprache schrittweise durch eine sanftere Sprache ersetzt, die erfolgreich ihre Leidenschaften unterdrückt hat. Das heißt nicht, das die Linken keine Aggressionen ausdrücken. Wie es bei allen unterdrückten Gefühlen geschieht, kommen sie am falschen Ort zum Vorschein, als Arroganz zum Beispiel. Die werfen die Rechten dann tatsächlich auch häufig den Linken vor, die dann gar nicht verstehen, wovon die Rechten reden. Um das Gefühlsleben der Linken zu verstehen, muß man wissen, das die Linken ihre Leidenschaften nicht ausgelöscht haben. Man kann sie nicht auslöschen, sondern nur unterdrücken, zerstückeln und verstecken, besonders vor einem selbst. Wenn wir Therapeuten von einem „fragmentierten Gefühlsleben" sprechen, dann meinen wir diese primitiven Schutzmechanismen, die es schwierig machen, die Emotionen zu integrieren. Eine der ersten Fragmentierungen eines Kindes besteht darin, die Eltern als nur gut oder nur böse anzusehen. Wenn die Eltern nur gut sind, dann vergißt das Kind, daß sie auch einmal böse waren, und umgekehrt. Das Kind vermag noch nicht diese Gefühle zu integrieren und zu begreifen, daß die Eltern komplexe Persönlichkeiten sind. Kinder nehmen oft einen Elternteil als sehr gut und den anderen als sehr böse wahr, und später übertragen sie diese Fragmentierung auf Freunde und Lehrer, die das Kind in Engel und Monster teilt. Es fällt dem Kind dann immer noch schwer, die menschliche Komplexität zu erkennen und zu verstehen, daß jede Person viele Facetten besitzt. Auf der kulturellen, gesellschaftlichen und politischen Ebene neigen wir alle zu extremen Fragmentierungen und teilen die Welt bequemerweise in Schwarz und Weiß ein. In diesem Kontext lenkt die Linke ihre Aggressionen auf die Rechte, während sie sich für die Araber ihre Fähigkeit vorbehält, sich mit den Schwachen zu identifizieren und ihnen Verständnis entgegenzubringen. Die Linke muß sich fragen lassen, warum ihnen die Araber wichtiger sind als die Rechten – wenn sie sich von dem Zustand der Fragmentierung zu einer integrierteren emotionalen Position weiterentwickeln will.

Orrs Äußerungen sind, wie die Freud'schen Fehlleistungen, kein Zufall. Sie drücken etwas Wahres aus dem Unbewußten des Sprechers aus. Man fängt erst an zu verstehen, daß hier einiges falsch läuft. Als Ehud Barak sich bei den Mizrahi entschuldigte, glich er einem Therapiepatienten, dem klargeworden ist, daß er ein Problem hat, aber kaum mehr als das aus sich rauspressen läßt. Dann verurteilte die Arbeitspartei Ori Orr in einer hysterischen Kampagne und machte ihn zum Sündenbock. Sie schoben die ganze Schuld an dem Problem mit den Rechten auf ihn und entließen ihn aus seinen Ämtern, damit sie sich nicht mit seiner „Krankheit" ansteckten. Dadurch bestätigte die Arbeitspartei das Gefühl der Mizrahi, daß die Linken sich wirklich vor diesen Ausbrüchen der unbewußten Emotionen fürchten. Ori Orr hat tatsächlich den Preis für das unterdrückte Unbewußte der Linken gezahlt.

Es fällt der Linken schwer, wirklich zu verstehen, was die Rechten meinen, wenn sie sagen: „Sag etwas Freundliches über mich. Denk etwas Nettes von mir, liebe mich." Einfache, herzliche und aufrichtige Worte, die direkt aus den Herzen der Menschen kommen, die Ori Orr getroffen hat. Die Linke hat es über Jahre hinweg versäumt, den Wunsch der Rechten nach Wärme und Liebe von seiten der Linken zu erkennen. Die Linke ist nicht in der Lage, sich über die Parteipolitik zu erheben und an das nationale Interesse zu denken. Aus tiefverwurzelten emotionalen Gründen hat sich die Linke entschieden, gegen den Likud zu sein, und nicht für die Nation. Sie behandelt die Rechte mit Haß, Verachtung und Zurückweisung. Sie schafft es nicht, ihr die geringste Wertschätzung entgegenzubringen. Und die Rechte spürt diesen Haß sehr wohl.

Wie fühlen sich die Rechten, angesichts der wiederholten Attacken auf Benjamin (Bibi) Netanjahu, der für sie eine Vaterfigur ist. Wenn die Linke kein gutes Wort für Bibi übrig hat, dann hat sie wirklich ein Problem, denn Bibi ist ein Symbol für seine Wähler, die ihn lieben und an ihn glauben. Die Linken denken noch immer, der Staat würde ihnen gehören. Sie unterdrücken alles, was die Rechten mit ihrer Kultur, ihren Ansichten und Gefühlen repräsentieren. Bei dieser Paartherapie denkt der eine Partner, die Linke, daß er stets recht hat, und der andere Partner, die Rechte, stets unrecht. Für den Therapeuten ist es nicht einfach, an so einem Tiefpunkt der Beziehung anzufangen, aber genau dort befinden wir uns als Volk. Die Hausaufgabe, die die Linken jetzt machen müssen, lautet, zumindest eine gute Sache an der Rechten zu finden, oder einen Punkt, in dem sie recht hat. Das ist keine einfache Aufgabe für die Linken, aber genau das ist die Wurzel des Problems. Ich kann den Linken einen Hinweis geben: Wenn man seine Aggressionen unterdrückt, dann ist es kein Zufall, daß man genau an diesem Punkt einen blinden Fleck hat. Ich meine damit den unterlassenen Versuch der Linken unter Rabin, Arafat für seine terroristischen Aggressionen verantwortlich zu machen. Die Linke will keine Aggressionen wahrnehmen, auch wenn sie ihnen direkt ins Gesicht sehen.

Die Linke unterdrückt tatsächlich einen Teil ihrer Aggressionen gegen die Araber und leitet sie gegen die Rechte um.

Die Linke muß sich mit ihren Aggressionen gegen die Rechte auseinandersetzen, denn sie existieren in einer unterdrückten Form, die sie selbst nicht wahrnimmt. Sie zeigt sich in Form von Arroganz und von Auslöschung der Rechten aus dem linken Bewußtsein. Als ob sie sagen wollten, wir möchten es nicht erkennen, wir wollen es gar nicht wissen. Die Linke denkt tatsächlich, daß sie mit den Arabern besser zurechtkommt als mit den Rechten. Es gibt Momente, wie sie jeder kennt, in denen das Unbewußte ins Bewußte einbricht, manchmal nur für den Bruchteil einer Sekunde. Dann bleibt der Mensch erstaunt zurück, weil sein ganzes Weltbild für einen Moment ins Wanken geraten ist. Aber er fügt es unverzüglich wieder zusammen und verdrängt die beunruhigenden Aspekte wieder ins Unbewußte, wo sie bis zum nächsten Ausbruch begraben liegen. Gab es nie solche Momente, in denen die Linken dachten, daß die Rechten recht haben? Daß die Rechten mit ihrer strikten Unnachgiebigkeit vielleicht ein besseres Friedensabkommen mit den Palästinensern erreichen können? Sie könnten wahrscheinlich die Erwartungen der Palästinenser niedriger halten. Oder nach einem Terroranschlag, wenn man die Aggressionen gegen uns nicht länger verleugnen kann – hat die Linke da vielleicht einen Moment an ihrer Haltung gezweifelt? Wir wissen aus der therapeutischen Praxis, welche emotionalen Kräfte nötig sind, um diese schwer faßbaren Stimmen aus dem Unbewußten wahrzunehmen, sie zu stärken und sich mit ihnen auseinanderzusetzen und sie nicht entschlüpfen zu lassen.

Kehren wir zurück zu der Paartherapie der Linken und Rechten. Wir haben uns auf die Schwierigkeiten der Linken konzentriert, und versucht, ihr zu helfen, ihren Partner zu verstehen. Uns wird klar, wie schwer das ist. Wir hören schon wieder: „Nur wir haben recht, die anderen haben absolut unrecht." Das ist ein kindischer und unreifer Standpunkt. Ein Beharren darauf kann jede Hoffnung auf Fortschritte in einer Therapie zunichte machen. Aber tatsächlich ist das eine Position, der wir auf der politischen Ebene immer wieder begegnen, und die beweist, wie regressiv unsere politischen Standpunkte sind. Es bestätigt die Beobachtung, daß wir uns in der Gruppe oft regressiver benehmen als als Individuen. Aber hoffen wir zum Wohle des Paares, daß die Linke sich, zumindest für einen flüchtigen Moment, mit den Gedanken anfreunden kann, daß die Rechte auch einmal im Recht sein kann.

Jetzt versucht der Therapeut von der politischen auf die persönliche Ebene zu kommen, da es sich schließlich um dieselben menschlichen Gefühle handelt. Der Therapeut schlägt der Linken vor, Momente in ihrem Leben herauszufinden, in denen sie sich selbst wie die Rechte fühlt, oder sich zumindest mit ihr identifizieren kann oder Verständnis für ihr Verhalten, ihre Gedanken und Gefühle empfindet. Vielleicht wenn sie mit ihrem Partner alleine ist, vielleicht, wenn die Kinder ihr auf die Nerven gehen und sie die Geduld mit ihnen verliert, wird sie dann vielleicht selbst aggressiv? Oder zeigt sie vielleicht ihren Kindern gegenüber mehr Wärme und Herzlichkeit, als sie es sich anderen gegenüber traut? Oder wenn sie krank oder müde oder mit ihrem Partner im Bett ist? Vielleicht wenn sie sich sehr selbstgerecht fühlt? Wir alle kennen solche Momente, wenn unsere impulsiven Gefühle Distanz und Logik überwinden, und das ist nicht notwendigerweise schlecht. Und wenn die Linke noch immer nichts findet, um Zugang zu ihrem rechten Bruder zu bekommen, sollte sie sich ihren Träumen zuwenden, in denen all die Emotionen vorhanden sind, die sie verdrängt hat. Dort gibt es blutige Kriege und eine starke Sehnsucht nach Wärme und Akzeptanz. Dort kommen ihre wahren Gefühle zum Vorschein, die Gefühle der Rechten. Mit anderen Worten: *Das Unbewußte der Linken ist die Rechte.* Ein guter Therapeut wird aber nicht aufgeben, er wird weiter versuchen, der Linken Zugang zu den Gefühlen der Rechten zu verschaffen, zu ihrem „inneren Rechten", damit sie Verständnis für ihn bekommt und sich in ihn hineinversetzen kann. Er wird versuchen, die Erinnerungen an vergangene Zeiten zu wecken. In unserer Kindheit waren wir alle rechter als später als Erwachsene. Damals, als Feen, Hexen, Helden und Prinzessinen unsere Vorstellungswelt bevölkerten, als wir hauptsächlich von den impulsiven, dramatischen Kräften der Angst und Macht beherrscht wurden, damals hätten wir vielleicht rechts gewählt. Die impulsive Phase der Kindheit ist, wie Träume und Märchen, klar in gut und böse unterteilt, es fehlt ihr die Integration, die die Linke nur teilweise und sehr mühsam erlangt hat.

Nach der Niederlage der Linken bei den Wahlen von 1996 hat Lea Rabin gesagt, daß sie ihre Koffer packen und das Land verlassen möchte. Das bedeutet, die Linke ist das Volk, und wenn die Linke nicht an der Macht ist, dann gibt es keinen Grund für Lea Rabin, im Lande zu bleiben. Ein Rechter hätte nie eine solche Äußerung gemacht, denn die Rechte akzeptiert die Linke mehr als umgekehrt.

Da die Linke ein grundsätzliches Problem mit den Rechten hat, darf sie nicht nur an die nächsten Wahlen denken und versuchen, sie mit knapper Mehrheit zu gewinnen, sondern auch an einen Prozeß der Veränderung. Einen therapeutischen Prozeß, der Zeit und Geduld benötigt, während dem die Linke der Rechten näherkommen kann, und das heißt letztendlich auch sich selbst.

Wenn die israelische Linke sich aber selbst näherkommt, dann wird sie entdecken, was wir Therapeuten bereits gewußt haben: Wenn man Aggressionen unterdrückt, dann richtet man sie in Wirklichkeit gegen sich selbst. Das führt wiederum zu Mutlosigkeit und Schuldgefühlen. So lautet die klassische Definition der Depression: gegen sich selbst gerichtete Aggressionen. Sich aus den Fesseln der Depression und Selbstanklage zu befreien erfordert die Fähigkeit, unseren Zorn zum Ausdruck bringen zu können. Es wird klar, warum die Linke dazu neigt, depressiv und weinerlich zu sein. In dem Kriegszustand, in dem wir uns befinden, werden die Tendenzen der Linken noch verstärkt. Es herrscht eine Situation, in der wir, aus verständlichen Gründen, die Aggression des Gegners erkennen und ebenfalls mit Aggression reagieren müssen. Wenn man in einem Kriegszustand Aggressionen ausgesetzt ist und sich dabei schuldig fühlt, dann stärkt man dadurch den Gegner in seinen Angriffen. Das bedeutet eine Gefahr für die eigene Existenz. Religiöse Gefühle, ein gesunder Egoismus, all das ist ist in Kriegszeiten lebenswichtig. Die Linke muß diese

Probleme für sich in dem langen Prozeß einer nationalen Therapie klären.

Damit die Linke die Rechte verstehen kann, muß sie zuerst mit den unterdrückten Impulsen in sich selbst in Kontakt treten, die sich nach Macht sehnen, nach Heldentum und Stärke, wodurch sie ihren eigenen Platz verteidigen und Anerkennung gewinnen können. Es fängt mit dem zweijährigen Kind an, das zu allem „nein" sagt, um sich abzugrenzen und eine Individualität aufzubauen. Die Linke hat Schwierigkeiten mit diesen Gefühlen, denn sie unterdrückt Aggression, Abgrenzung und Individuation und denkt eher in Begriffen wie „Gemeinsamkeit", „Gleichheit" und „Partnerschaft". Gefragt ist eine rechte Sprache mit paranoiden Elementen, die dem Gefühl Ausdruck gibt, daß alles Gute innen und alles Böse außen ist, im Unterschied zur depressiven Sprache der Linken, die die Sehnsucht nach Verbindung, Partnerschaft und Intimität ausdrückt. Die paranoide Haltung stellt ein früheres Entwicklungsstadium als die depressive Haltung dar. Im extremsten Fall kann die Linke weinerlich, verzweifelt, unglücklich und unbefriedigt sein. Das sind emotionale Elemente der depressiven Entwicklungsphase.

In unserer Kindheit lebten wir in einer ungestümen Welt mit Angreifern und Opfern, Monstern und Feen, und vor allem mit großen Kriegen. Die traurigeren, weniger dramatischen und mehr romantischen Töne kamen erst später dazu. Nicht bei allen, aber bei den meisten. Die Linken haben jedoch die dramatischen und impulsiven Elemente in einem Prozeß mit Verachtung und Abwehr verbannt. Nach vielen Jahren der Mühe war die israelische Linke erfolgreich damit, aus ihrer Seele jegliches Anzeichen von Hysterie zu tilgen, und eine mehr obsessive, geordnete und organisierte Haltung anzunehmen, und alle Gefühle der Desintegration und des Chaos abzuwehren, die ihnen Scham verursachen. Kurz gesagt, die Linke hat in jahrelanger harter Arbeit erfolgreiche Schutzwälle gegen diese hysterischen, dramatischen Elemente errichtet, die starke Emotionen freisetzen und drohen, das Kommando zu übernehmen. Die Linken haben ein System intellektueller Abwehrmechanismen des westlichen Denkens übernommen, die jeglichen Gefühls entbehren. Ihnen steht jetzt eine schwierige emotionale Arbeit bevor, Arbeit an den frühen, tiefen Widerständen, die sie gegen ihre eigenen, inneren rechten und religiösen Neigungen aufgebaut haben.

Die israelischen Rechten halten die Linke für unredlich und heuchlerisch, für jemanden, der einen mit schönen Worten in die Irre führt und in trügerischer Sicherheit wiegt. Der Haß, den die Rechten den Linken entgegenbringen, und besonders ihre Schwierigkeit, mit der Linken in sich selbst in Kontakt zu treten, rührt von ihrer Angst, einer Sehnsucht nachzugeben. Sie lehnen sich gegen das auf, was sie als einschläferndes Gift für die Nation bezeichnen, das die Linken mit ihren süßen Worten vom Frieden verbreiten. Es ist schwieriger, sich gegen jemanden zu verteidigen, der mit Worten des Friedens zu dir kommt, als gegen jemanden, der von Krieg spricht. Daher ist die Linke ein sehr gefährlicher Feind. Sie verführt uns dazu, in unserer Wachsamkeit nachzulassen, unsere Waffen niederzulegen und naiv unseren Sehnsüchten zu folgen, was uns in den Tod führt. Das birgt Elemente von weiblicher Verführung, Einschläferung und Verrat, der zum Tod führt – wie beim biblischen Samson. Die romantische Gefühlshaltung der Linken wird von den Rechten als sentimental empfunden, das heißt, man gibt vor, Humanist mit reiner Seele zu sein, und scheut sich, sich selbst mit Aggressionen zu beflecken. Manchmal wird die Linke von den Rechten auch als schwach wahrgenommen, als ob sie keine Kraft mehr zum Kämpfen hätte und daher um jeden Preis Frieden wolle. Sie halten sie für weinerlich und so verzweifelt, daß sie sich bei den Arabern einschmeicheln will. Manchmal nehmen sie sie aber auch als stark wahr: Sie bevorzugen die Araber vor den Rechten und benehmen sich arrogant und verletzend. So vermischen sich in der Wahrnehmung Elemente der Stärke und der Schwäche. Aber stets ist die Linke falsch und taktierend, sie besteht aus Leuten, die Fähigkeiten, Mittel und Waffen besitzen, die der Rechten nicht zur Verfügung stehen. Daher werden sie als sehr bedrohlich empfunden. Die romantische Sprache lädt aus Sicht der Rechten zu einem endlosen Rückzug ein, zum Holocaust und zum kollektiven Selbstmord.

Wie ein Kind, das sich erfolgreich von seinem tyrannischen und dominanten Vater gelöst hat, hat die Linke in jahrelanger und mühevoller Arbeit sich selbst eine neue Sprache geschaffen. Es ist eine romantische Sprache, die Existenzängsten mit Begriffen wie „Hoffnung gegen Verzweiflung" statt „Hoffnung gegen Sicherheit" überwindet. Eine Sprache, die das Positive und nicht das Negative hervohebt. Eine Sprache, die die ursprünglichen Widerstände der Seele überwunden und ihre Augen vor den alten Gefühlen des Zorns und Ärgers verschlossen hat. Sie hat eine andere Denkweise hervorgebracht: intellektuell, westlich und universell. Sie denkt in Begriffen von Wahrheit und Gleichheit. Die Sprache ist weniger impulsiv und weniger emotional. Diese Elemente hat die Linke aus ihrem Denken verbannt. Es fällt ihr schwer, zu den rechten und religiösen Bereichen ihrer Seele zurückzukehren, eine dramatischere Sprache zu benutzen und ihren tiefsten Gefühlen emotional und impulsiv Ausdruck zu geben. Vielleicht hat sich die Linke noch nicht genug entspannt, um als gefestigter Erwachsener dorthin zurückzukehren, als jemand, der keine Angst hat, diesen Gefühlen Raum zu geben.

Die politischen Führer der Linken sollten das Wort „Frieden" nicht so häufig verwenden, denn es entstammt der romantischen Sprache und all seine Konnotationen sind ebenfalls romantischer Natur. Politische Führer sollten nicht den Eindruck erwecken, als wollten sie um jeden Preis Versöhnung. Wenn die Versöhnung zustande kommt, dann sollte sie aus einer Position der Stärke heraus erfolgen. Noch einmal: Nicht die Botschaft, sondern die Art und Weise ihrer Vermittlung muß geändert werden.

Die linke Position in Hinsicht auf einen palästinensischen Staates kann zum Beispiel durch eine Analogie mit zwischenmenschlichen Beziehungen in einer dramatischen Sprache vermittelt werden. Wer respektiert werden will, der muß auch selbst anderen Respekt entgegenbringen! Wer seine Rechte einfordert, der muß auch seinen Verpflichtungen nachkommen! Wer Unabhängigkeit verlangt, der muß beweisen, daß man ihm trauen kann! Die Palästinenser haben das Recht auf einen Staat, keine Frage, aber sie müssen sich dem auch würdig zeigen. Man muß wissen, daß die rechte Öffentlichkeit nicht absolut gegen einen palästinensischen Staat ist, sie möchte sich damit aber in den Begriffen von Ehre, Macht und Autorität auseinandersetzen. Entsprechend muß das Thema vermittelt werden.

Das gilt auch für das Problem mit Syrien. Der Widerstand der rechten Bevölkerungsgruppen hat mehr mit der demütigenden Erfahrung zu tun, als tatsächlich mit der Weigerung, Land aufzugeben. Gebietsrückgaben werden in den Kategorien von Verletzungen und Beleidigungen wahrgenommen. Es wird einem etwas weggenommen, man gibt etwas auf und bleibt kleiner und geschwächt zurück. Die meisten von uns empfinden den Verlust von Gebieten wie den Verlust von Körperteilen. „Es werden Teile aus dem israelischen Land herausgerissen", man bleibt „verwundbar" und mit „Angriffspunkten" zurück. Daher muß der Vorschlag zur Abtretung von Gebieten in einer Art und Weise unterbreitet werden, daß dem Zuhörer geholfen wird, mit der Empfindung der Zugeständnisse und der Demütigung umzugehen. Man muß ihm das Gefühl der Macht und der Kontrolle vermitteln. Man muß zum Beispiel unsere Forderungen an die andere Seite mehr in den Mittelpunkt stellen. Es muß der Eindruck vermittelt werden, daß wir die Bedingungen bestimmen und die Regeln festlegen. Die Vereinbarung muß eine ehrenwerte Vereinbahrung sein, und sie muß auch dementsprechend präsentiert werden: in einer dramatischen Sprache.

Emotionale Gründe, warum rechte Kandidaten keine linken Wähler ansprechen

Die Linke nimmt die Rechte als impulsiv und primitiv wahr, als jemand, der nur an Gewalt glaubt. Die Linke denkt, daß die Rechten nicht an Partnerschaft glauben, daß sie Krieg bringen, und deswegen empfinden sie sie als bedrohlich. Damit die Linken sich mit der Rechten identifizieren und sie wählen können, muß der Haß, den sie ihnen entgegenbringen, beseitigt und durch Liebe ersetzt werden, denn der Identifikationsprozeß erfolgt durch Liebe. So identifiziert sich ein Kind mit seinen Eltern und möchte wie sie sein. Haß verhindert diesen Prozeß. Heute ist die Linke noch weit davon entfernt, irgendwelche Sympathien für die Rechte zu empfinden.

Damit die rechten Kandidaten in der Lage sind, die Herzen der linken Öffentlichkeit zu erreichen, müssen sie sie verstehen lernen. Zuerst müssen sie mit den Elementen in sich in Verbindung treten, die nur in einer schwachen und unterentwickelten Form existieren, die noch nicht ausgereift sind, die sich nach Gemeinschaft sehnen, nach Partnerschaft und Intimität. Es fällt der Rechten sehr schwer, sich damit auseinanderzusetzen, da sie noch nicht reif genug ist und noch nicht das Stadium eines depressiven emotionalen Zustands erreicht hat, das fortgeschrittener ist als das paranoide Stadium der Rechten. Die Rechte hat Angst vor allen Anzeichen von Weinerlichkeit und Verzweiflung. Werfen wir einen Blick auf die Entwicklung des Kindes, um zu verstehen, wie diese emotionale Haltungen entstehen, die sich später zu unterschiedlichen emotionalen Sprachen entwickeln.

Die dramatische Sprache der Rechten besitzt in ihren extremsten Ausformungen paranoide Qualitäten, während die romantische Sprache der Linken depressive Tendenzen hat. Das repräsentiert verschiedene Stadien der Kindheitsentwicklung, die normalerweise vom paranoiden zum depressiven Stadium verläuft. Die Umwandlung erfolgt, wenn das Kind merkt, daß es nicht allmächtig ist. Seine Mutter ist stärker und sie reagiert mit Liebe auf seinen Krieg. Zu diesem frühen Zeitpunkt werden die Grundlagen dafür gelegt, wie man mit der paranoiden Erfahrung umgeht. Das Kleinkind benötigt zwei Dinge, um zum nächsten Stadium vorzurücken. Zuerst einmal muß es gegen eine Mauer stoßen, das heißt, es muß ihm klarwerden, daß es Dinge gibt, die es nicht haben kann. Das erschüttert sein Allmachtsgefühl. Das zweite ist Einfühlungsvermögen. Das Kind muß spüren, daß die Eltern es lieben und nicht ablehnen. Nur wenn beide Dinge gegeben sind, kann das Kind seinen Narzißmus aufgeben und eine sanftere Verbindung der Sehnsucht und Partnerschaft aufbauen. Die Linke erkennt tatsächlich besser als die Rechte, daß sie nicht allmächtig ist, und daß es auf der anderen Seite jemanden gibt, mit dem man reden muß. Das gibt uns auch einen Hinweis, wie wir mit unserer extremistischen Rechten und der Hamas umzugehen haben. Einerseits müssen wir Verständnis für ihre Gefühle und ihren Schmerz aufbringen, andererseits müssen wir ihnen klare Grenzen setzen. Das Kleinkind macht Fortschritte im Entwicklungsprozeß, wenn es nicht nur sich selbst sieht, sondern auch den anderen, seine Mutter. Es muß ihr Leid spüren, ihr gegenüber Schuldgefühle entwickeln lernen, sein Benehmen bereuen und es korrigieren. Das ist eine integrativere Haltung, die die Erfahrung nicht so aufteilt, daß alles Gute in mir ist, und alles Schlechte außen, bei meinem Feind. Die paranoide Haltung gibt anderen keinen Raum und ist egozentrischer Natur. Natürlich birgt auch die depressive Haltung in ihrer extremen Ausformung verschiedenen Fallgruben – die Verschmelzung mit dem anderen unter Verlust der eigenen Persönlichkeit, grenzenlose Sehnsucht nach Verbindung, während Zorn und Aggressionen unterdrückt werden. Die depressive Haltung kann zu einer gewissen Schwäche führen, in der man keine Kraft mehr hat, eine Situation zu verändern. Aber normalerweise ist der depressive Zustand in der Entwicklung fortgeschrittener als der paranoide. Beide können jedoch ihre pathologischen Formen entwickeln.

Für die Rechten ist es schwer, ihre existentiellen Ängste aus ihrer Erfahrung und ihrer Sprache herauszuhalten und ihre Botschaften in romantischere Begriffe zu kleiden. Um eine neue Sprache zu verwenden, müssen wir zu den emotionalen Quellen vordringen, der sie entspringt. Die Rechte muß mit ihren inneren Gefühlen der Sehnsucht nach Verbundenheit und Intimität in Kontakt treten, damit sie ihre Botschaften aufrichtig und überzeugend übermitteln kann.

Die Rechte muß in romantischer Sprache die Notwendigkeit der Standfestigkeit als Bedingung für den Frieden und für die Aussöhnung mit den Arabern betonen. Die Rechten streben das Ziel eines Neuen Nahen Ostens nicht weniger an als die Linken, und er kann Realität werden, wenn wir die Augen nicht vor der Gewalt verschließen. Aber die Linke möchte eine Welt ohne Aggressionen aufbauen, während die

Rechte einen realistischen Neuen Nahen Osten möchte, in dem Platz für Streitigkeiten ist, ohne daß wir uns davor fürchten.

Man kann hier den Vergleich zur Erziehung eines Kindes ziehen. Kinder brauchen klare Grenzen, damit sie die Orientierung nicht verlieren. Wir müssen den Arabern gegenüber stark sein und ihnen Grenzen setzen, damit sie sich nicht von militärischen Zerstörungsphantasien fortragen lassen. Manchmal versäumen Eltern auf Grund von Schuldgefühlen gegenüber dem Kind, ihm Grenzen zu setzen. Sie haben Angst, ihre eigenen Aggressionen könnten zum Vorschein kommen und sie könnten so vor dem Kind als böse dastehen. Wir wissen, daß Eltern, die ohne Angst gutgemeinte Grenzen setzen, gute Eltern sind. Aber zuerst kann das Kind die Eltern als böse empfinden, und es wird einige Zeit brauchen, bis es versteht, daß die Eltern sich sowohl um Eltern als auch Kind kümmern. So wie es kein Kind ohne Eltern gibt, gibt es in diesem Land keine Araber ihne Juden. Das ist der Grund zum Vergleich dieser Schicksalsgemeinschaften, in denen sich der eine in dem anderen widerspiegelt. Und für uns ist es hart, aber auch sehr wichtig, manchmal die Rolle des „Bösen" zu übernehmen, der sein Territorium verteidigt und es nicht aufgibt. Aber letztendlich wird es sich zeigen, daß diese Rolle zum besten aller ist. Es gibt jedoch Eltern und Linke, die sich eine romantische Welt ohne Streit und Kampf ausmalen, in der man ohne Grenzen und Unachgiebigkeit existieren kann. Das Ego eines Kindes, das keine Grenzen kennt, bläst sich auf bis es platzt. Es macht die Erfahrung, daß es alles tun kann, alles will und alles bekommt. So ein Kind verträgt keine Frustrationen und Enttäuschungen, die ein natürlicher Teil des Lebens sind. Mit so einem Kind kann es keinen Frieden geben. Die Eltern kooperieren mit seinen Allmachtsphantasien, als ob alles möglich wäre. Aus einer Schwäche heraus schaffen sie eine falsche Gemeinschaft mit dem Kind, eine Gemeinschaft, die nicht lange fortbestehen kann. Daher können nur klare und feste Grenzen, die auch auf die Rechte der Eltern Rücksicht nehmen, zu Frieden und wirklicher Aussöhnung führen. Ohne solche Grenzen wird es nur den Schein von Vertrautheit und Brüderlichkeit und einem Neuen Nahen Osten geben, aber keinen wirklichen Neuen Nahen Osten.

Freud hat einen angeborenen aggressiven Impuls entdeckt, der die Menschen zu ihren Handlungen motiviert. Aber die Linke hat Probleme, diese menschlichen Gefühle anzuerkennen. Ein Jugendlicher muß zum Beispiel die Phasen der Rebellion und Auflehnung durchlaufen, es führt kein Weg daran vorbei. Eltern und Kinder müssen schwierige Zeiten durchmachen, bis sie sich versöhnen und gegenseitig respektieren können. Ohne die Rebellion des Heranwachsenden und ohne die von den Eltern gesetzten Grenzen gäbe es keine gesunde Entwicklung. Die Analogie zwischen Wachstumsprozeß und Friedensprozeß funktioniert auch auf einer anderen Ebene: man kann beide Entwicklungen nicht beschleunigen. Wachstum wie Frieden benötigen eine lange Zeit innerer Reifung, und der Versuch von einigen Linken, sie zu beschleunigen, muß fehlschlagen.

Nehmen wir ein Beispiel aus dem Konflikt mit den Palästinensern. Rabin und Peres haben Arafat von seiner Verantwortung befreit, den Terrorismus zu bekämpfen. Sie haben gesagt: „Wir werden den Friedensprozeß fortführen, als wenn es keinen Terrorismus gäbe, und wir werden den Terrorismus bekämpfen, als wenn es keine Friedensverhandlungen gäbe." Und Arafat, der wie jeder für seine eigenen Taten verantwortlich ist, blieb von Schuld und Fehlern freigesprochen. Das Fehlen einer festen Position lädt zu Angriffen ein, die letztlich den Friedensprozeß unterminieren.

Oder nehmen wir die syrische Frage. Die Rechten könnten die romantische Sprache anwenden und von einem Neuen Nahen Osten und von der Chance eines Friedens mit den Syrern sprechen. Die Rechte muß betonen, daß es keine andere Wahl als den Frieden gibt. Die Syrer weigerten sich, mit Barak zusammenzutreffen und verlangen die Rückgabe des gesamten Golans und die Auflösung der dortigen jüdischen Siedlungen. Die Rechten sind bereit, die Golanhöhen aufzugeben, aber nicht den Frieden. Damit es wirklichen Frieden mit den Syrern gibt, das muß die Rechte der Linken klarmachen, müssen wir in den Fragen hart bleiben, bei denen wir keine Kompromisse schließen können. Genausowenig wie bei der Frage des Friedens. Zum Beispiel bei dem Schicksal der Siedlungen. Werden die Siedlungen zerstört werden, so wie es geschah, nachdem wir Jamit evakuiert hatten? Oder werden sie gemeinsamen Friedensprojekten dienen? Wird es ein warmer Frieden werden und wird die Erziehung zum Haß aufhören? Die Rechte muß den Linken ihre Botschaft in einer romantischen Sprache vermitteln, in der der Frieden im Mittelpunkt steht. Sie muß klarmachen, daß wir nur dann einen wirklichen Frieden erzielen werden, wenn wir bei den Fragen unbeugsam bleiben, die für uns lebenswichtig sind. Wenn wir nicht so zu unserem und deren besten handeln, und bei unserer tiefen Sehnsucht nach Frieden Kompromisse machen, dann wird das zu Gewalt und Kampf führen, und nicht zum Frieden.

In Bezug auf innerisraelische Fragen müssen die Rechten eine romantische Sprache verwenden, um linke Wähler zu gewinnen. Eine Sprache, die Schuldgefühlen Raum gibt und zur Partnerschaft einlädt. Die Rechten könnten sagen, daß sie, als sie an der Macht waren, sich gewünscht hätten, daß die Linke nicht über ihre Fehler jubelte, sondern ihnen geholfen hätte. Die Linke hätte zur Hilfe kommen und die Regierung unterstützen sollen, selbst wenn sie nicht einer Meinung gewesen waren, einfach im nationalen Interesse, weil wir ein Volk sind. Ein Israel. Aber der Linken fiel es schwer zu akzeptieren, daß die Rechten an der Macht waren. Stattdessen schlugen sie auf die Regierung ein. Haben Peres und Rabin keine Fehler gemacht? Es ist wahr, daß die Rechte Fehler hat, die sich verbessern lassen, und es ist auch wahr, daß die Linke ihr dabei helfen könnte. Aber sie hat nur versucht, die Rechte zu demütigen und zu verspotten. Sie hat nicht daran gedacht, der Rechten zu helfen, sich mit ihr zu versöhnen und im eigenen Hause Frieden zu schaffen. Die Linke unter Barak wollte die Rechte wieder nicht in eine gemeinsame Regierung miteinbeziehen und hat die Angebote der Rechten stets ausgeschlagen. Die Rechte hat jahrelang den Kontakt zur Linken gesucht und mit Positionen des nationalen Interesses bewiesen, daß es ihr ernst ist. Die Linken haben sie stets mit Verachtung zurückgewiesen. Die romatische Sprache bringt zum Ausdruck, daß wir nicht perfekt sind, und daß wir die Fähigkeit besitzen, aus Fehlern zu lernen. Diese Sprache müssen die Rechten verwenden, um die Herzen der linken Wählerschaft zu erreichen. Die Rechte muß die Schuldgefühle der Linken ansprechen, die sie ihnen gegenüber besitzt. Die Rechten dürfen sich nicht schämen, ihre Verletzungen zu zeigen und die Linken zur Partnerschaft aufzuforden, denn daß ist die einzige Sprache, über die sich die Linken mit ihnen identifizieren können.

Die Integration der Linken und der Rechten

Der ideale israelische Politiker wäre jemand, der unser nationales Problem der gespaltenen Identität zwischen den Rechten und den Linken zu lösen vermag und sie in einer komplexen Identität vereint. In diesem Kapitel werde ich die notwendigen integrativen Positionen der Linken und Rechten in Bezug auf einen Palästinenserstaat erörtern. Beginnen werde ich mit ausführlichen Anmerkungen zur Persönlichkeitsentwicklung.

Die Verschmelzung der emotionalen Haltungen der Linken und der Rechten zu einer Einheit stellt, sowohl bei einem Kind als auch bei einer Nation, einen wichtigen Schritt in der emotionalen Entwicklung und im Wachstumsprozeß dar. Wir sind als Nation tatsächlich tief in ein linkes und ein rechtes Lager gespalten, beide repräsentieren unterschiedliche Aspekte der Seele. Die Linke steht für die Sehnsucht nach Frieden und Vereinigung, die in ihrer extremen Form im romantischen Bild eines friedlichen Neuen Nahen Ostens und einer Bruderschaft der Völker verkörpert wird. Daher verleugnet die Linke die Existenz von Gewalt. Diese Haltung erinnert an einen depressiven Zustand, bei dem die Gewalt gegen einen selbst gerichtet wird. Im Paradies des Neuen Nahen Ostens kommt Gewalt nicht vor. Die Rechte repräsentiert die Sicherheit, die militärische Haltung, die auf Kampf und Verteidigung von Grund und Boden vertraut. Sie unterscheiden klar zwischen uns, den Guten, und den Arabern, den Bösen, was im Extremfall zu einer paranoiden Haltung führt.

Die Rechten betonen die Erfahrung der Gewalt, die von außen kommt, und fühlen sich selbst so unschuldig und rein wie ein Neugeborenes.

Das sind zwei komplementäre Aspekte der Entwicklung im Wachstumsprozeß eines Kindes oder einer Nation. Zum einen die Sehnucht nach Frieden, zum anderen das Verlangen nach Sicherheit.

Ein Kind, dessen Eltern ihm viel Verständnis, Wärme und Liebe entgegenbringen, die ihm aber keine klaren Grenzen setzen, wird Probleme bekommen. Vielleicht scheuen sich die Eltern, Grenzen zu setzen, weil sie sich vor ihren eigenen Aggressionen fürchten und Schuldgefühle bekommen, wenn sie unnachgiebig sind. Wir wissen, daß Kinder Unnachgiebigkeit brauchen, damit sie sich sicher fühlen. Ein Kind, das bei seinen Eltern nie auf Unnachgiebigkeit stößt, dort wo sie angebracht ist, wird unsicher werden und nicht zur Ruhe kommen. Das Kind wird sich schuldig fühlen, weil seine Eltern „gut" sind und ihm alles erlauben, während es selber böse und ungezogen ist, weil es Dinge tut, die nicht erlaubt sind. Wenn es keine Unnachgiebigkeit seitens der Eltern gibt, wird das Kind sich als schlecht und seine Eltern als gut begreifen. Es versteht nicht, daß seine Eltern einfach nur schwach sind, und es sich deshalb schuldig fühlt. Ein Kind, das keine Grenzen kennt, setzt sich vielleicht stärker selbst unter Druck als seine Eltern, als Versuch, sich selbst zu schützen. Die Eltern vermitteln ihrem Kind Schwäche und sagen ihm auf ihre Art, daß sie nicht glauben, daß es Grenzen akzeptieren und mit ihnen leben kann. Eltern, denen es schwerfällt, auch mal die Rolle der „bösen Eltern" zu spielen, verstehen nicht, daß sie dadurch tatsächlich zu schlechten und nicht zu guten Eltern werden, selbst wenn ihr Kind das in dem Moment anders sieht.

Dazu kann es kommen, wenn die Eltern eine romantische Welt ohne Gewalt und Kampf um sich herum aufbauen, wenn sie denken, man könne ohne Aggressionen leben, ohne Grenzen und ohne Unnachgiebigkeit. Diese Eltern werden sich schnell überfordert fühlen. Es gibt nichts schlimmeres als Eltern, die nicht für sich selbst sorgen können, denn die Kinder brauchen starke Eltern. Ein Kind, das keine Grenzen kennt, bläst sich auf bis es platzt. In seiner Vorstellung vermag es alles, wünscht sich alles und bekommt auch alles. So ein Kind erträgt keine Frustrationen, die ein notwendiger Bestandteil des Lebens sind. So ein Kind kann die eigenen Grenzen oder die seiner Eltern nicht akzeptieren. Kind und Eltern entwickeln eine Allmachtshaltung. Sie schmieden ein unehrliches Bündnis auf Basis der Schwäche der Eltern. Nur klare und wohlwollende Grenzen, die ohne Zorn gesetzt werden und das Recht der Eltern auf ihr eigenes Leben anerkennen, können Frieden, Versöhnung und Zusammengehörigkeit bewirken. Ohne diese Grenzen bleiben Vertrauen, Partnerschaft und ein Neuer Naher Osten bloßes Wunschdenken. Genau wie Eltern müssen wir uns als Nation fragen, wo genau die Grenzen verlaufen und was wir wirklich zugestehen können und wollen. Ich denke, es kann einen eindeutigen nationalen Konsens darüber geben, welche Zugeständnisse wir machen können.

Die Linke hat den Arabern viel Verständnis entgegengebracht, was teilweise nicht aufrichtig und nur von der Sehnsucht nach Verbrüderung bestimmt war. Dabei haben die Linken die gegen uns gerichtete Gewalt ignoriert. Sie haben die Bedeutung des arabischen Terrorismus nicht erkannt und haben sich von romantischen Vorstellungen von Frieden und Vertrauen mitreißen lassen.

Manche Eltern machen den anderen Fehler, daß sie aus einer übertriebenen Autorität heraus zu enge Grenzen setzen, die nicht notwendig sind und die Freiheit behindern. Das Denken des Kindes kann dadurch eingeschränkt werden. Es wird in einer starren Abwehrhaltung verharren. Es wird seine Umgebung als aggressiv und feindlich wahrnehmen und immer auf der Hut sein. So ein Kind wird Schwierigkeiten dabei haben, vertrauensvolle Beziehungen zu knüpfen und an Veränderungen zu glauben. In der extremen Ausformung ist das eine paranoide Haltung, die klar zwischen innen und außen trennt. Für das Kind heißt das, daß es selbst gut ist, und die Außenwelt ist schlecht.

Den Rechten ist es jahrelang schwergefallen, an den Frieden zu glauben, an Veränderungen zu glauben, ihr Gefühl des

Bedrohtseins abzulegen und auf eine bessere Zukunft zu vertrauen. Die Rechte war sehr auf die Gewalt der Araber fixiert und konnte nur schwer die Veränderungen begreifen, die um sie herum stattgefunden haben. Es fiel ihnen auch schwer, ihre eigenen Position dementsprechend zu ändern.

Ein Kind, das in einer idealen Umgebung aufwächst, wird ein ausgewogenes Verhältnis zu diesen beiden zentralen Wachstumskräften entwickeln. Im Wachstumsprozeß verschmilzt das Verlangen nach Frieden und nach Sicherheit zu einer Einheit. Die Eltern eines solchen Kindes wissen, wo, wenn es notwendig ist, die Grenzen zu setzen sind, und sie helfen dem Kind eine innere Stabilität aufzubauen. Aber das Kind wird auch die Erfahrung der Freiheit machen, der Welt gegenüber offen sein und auf Veränderungen vertrauen. Manche sagen, daß man wahre Freiheit nur innerhalb von Grenzen finden kann, daß ein Mensch zum Beispiel innerhalb der Ehe größere Freiheit erfährt als außerhalb.

Die Verschmelzung von Frieden und Sicherheit zu einer Einheit, wie zwei Seiten einer Medaille, ist das, was unsere Nation heute benötigt. Eltern, die Autorität besitzen und Grenzen setzen, aber dem Kind auch Freiheiten erlauben, ihm Hoffnung und Zuversicht in die Zukunft vermitteln. Diese Kombination von Gefühlen kann nicht einfach vorausgesetzt werden. Es verwundert nicht, daß es bis heute keinen Politiker gibt, der das verkörpert, zumindest nicht in führender Stellung. In der Therapie machen wir die Erfahrung, daß die teilenden Kräfte sehr stark sind und uns zu den Extremen drängen. Es bedeutet harte Arbeit, die verschiedenen, widersprüchlichen Aspekte in der Seele zu integrieren. Die meisten von uns identifizieren sich sehr stark mit der Linken oder mit der Rechten und tun sich schwer, die Positionen der Gegenseite zu verstehen oder sich mit ihnen zu identifizieren, sei es auch nur für einen Moment.

Der ideale Politiker wäre ein Therapeut für die Nation, und wie jeder gute Therapeut oder jeder große Politiker müßte er Gefühle aussprechen und Gefühle ansprechen. In den vorigen Kapiteln über den palästinensischen Staat habe ich darauf hingewiesen, wie wichtig es ist, sich der Impulsivität des

Nahen Ostens bewußt zu sein. Ich habe betont, daß wir die dramatische Sprache beherrschen und benutzen müssen. Wir haben festgestellt, daß die religiöse Aussöhnung zwischen Juden und Moslems wegen der starken Emotionen, die sie beinhaltet, dramatischer Natur sein muß. Der ideale Politiker würde nicht nur den anderen Antworten geben, sondern auch uns selbst. Er würde auf die Schwierigkeiten der Bevölkerung antworten, die sie dabei haben, scheinbar gegensätzliche Ansichten zu harmonisieren. Er muß den Menschen das Gefühl vermitteln, daß Frieden und Sicherheit letztlich dasselbe sind. Wie eine vereinigende Kraft muß der ideale Staatsmann nach innen und außen dramatisch wirken. Arafat ist in der Lage zu dieser Synthese, wenn er vom „Frieden der Tapferen" spricht und damit zwei verschiedenen Aspekte der Seele in Einklang bringt. Er spricht auch vom Frieden auf eine dramatische Art und Weise und vereint so Frieden und Sicherheit. Der Slogan des Likuds von einem „sicheren Frieden" ist integrativer als der Frieden der Linken. Der Likud hat mit einer ausschließlichen Betonung der Sicherheit angefangen, aber irgendwann war er in der Lage, das Wort Frieden hinzuzufügen. In der Therapie, die unsere Nation braucht, müssen wir unsere innere Spaltung im Bild eines führenden Politikers zusammenfügen, mit dem die Menschen sich identifizieren können, der einigend wirkt und sowohl für Frieden als auch für Sicherheit steht. Je reifer wir als Nation werden, desto geringer wird unsere Spaltung in links und rechts werden. Die Chancen für eine integrative Lösung werden steigen.

Ein Beispiel für eine bereits erreichte Balance von Sicherheit und Frieden bietet das Problem des Terrorismus der Palästinenser. Sie möchten ihre Unabhängigkeit erreichen. Und es stellt sich die Frage, wie wir ihnen bei ihrer Entwicklung helfen können, damit in Zukunft ein Zusammenleben mit ihnen möglich ist. Die Palästinenser haben keinen Anlaß, vom Terrorismus abzulassen, denn er zahlt sich aus. Es ist nur schwer vorstellbar, daß sie ohne die Intifada und den Terrorismus irgendetwas erreicht hätten. Es ist die Rebellion von Heranwachsenden, die dadurch ihre Unabhängigkeit erreichen. Unabhängigkeit muß man sich erkämpfen, man bekommt sie nicht geschenkt. Erst wenn ein Heranwachsender seine Unabhängigkeit erreicht hat, kommt er zur Ruhe. Warum sollten wir das nicht verstehen können? Unsere Rechte hat immer gesagt, ein Staat sei nur durch Waffengewalt zu gründen, es gäbe keinen anderen Weg. Sie haben es immer gesagt und sie hatten recht damit. Als sie jedoch ihren Staat hatten und sozusagen selber Eltern wurden, haben die Rechten diese Erkenntnis verdrängt. Das passiert vielen Eltern, die man daran erinnern muß, daß sie auch einmal Teenager waren, damit sie ihre Kinder besser verstehen. Das einzige, was den Terror unserer rechten Untergrundorganisationen Etzel und Lehi gestoppt hat, war die Gründung unseres Staates. Immer wieder können wir beobachten, wie Leute der extremen Rechten wie Begin, Scharon und Schamir gemäßigter werden, wenn sie in der Regierung sitzen. Wir wissen, daß es für die Heranwachsenden wichtig ist, ihren Kampf zu gewinnen, denn es stellt für sie den einzigen Weg dar, sich zu entwickeln und sich gleichberechtigt zu fühlen. Erst wenn sie sich nicht mehr unterdrückt fühlen, können sie aus einer Position der Sicherheit und Stärke mit ihren Eltern Frieden schließen.

Worin besteht die Verbindung dieser wichtigen Balance zwischen Frieden und Sicherheit oder der Integration von links und rechts und der Zuneigung, die wir den Palästinensern entgegenbringen sollen? Die Antwort findet sich im Wachstumsprozeß des Kindes.

Es ist nicht leicht für Arafat, den Terrorismus zu bekämpfen. Er kann uns alles mögliche versprechen, er wird es nicht halten können, solange sich ihm nicht eine Alternative bietet. Wie ein Kind braucht er etwas besseres, wenn er von der Gewalt ablassen soll. Erst wenn ein Kind zum Beispiel merkt, daß es in der Schule Erfolge erzielen und seine Platz ohne Gewalt behaupten kann, wird es gewillt sein, die Aufmerksamkeit nicht mehr durch Aggressionen auf sich zu ziehen. Ein Kind wird niemals die Waffe aus der Hand geben, die ihm Macht, Aufmerksamkeit und andere Vorteile verspricht, wenn ihm Grenzen gesetzt, aber keine Alternativen aufgezeigt werden. Die unnachgiebige rechte Haltung gegen den Terrorismus muß mit einem alternativen Angebot unterstützt werden.

Diese Alternative ist ein eigener Staat. Wir müssen ihnen erklären, daß sie einen eigenen Staat bekommen und wir ihnen beim Aufbau helfen werden, wenn sie die Gewalt stoppen. Nur dann werden sie wirklich einen emotionalen Anreiz haben, den Terrorismus einzudämmen. Alles andere wird nicht funktionieren. Das ist der Fehler der Rechten, daß sie den Heranwachsenden keine Zukunftsperspektive gegeben haben.

Die Linke hat andererseits nicht verstanden, daß dem Kind bei seiner Entwicklung nicht nur durch Versprechungen geholfen werden muß, sondern auch durch das Setzen von klaren Grenzen. So wie kleine Kinder manchmal unbewußt um feste, wohlwollende Grenzen bitten, so bittet auch Arafat um unsere Hilfe, denn es nicht leicht für ihn, alleine gegen die Hamas vorzugehen. Wir müssen ihn dazu ermutigen und ihm klarmachen, daß er keine andere Möglichkeit hat. Sie sind für die Gewalt verantwortlich, die von ihrer Seite ausgeht. Wir müssen Arafat sagen, daß ein unabhängiger Staat auch bedeutet, seinen Verpflichtungen nachzukommen und die aggressiven Triebe zu zügeln. Wir werden in dieser Angelegenheit keinerlei Zugeständnisse machen.

Erst jetzt wird richtig klar, wie falsch die Linke mit ihrer Ansicht gelegen hat, der Terror könnte durch Freundlichkeit besiegt werden. Wir sollten ihnen eine Zukunftshoffnung geben, was die Rechten nicht gemacht haben, und dann werden sie ihren Teil beitragen müssen. Als Rabin gesagt hatte, daß wir den Terrorismus bekämpfen werden, als wenn es keine Verhandlungen gäbe, und daß wir verhandeln werden, als ob es keinen Terrorismus gäbe, hat er Arafat damit aus der Verantwortung für die Gewalt der Palästinenser entlassen. Rabin hat damit in Wirklichkeit zum Ausdruck gebracht, daß wir diese Gewalt hinnehmen werden, als wäre es nicht ihre, und daß wir weiterhin in herzlichem Einverständnis Frieden anstreben werden. Wir wissen aus der therapeutischen Praxis, daß das ein falsches Verständnis ist, weil es davor zurückschreckt, sich mit den Aggressionen auseinanderzusetzen und die teilenden Kräfte der Seele stärkt. Es ist auch für uns schwer, den Terrorismus unserer extremistischen Rechten zu bekämpfen, und wir verdrängen ihn. Wir denken insgeheim, daß sie für uns die schmutzige Arbeit erledigen und unseren verdrängten Aggressionen Ausdruck geben. Wenn es uns mit einem unabhängigen Staat schwerfällt, unsere unterdrückten Aggressionen zu beherrschen, wie schwer muß es dann für Arafat sein, der bisher noch nicht einmal einen richtigen Staat etablieren konnte.

Im Wachstumsprozeß einer Nation kann es ohne die Forderung nach Sicherheit keine Botschaft der Hoffnung und des Friedens geben. Und ohne Aussicht auf eine bessere Zukunft können wir keine Forderungen nach Sicherheit stellen. Aber die Linke und die Rechte haben ihre klaren Botschaften verwischt. Sie haben einen hohen Preis für ihre Weigerung gezahlt, die richtigen Forderungen der anderen Seite zu integrieren. Die Linke hat die Forderung nach Sicherheit aufgegeben, und daher ist sie nicht in der Lage, den Palästinensern wirklich eine friedliche Zukunft zu versprechen. Die Rechten waren nicht bereit, ihnen Hoffnung auf einen eigenen Staat und Unabhängigkeit zu geben, daher konnten sie keine Sicherheit von ihnen fordern. Die Rechte und die Linke haben sich aufeinander zubewegt und dabei den richtigen Kern ihrer jeweiligen Botschaften verwischt. Sie haben es versäumt, sie zu integrieren und die Wahrheit beider Botschaften zu akzeptieren. Sie haben nicht erkannt, daß beide Aspekte unverzichtbar sind.

Es bleibt die Frage, wie wir auf die palästinensischen Terroranschläge reagieren, denn wir werden noch lange Zeit damit leben müssen. Ich bin gegen Sanktionen von palästinensischen Flug- oder Seehäfen. Ich würde auch die Absperrungen der besetzten Gebiete vermeiden, die den Palästinensern die Möglichkeit nehmen, zu arbeiten und ihren Lebensunterhalt zu verdienen. Genauso, wie man ein Kind nicht dadurch bestrafen sollte, daß es nicht zur Schule gehen darf, sollten wir dem palästinensischen Volk nicht die Dinge verweigern, die seiner Entwicklung förderlich sind, denn das liegt in unser beider Interesse. Aber wir können Abkommen aussetzen, die Respekt, Reife und Unabhängigkeit bekunden. Dinge, die mit einer eigenen palästinensischen Währung zu tun haben, mit ihrer Nationalflagge, eigenen Briefmarken, der Ausgabe von Pässen und ihrem Parlament. Wir können Verträge aussetzen, die ihre Souveränität und Unabhängigkeit in Fragen des Handels und des Tourismus betreffen. Das sind Reaktionen, die ihnen vor Augen führen, daß sie noch nicht reif genug für eine Selbstbestimmung sind, und das ist weit besser, als ihnen Dinge vorzuenthalten, die für ihre Existenz wichtig sind.

Unsere Reaktionen müssen mit dem Ziel in Zusammenhang stehen, das wir erreichen wollen. Wenn sie es nicht schaffen, ihre Impulse zu zügeln, dann sind sie immer noch Kinder, die keine Unabhängigkeit verdienen und dürfen auch keine Visa ausstellen. Sanktionen im Bereich Arbeit, Ernährung und Bildung sind dagegen keine Antworten, sondern bloße Rache. Wenn wir die Absperrungen aus Gründen der Sicherheit vornehmen, ist das eine andere Sache. Wir können die Übergänge schließen, die für die Besuche von Familien gedacht sind, wenn die Palästinenser sie für Terroranschläge nutzen. Während der Intifada gehörten die Absperrungen zur Palette unserer Sanktionen. Dadurch wurde vielen palästinensischen Kindern über einen langen Zeitraum der Schulbesuch verwehrt. Und so haben wir ihnen und uns gleichermaßen geschadet. Benjamin Netanjahu hatte die Öffnung der Seehäfen in Gaza von der Einhaltung des Abkommens von Wye und der Bekämpfung des Terrorismus abhängig gemacht. Seine Absicht war richtig, die Palästinenser haben zu wenig gegen den Terrorismus getan, aber die Mittel waren verkehrt.

Unser Ziel muß es sein, ihnen zu helfen, sich zu entwickeln, und nicht, ihre Verbitterung und Frustration zu vergrößern. Wir müssen ohne Rachegefühle reagieren, damit die Palästinenser unsere Reaktionen akzeptieren und verstehen können. Wir müssen eine Liste von Dingen aufstellen, die geändert werden müssen: Terrorismus, Provokationen, kriegstreibende Äußerungen und Schulbücher. Und von diesen Dingen dürfen wir nicht ablassen. Das erfordert von uns nicht nur die angemessenen Reaktionen, sondern auch, daß wir ehrlich zu uns selbst sind. Wenn wir den Siedlungsbau vorantreiben und ihn dann mit bürokratischen Ausreden zu bemänteln versuchen, dann mindert das nichts von der großen Kränkung, die die Palästinenser deswegen empfinden. Dadurch lebt das Trauma ihrer Vertreibung wieder auf. Das ist mit einem wahren Streben nach Frieden nicht vereinbar. Wir können ihre Gefühle nicht täuschen. Wir sind die großen Brüder, wir müssen ein Vorbild für sie sein. Sie wollen so werden, wie wir sind: unabhängig und entwickelt. Wir müssen Vorbilder an Aufrichtigkeit und Vertrauenswürdigkeit sein. Im Falle des Siedlungsbaus und anderer Dingen ist das heute nicht der Fall, da hintergehen wir die Palästinenser. Die eigentliche Frage lautet: Wollen wir ihnen bei ihrer Entwicklung helfen oder sie frustrieren? Wir werden eine große Chance verpassen, wenn wir die Palästinenser, mit denen wir weiterhin zusammenleben müssen, nicht in ihrer Unabhängigkeit unterstützen.

15. *Mörder oder Helden?*

Die emotionalen Prozesse zwischen Nationen sind oft regressiver als die zwischen Individuen. Daher müssen wir uns der Kindheit zuwenden, um die Dynamik dieser Prozesse zu verstehen. Das kann uns helfen, die Schwierigkeiten zu verstehen, die mit der Freilassung von Palästinensern aus israelischer Haft verbunden sind, die Israelis getötet haben.

Im normalen Alltagsleben von Erwachsenen gibt es selten die scharfe Trennung zwischen Freund und Feind, Held und Mörder, gut und böse. Auf der politischen Ebene ist dagegen die Vorstellung weit verbreitet, daß unsere Soldaten Helden sind, während die der Feinde alle Mörder sind. Welche Entwicklung muß der Patient oder das Kind durchlaufen, damit der Mörder und der Held zu einer Einheit verschmolzen werden, statt abgetrennte Teile der Seele zu bleiben? Nehmen wir als Beispiel einen Jungen, der sich als guter Held fühlt und den Jungen in der Klasse, den er haßt, als böses Monster sieht. Der Junge projiziert die Teile, die er an sich selbst nicht anerkennen mag, auf den anderen. So ist die Welt für ihn in Ordnung. Das Gute ist in ihm selbst, das Böse in jemand anderem. So muß das Kind nicht die Verantwortung für die eigenen schlechten Anteile übernehmen. Das Kind steht auf diese Weise mit der Außenwelt und nicht mit sich selbst in Konflikt. Im Verlauf des Wachstumsprozesses sollten sich diese Aufspaltungen abmildern und das Kind stark genug werden, seine Fehler nicht auf andere zu projizieren. Es sollte verstehen lernen, daß es zwischen zwei verschiedenen Aspekten seines Wesens hin und her gerissen ist. Auf diese Art und Weise wird das Kind lernen, daß jeder gute und schlechte Seiten hat, und daß es sich darin nicht von dem Kind in der Klasse unterscheidet, das es als Monster betrachtet.

Je bewußter wir uns unserer selbst werden, desto besser erkennen wir unsere eigenen Aggressionen, den Mörder in uns, und desto weniger Angst haben wir vor den Aggressionen der anderen. Wenn ein Patient in der Therapie mit seinen eigenen Aggressionen Kontakt aufnimmt, dann beginnt er, auch anderen Verständnis entgegenzubringen. Er versteht das Monster, das ihn bedroht hat, und fürchtet sich nicht mehr davor. Je besser wir das Leid verstehen, das wir den Palästinensern zugefügt haben, je besser wir unseren Wunsch verstehen, so viel wie möglich von diesem Land zu kontrollieren und alles davon im Namen Gottes zu beanspruchen, ohne den anderen etwas zu überlassen, desto eher werden wir auch die andere Seite als Freiheitskämpfer für ihre Sache begreifen. Wir werden verstehen, daß Helden und Mörder zwei unterschiedliche Aspekte ein und derselben Seele sind. Im Gefühlsleben steht hinter jedem Held ein Mörder und hinter jedem Mörder ein Held. Menschen sind nicht nur gut oder nur schlecht, sondern sie bestehen aus unterschiedlichen emotionalen Eigenschaften.

Wie helfen wir einem Kind dabei, sich von anderen weniger bedroht zu fühlen? Der Prozeß, sich dem „Monster" zu nähern, hat mehrere Aspekte. Als erstes braucht der Patient viel Verständnis, damit er ruhiger wird und weniger ängstlich ist. Er braucht das Gefühl einer Grundsicherheit. Ohne diese Sicherheit wird es bei der Therapie keine Fortschritte geben. Hätten wir vor dem Sechstagekrieg oder mitten im Jom-Kippur-Krieg über Frieden nachdenken können? Wenn man von Existenzängsten bedroht ist, kann man keinen Gedanken an den Frieden verschwenden, man kümmert sich allein ums Überleben. Erst nachdem der Patient spürt, daß der Therapeut auf seiner Seite ist, und daß er das Recht besitzt, zu existieren, kann der Patient langsam in sich hineinschauen und seine eigenen Aggressionen entdecken. Er muß stark sein, um sich seinen Aggressionen zu stellen. Wir durchlaufen als Nation einen vergleichbaren Prozeß. Über die Jahre hat unsere Existenzangst schrittweise abgenommen. Wir fühlen nicht mehr mit derselben Intensität die Ängste wie zum Beispiel während des Holocausts oder während der Zeit unserer Staatsgründung oder während des Jom-Kippur-Kriegs. Inzwischen fangen wir an, uns bewußt zu werden, was wir anderen angetan haben. Zuerst haben wir die palästinensischen Gebiete besetzt, nachdem Jordanien uns im Sechstagekrieg angegriffen hatte und wir um unser Überleben gekämpft haben. Heute wird uns langsam klar, daß wir ein anderes Volk beherrschen und unterdrücken. Das geschieht in dem Maße, wie unser Verständnis für die andere Seite wächst und sie langsam von Mördern zu Menschen werden, die eine schwere Zeit erlebt haben, vielleicht sogar Menschen, deren Taten wir verstehen können. Barak hatte einmal den Mut, zu sagen: „Wäre ich ein Pälestinenser, würde ich selbst einer Terrororganisation beitreten." Plötzlich sind wir bereit, einen Gedenkstein für ihre Kriegsopfer zu errichten, und es dämmert uns, daß auch auf ihren Friedhöfen Helden liegen. Das geschah in Wirklichkeit natürlich nicht „plötzlich", dem ging ein unbewußter emotionaler Prozeß voraus, aber uns erschien es plötzlich. Wir erleben eine parallele Entwicklung, indem zum einen unsere Fähigkeit wächst, unser „Schaudern" zu kontrollieren und es nicht zu unterdrücken, während wir gleichzeitig auch unsere Aggressionen besser erkennen können. Mit anderen Worten, wir lernen uns selbst besser kennen, wie Patienten in einer Therapie. Und während wir uns selbst besser kennenlernen, verwandeln die anderen sich langsam von Monstern in Menschen mit guten und schlechten Eigenschaften, die wir verstehen können.

Erst nachdem wir diesen Prozeß durchlaufen hatten, konnten wir uns erneut selbst betrachten und feststellen, wie ähnlich wir ihnen sind. Wir haben für unsere Unabhängigkeit gekämpft und wir hatten ebenfalls unsere Terrororganisationen. Und wenn wir heute damit prahlen, daß wir im Gegensatz zu den Terroristen keine kleinen Kinder töten, dann gibt es darauf zwei Antworten. Die eine ist, daß die Intensität der Aggressionen die Intensität der Verletztheit widerspiegelt. Die andere und wichtigere Antwort lautet: Selbst wenn wir besser und moralischer wären, was bedeutete das? Der Friedensprozeß ist kein moralischer Wettbewerb, es geht nicht darum, wer die besseren Menschen sind, sondern im Gegenteil darum, die anderen zu akzeptieren. Ja, es ist wahr, die Rebellion und der Freiheitskampf der Palästinenser verursacht uns Schmerzen, so wie den Eltern von rebellierenden Heranwachsenden. Aber gute Eltern verdammen ihre Kinder nicht, sondern versuchen zu verstehen, daß es auch für sie schwer ist und daß sie für etwas kämpfen, das ihnen am Herzen liegt, für ihren Platz in der Welt und für ihre Unabhängigkeit. Gute Eltern wissen außerdem, daß der Wachstumsprozeß nur ein Durchgangsstadium ist, und daß es in der Zukunft, wenn das Kind seine Ziele erreicht hat, eine große Möglichkeit besteht, daß beide gut miteinander auskommen.

Wir sprechen über den langen emotionalen Prozeß des Friedens, aber bei der Frage „Mörder oder Helden" tauchen neue Probleme auf. Es ist eine zwiespältige emotionale Situation. Wir werden dazu aufgefordert, Terroristen aus unseren Gefängnissen zu entlassen. Das würde bedeuten, daß wir mit ansehen müßten, daß die Terroristen, die wir als Mörder betrachten, befreit und von den Palästinensern als Helden empfangen werden. Sind es inhaftierte Helden oder freie Mörder? Es ist verwirrend, wenn sich der Unterschied zwischen beiden so verwischt. Was für ein emotionaler Prozeß könnte uns dabei helfen, diese schnelle und schwierige Veränderung zu bewältigen? Wir müßten einen bestimmten Zeitpunkt festlegen, ab dem die Terroristen Helden genannt und befreit werden könnten, zum Beispiel die Verträge von Oslo. Jeder Palästinenser, der nach diesem Zeitpunkt getötet hat, bleibt weiterhin ein Mörder und in Haft. Aber auch dies ist ein zu scharfer Wechsel für unsere Gefühle.

Wir brauchen noch weitere emotionale Hilfsmittel, die uns durch diesen Wechsel begleiten. Betrachten wir uns die Rituale verschiedenen Kulturen, besonders des Judentums, um zu sehen, welche Lösungen die Menschen dafür gefunden haben, mit großen Veränderungen in ihrem Leben fertig zu werden. Mit der Bar-Mizwa-Feier wird das Kind von einem Tag auf den anderen für all seine Taten verantwortlich. Von nun an fallen seine Sünden ihm zur Last, und nicht mehr seinem Vater. Mit der Trauung läßt ein Paar ebenfalls unvermittelt seine alte Welt hinter sich und tritt für den Rest seines Lebens in eine neue ein. Plötzlich befinden sich die Partner in einer neuen Lage. Sie sind verheiratet und einander zur Treue verpflichtet.

Die Zeremonien dienen in vielen unterschiedlichen Kulturen dazu, diese schroffen Übergänge abzumildern. Eine Zeremonie ist eine Botschaft, die das individuelle und das kollektive Unterbewußtsein anspricht und einen scharfen Wechsel möglich macht. Die Zeremonie ist ein freudiges Ereignis und hilft dabei, Ängste zu unterdrücken und mobilisiert die Stärke des Jungen oder des Brautpaares, in eine andere Zukunft voranzuschreiten. Es gibt kein zurück, nicht für den dreizehnjährigen Jungen und nicht für das Brautpaar. Die Zeremonie mit ihren kulturellen Symbolen und der Teilnahme von Gästen ist ein Zeugnis des Wandels und verleiht den Menschen unbewußt die Kraft, ihn zu bewältigen.

Daher schlage ich vor, daß wir die Gäste und die Paten bei der Zeremonie zur Ausrufung des palästinensischen Staates werden. Das ist vor allem in unserem eigenen Interesse. Im Zuge dieses Ereignisses werden alle Terroristen freigelassen, die bis zum Zeitpunkt der Staatsgründung gemordet haben. Von da an wird kein Terrorist mehr begnadigt. Wenn wir zu einem bestimmten Zeitpunkt einen emotionalen Wandel herbeiführen wollen, benötigen wir ein Ritual, das Kräfte aus unserem Unbewußtem freisetzt. Ohne eine Zeremonie kann ein Mensch so einen Wandel nicht vollziehen. Die Palästinenser müssen ihrerseits versprechen, daß sie nach Erhalt ihrer Unabhängigkeit ihre Forderungen nach Freilassung der Terroristen fallen lassen werden. Die unbewußte, assoziative Verknüpfung eines unabhängigen Staates mit der Kontrolle der Aggressionen ist deutlich. Die Ausrufung des palästinensischen Staates, bei der wir Paten sein werden, bedeutet mehr als nur ein weiteres Friedensabkommen. Es bedeutet den letzten Schritt der Palästinenser zur Reife und zur vollen Verantwortlichkeit.

Die Zeremonie, durch die wir Paten des palästinensischen Staates werden, muß tief in alle Bewußtseinsebenen des palästinensischen Volkes dringen. Um das zu erreichen, sollten wir von den uns bekannten Zeremonien lernen. Zur Bar-Mizwa-Feier und zu Hochzeiten werden zum Beispiel viele Menschen eingeladen. Die Gäste, die die Familie und Verwandten repräsentieren, spielen für uns eine große Rolle. Vor der Zeremonie zur Unabhängikkeit der Palästinenser haben sie uns als jemanden verletzt, der sie verletzt. Danach müßten sie jemanden verletzen, der ihnen bei der Unabhängigkeit Pate gestanden hat. Ein weiterer wichtiger Aspekt sind die Geschenke. Schon in der Bibel und in den alten Legenden sind Geschenke fester Bestandteil von Zeremonien. Das Schenken ist eine Form der Anerkennung und der emotionalen Einbindung der geladenen Gäste. Diese Symbole gibt es auch in den derzeitigen Friedensabkommen. Die Gesandten anderer Länder werden zur Unterzeichnung geladen und auch um ihre Unterschrift gebeten. Arafat, der sich der Bedeutung von Symbolen bewußter ist als wir, sagt immer wieder, daß die USA und andere Staaten Garanten der Verträge sein müssen. Als Geschenke haben die USA und einige europäische Länder Finanzhilfen versprochen. Aber auch symbolische Geschenke und Handlungen sind von großer Bedeutung, denn Symbole wirken direkt aufs Unbewußte. Wir könnten zum Beispiel Abschnitte aus der Bibel verlesen und andere religiöse Symbole benutzen, um die Botschaft des Friedens zu betonen. Wir haben bereits die zentrale Rolle erwähnt, die die Religion im Nahen Osten spielt. Dabei ist es wichtig, daß wir neue Symbole schaffen, die den Frieden zwischen den Religionen zum Ausdruck bringen, denn derartige Symbole gibt es noch nicht. Wir brauchen sie aber, wenn wir die Auseinandersetzung um Jerusalem beilegen wollen. In unserer Geschichte hat es noch nie eine wirklich tiefe Aussöhnung zwischen verschiedenen Religionen gegeben. Daher sind auch keine Symbole vorhanden, die einer kollektiven, unbewußten Bruderschaft der Religionen Ausdruck geben.

Wir benötigen ebenfalls eine Zeremonie des Übergangs, die es uns erlaubt, unsere Sicht der Araber im allgemeinen und der Palästinenser im besonderen zu ändern. Warum können wir nicht ihren „Nakba-Tag", den Tag der Katastrophe, respektieren, den sie zur Erinnerung an ihre Vertreibung von 1948 begehen? Sind wir noch nicht reif genug dazu, den Schmerz der anderen neben unserem zu ertragen? Wir brauchen Rituale, die uns helfen, den tiefen Einstellungswandel gegenüber den Palästinensern zu verinnerlichen. Ohne die Hilfe von

Zeremonien oder Gedenktagen wird es schwer sein, diese Botschaft auf allen Ebenen der israelischen Gesellschaft zu verankern.

Unser Ziel sollte es sein, eine neue Wirklichkeit zu schaffen, in der wir zusammen nach Symbolen suchen, die für unser aufrichtiges Streben nach Frieden stehen. Der Krieg hat in der Menschheitsgeschichte immer Symbole gebraucht, mit dem Frieden ist es nicht anders. Wir könnten ein Heiligtum für den Frieden auf dem Tempelberg errichten oder ein Denkmal für alle Toten unserer Kriege. Wir könnten über eine gemeinsame Nationalhymne nachdenken, oder über eine gemeinsame Flagge des Friedens, die wir in Jerusalem hissen werden. Alles ist möglich.

Wir wissen, daß ein Kind oder eine Beziehung zwischen Partnern nur allmählich wächst, und doch brauchen wir solche Zeremonien wie Bar-Mizwa und Hochzeiten, um den Zeitpunkt zu bestimmen, an denen die Menschen für ihre Handlungen verantwortlich werden. Die Zeremonie ist die Beglaubigung der Gesellschaft, daß der sie Vollziehende von nun an in der Lage ist, seine Triebe zu kontrollieren und die Verantwortung für sich selbst zu übernehmen. Es ist die Verkündung des Endpunkts einer Entwicklung, die schon viel früher begonnen hatte. Sowohl die Palästinenser als auch wir brauchen einen festen Zeitpunkt, ab dem wir uns für unsere Taten voll verantworten. Es geht um die tiefe, unbewußte Erfahrung der Zügelung unserer Impulse. Das Wesen unserer Emotionalität verlangt nach einem feierlichen Ritual mit einer dramatischen Zeremonie, so wie bei einer Vereidigung von Rekruten. Von diesem Moment an ändert sich das Leben. Die Frage, ob ein Mensch ein Held oder ein Mörder ist, verwirrt uns. Diese Verwirrung verrät ein Verlangen nach Ordnung und Klarheit, die Grundbestandteil jeder menschlichen Gesellschaft sind. Der emotionale Wachstumsprozeß von Individuen und von Staaten, der nur langsam vorangeht, erfordert viele geheime Vorbereitungen, bis die Abschlußzeremonie erfolgen kann. Dann ist der große Tag auf einmal da.

Danksagungen

Ich möchte der Psychoanalytikerin Dr. Rivka Yehoshua danken, meiner psychotherapeutischen Supervisorin. Unsere Gespräche in all den Jahren über aktuelle Ereignisse aus einem psychologischen Blickwinkel haben mich inspiriert und mein Verständnis der emotionalen Prozesse vertieft, die den politischen Prozessen zu Grunde liegen.

Ich danke meinem lieben Freund Dr. Meir Sa'adon, einem praktizierenden Psychologen, für all die Abende in den Cafés auf dem Mount Carmel in Haifa, wo er mich mit seinem tiefen Verständnis von Diskriminierungen, Isoliertheit, Identität und anderen Gebieten vertraut machte, und mir dabei half, meinen Horizont zu erweitern und mich Dingen zu öffnen, die mir vorher nicht bewußt waren.

Ein besonderer Dank an Ika und Adi von Yedioth Ahronoth Books, die stets warmherzig, ruhig und gelassen waren. Danke an Dov, den Direktor, der die Dinge von oben aus geregelt und die Sicherheit eines großen Daddys vermittelt hat, der, wenn auch im Moment nicht zu Hause, jeden Moment zurückkommen wird. Danke an Shirley, die zur Zeit, wo ich dieses schreibe, ihren Job noch nicht angefangen, mir aber bereits einige sehr gute Ratschläge gegeben hat. Danke an Ayelet, für ihre sensible sprachliche Bearbeitung, durch die mein Ego von Blessuren verschont wurde. Danke an Kuti für die vielen guten Hinweise. Sie waren alle sehr nett und haben mich ermutigt.

Schließlich möchte ich meiner Familie danken. Meiner Frau Hagar, die mir erlaubt hat, „mit übergeschlagenen Beinen" dazusitzen, wie wir ironisch meine intensive Beschäftigung mit dem Schreiben bezeichnen, die keinerlei Geld einbringt. Danke an Mor und Stav, meine Töchter, deren Beitrag ich bereits erwähnt habe. Und schließlich Danke an meine Mutter, die, obwohl sie mit nichts übereinstimmt, was in diesem

Buch steht und mich bezichtigt, ein eifernder Linker zu sein, mich finanziell unterstützt und mir so ermöglicht hat, mich aufs Schreiben zu konzentrieren. Ich bezweifle, daß ich mir ohne sie solchen Luxus hätte erlauben können.